KB017843

조선족, 중국을 뒤흔든 사람들

저자 소개

김호림(jinhulin@hanmail.net)

1966년 연변의 시골마을 소영자에서 태어났다.
중국 조선인(족) 3세이다. 족보의 맨 앞머리에 있는 시조는 가야국 수로왕이다. 조부 때 한반도 최북단의 함경북도 회령에서 대륙 귀퉁이에 있는 만주 땅으로 이주했다.
연변 시골에서 대학을 졸업한 후 북경의 중앙 언론사에서 근무하고 있다.
나 자신이기도 한 '조선족'을 알고자 20여 년 동안 대륙의 방방곡곡을 뛰어다니고 있다. 그동안 찾아서 보고 들은 이야기를 졸저 『대륙에서 해를 쫓은 박달족의 이야기』(2015), 『연변 100년 역사의 비밀이 풀린다』(세종도서 교양부문 선정 도서, 2013), 『고구려가 왜 북경에 있을까』(2012), 『간도의 용두레 우물에 묻힌 고구려 성곽』(2011) 등 몇 권에 기록했다.

인물로 읽는 조선족 100년사
조선족, 중국을 뒤흔든 사람들
ⓒ 김호림 2016

초판1쇄 발행 2016년 11월 15일

지 은 이 김호림
펴 낸 이 최종숙

책임편집 이태곤
편　　집 문선희 박지인 권분옥 최용환 홍혜정 고나희
디 자 인 안혜진 이홍주
마 케 팅 박태훈 안현진

펴 낸 곳 글누림출판사 / 서울시 서초구 동광로46길 6-6 문창빌딩 2층(우06589)
전　　화 02-3409-2055 FAX 02-3409-2059
이 메 일 nurim3888@hanmail.net
홈페이지 http://www.geulnurim.co.kr
등　　록 2005년 10월 5일 제303-2005-000038호

ISBN 978-89-6327-350-1 03910

정가 22,000원

* 이 책의 판권은 지은이와 글누림출판사에 있습니다. 서면 동의 없는 무단 전재 및 무단 복제를 금합니다.
* 잘못된 책은 바꿔 드립니다.
* 이 도서의 국립중앙도서관 출판시도서목록(CIP)은 서지정보유통지원시스템 홈페이지(http://seoji.nl.go.kr)와 국가자료공동목록시스템(http://www.nl.go.kr/kolisnet)에서 이용하실 수 있습니다.(CIP제어번호: CIP2016025646)

인물로 읽는 조선족 100년사

조선족, 중국을 뒤흔든 사람들

김호림 지음

글누림

현대사 속의 조선족 대사기 족보를 펼친다

박백림(흑룡강신문 편집국장)

책 목록을 쭉 읽어 보면서 얼핏 중국 현대사 속의 조선족 대사기 족보를 펼친 느낌을 받았다. '누구는 누구를 낳고' 또 '누구는 누구를 낳고'라는 족보와 달리 촌수도 없지만 사건 속의 얼굴, 인물 속의 사건으로 중국조선족의 100여 년 발자취와 그 윤곽이 선히 안겨오는 듯싶다.

백 년 전 반일 함성부터 북벌군, 홍군, 항일연군 등 이국 전사들의 격앙된 얼굴로 이어지는 제1부는 역사와 운명의 선택에 물음을 던지며 제2부를 맞이하고 중국공민 자격의 조선족으로, 대륙을 뒤흔드는 원사, 장군, 의사, 무용가, 기업인들의 늠름한 얼굴들로 모습을 보이면서 궐기하는 중국조선족의 자신감을 이야기하고 있다.

역사는 흔적으로 남고 흔적은 또 언젠가는 사라지기 마련이다. 우리는 조조曹操, 유비劉備, 손권孫權 등 역사인물의 이야기로 삼국지의 역사를 기억한다. 중국조선족의 백년 역사를 인물전(人物傳) 형식으로 보여주는 것은 역사정리에서 수긍할 만한 좋은 방법이 아닐지 한다.

저자 김호림 씨는 대학시절 같은 학부의 이웃침실 후배 룸메이트다. 대학졸업 후 소식이 뜸하다가 오랜 세월이 지난 어느 날 문득 하얼빈에 '항일연군의 역사인물' 취재차로 온 그를 만났고 맥주잔 사이로 오가는 대화 중 우리민족의 역사 탐방과 연구에 몰입하고 있는 그에게 크게 감탄하게 되었다.

신문편집인인 나는 이 책에 실린 글들의 맨 처음 독자가 되었고 이 글들은 그때그때 타이밍에 맞는 기획기사로 흑룡강신문에 게재되는 한편 '조선족 이야기 백년사'라는 전문코너로 신문사이트에 연재되었다. 이 기회에 이런 훌륭한 작품들로 우리 신문의 깊이와 무게를 더해주는 데 도움을 주고 있는 친구에게 감사를 표한다.

수도 어느 중앙미디어 기자인 김호림 씨는 이쯤해서 기자 문선(文選)을 준비할 나이가 다가오건만 보다 '오래오래' 남을 민족역사에 모든 정력을 쏟고 있다.

'지명으로 읽는 이민사' 『연변 100년 역사의 비밀이 풀린다』를 비롯해 도서 5권을 출판해 낸 그는 근간에는 해마다 책 1~2권씩 펴낼 기획이란다. "지치면 지고 미치면 이긴다"는 말과 "중독, 지독, 고독으로 성사한다"는 말이 떠오른다. 사람이란 자기가 하고 싶은 일을 하면 지치지 않고 나중엔 이루게 되는 게 아닐까.

김호림 씨의 글은 마치 도란도란 말소리가 들리는 듯싶다. 글의 서두나 단락을 가름할 때는 늘 역사나 시공간을 넘나들며 취재를 받거나 동행하던 사람들의 말소리로 끝나고 이어지고… 마치 작자와 SNS로 채팅하는 느낌을 받는다.

글에서 인상 깊은 기사를 꼽으라면 여러 편 되지만 그중 「국경 너머 저쪽으로 사라진 이국의 전사」가 가장 인상적이다. 이 글의 내용은 많은 사람들이 알고 있지만 중국에서 우리 글로 된 것은 본 기억이 없다. 만약 이 대목 역사가 아니었더라면 중화인민공화국의 개국 장군 속에 조선족장군 2명 이상은 있었을 것이고 김호림 씨의 글에도 이들의 얼굴이 등장했을 것 같다.

한국거주 조선족이 1% 시대를 넘어선 현주소이지만 검색포탈 네이버에서 조선족이란 검색어에 쉽게 딸려 나오는 기사는 김호림 씨의 머리글에 나오듯 부정적인 것이 많다. 그러나 세상은 많이 달라지고 있다. 중국조선족에 대한 한국사회의 시각, 서로를 바라보는 시각이 많이 부드러워지고 있는 느낌을 받고 있다.

왜 그젯 날 조선족들은 한국인 최은택 축구감독을 민족영웅처럼 추대했을까? 왜 오늘날 한국인 박태하 축구감독을 그처럼 열광할까? 혹여 훗날 누군가 김호림 씨처럼 인물로 보는 조선족 역사이야기를 쓴다면 이런 인물들의 얼굴도 페이지에 오를지 모른다.

요즘 "한국은 지금 조선족에 실수를 하고 있다"라는 어느 한 한국대학생의 '양심발언' 동영상이 위쳇 모멘트를 타고 돌며 엄청난 클릭수를 내고 있고 조선족들의 마음 한구석을 따스하게 해주고 있다. 한편 한국의 어느 한 배우가 소셜미디어에서 조선족을 비하하는 메시지가 공개되어 일장파문이다.

이런 기사가 인터넷에 뜨면 조선족들 대부분의 첫 반응은 한국인 누구라는 표현 대신 한국의 대학생 누가, 한국의 배우 누구라는 표현을 쓴다는 것이다. 주목의 상대가 군체가 아닌 개체라는 점이다.

세월은 가고 오늘이 다시 역사로 남으면서 기록으로 남길만한 사람은 또 나타날 것이다.

2016년 6월 하얼빈에서

'조선족', 그들은 누구인가

조선족으로서 유난히 썰렁한 느낌을 받은 적이 있다. 한국의 한 조사결과를 접하고 나서이다. 한국 2, 30대 청년층 10명 중 6명이 '조선족'에 대해 부정적 인식을 갖고 있는 것으로 나타났다고 코리아리서치센터가 지난해(2015) 말 조사결과를 발표했다. 조사에 임한 2, 30대의 한국인은 소셜네트워크서비스(SNS)를 통해 한국의 각 지역 대학생들을 중심으로 무작위로 선정된 이들이었다.

정말이지 한국에서 조선족을 '동포'라고 쓰고 있지만 실은 '이방인'이라고 읽고 있다는 말이 새삼스럽게 상기되는 순간이었다.

한국인이 '조선족'이라고 부를 때 이 이름에는 '동포'라는 의미보다 대개 '이방인', '남', '하층민'이라는 의미가 다분하다. 한국 포털 사이트의 검색창에 '조선족'이라는 이 세 글자를 입력하면 '사기', '범죄', '3D 업종' 등등 부정적인 냄새가 나는 어휘가 넝쿨처럼 줄줄 묻어 나온다.

한국에서 조선족의 범죄 비율은 2014년을 기준으로 몽골, 러시아, 우즈베크 출신들보다 낮으며 또 동시기의 한국인 범죄율보다 낮은 수준이라고 한국 경찰청이 밝히고 있다. 기실 대학교수, 법조인, 금융인, 신문출판인 등으로 한국의 엘리트층에 진출한 조선족도 적지 않다. 조선족에 대한 좋지 않은 이미지는 한국인들의 편협한 시각과 관련 있다는 얘기이다.

한국에서 상당수의 사람들이 이렇듯 부정적인 시각을 가지게 된 데 대해서는 언론인들의 자세부터 살펴볼 필요가 있다. 한국 언론에 기사화되는 '조선족'은 십중팔구 또 어디선가 '사달'을 일으킨 '조선족'이 아닐지 한다.

사실상 '조선족'의 뿌리는 5천 년 심지어 1백 년도 아닌, 60년 전의 '조선인'으로부터 시작되고 있다.

조선족은 한마디로 조선민족(한민족) 혈통의 중국 공민을 지칭하는 용어이다. 공식적으로 약 150년의 이주역사를 갖고 있지만, 기실 조선족이라는 이 이름으로 불린 시간은 그리 길지 않다. 1952년, 중국 동북의 한 귀퉁이에 '연변조선민족자치구'가 창립되며 뒤미처 '연변조선족자치주'로 변경되면서 중국에 살고 있는 우리 겨레는 '조선민족'의 '민'자가 생략된 '조선족'이라는 이름으로 세상에 등장하게 된 것이다.

상당히 오랜 기간 조선족은 중국에서 겨레 '족(族)'을 지워버리고 조선사람(朝鮮人)이라고 자칭하거나 또 그렇게 불렸다. 지금도 대륙의 나이 지숙한 우리 겨레의 어르신들은 조선족이라는 이 호칭보다 조선사람이라는 호칭에 더 익숙하다. 한족(漢族)이 외국에서는 민족을 나타내는 겨레 '족(族)'을 쓰지 않고 중국사람(中國人)이라고 자칭하거나 그렇게 불리는 것과 같은 경우이라고 하겠다.

조선족은 중국 56개 민족의 하나 즉 중국의 공민이라는 점을 부각하면서 외국인이라는 색채를 띠고 있는 조선인이라는 호칭과 차츰 멀어지게 되었다. 솔직히 국경을 맞대고 있는 '조선'과 '한국'이라는 나라가 적어도 이때만은 껄끄러운 부담으로 작용한 것도 공인하는 사실이다.

어찌됐거나 조선족은 '조선족'이라는 이 단어를 긍정적이고 아주 자랑스러운 호칭으로 여기고 있다. 물론 이 글을 쓰는 나도 마찬가지이다. 이 이름에는 중국 대륙에 새로운 삶의 터전을 가꾼 우리 겨레의 자랑스러운 역사가 깃들어 있고 또 중국 여타의 어느 민족에게도 기울지 않는 우수한 인물이 다량으로 배출되었기 때문이다.

중화인민공화국의 창시자 모택동(毛澤東)은 일찍 공화국의 국기 오성홍기(五星紅旗)에 조선인(족)의 피가 스며있다고 말한 적 있다. 대륙 현대사의 많은 현장에는 조선인(족) 인물이 서 있었고, 또 마멸할 수 없는 뛰어난 기여를 했다.

중국 국민당 정부의 북진(北進) 통일전쟁인 북벌(北伐)에는 다수의 조선인 군인이 참여하고 있었으며 중국인민해방군의 기원으로 되는 남창(南昌)기의를 비롯하여 중국공산당이 국민당 우파에 반항하여 일으킨 3대 기의에는 모두 복수의 조선인이 있었다. 또 대륙의 항일전쟁, 국공내전, 6·25 전쟁 때 중국에서 살고 있던 조선인은 엄청난 군체(群體)로 활약하고 있었다. 공화국 창립 이후 특히 개혁과 개방 시기에는 또 과학원의 원사, 해방군의 장성, 유명한 예술인 등으로 여러 계층에서 걸출한 조선족 인물이 속속 배출되었다.

그러고 보면 조선인(족) 인물의 경력 자체가 바로 그 당시 격동의 시대의 축소판이었다.

잠깐 설명을 드린다면, 이 글에서 조선인과 조선족의 호칭을 나란히 병렬한 것은 공화국이 창립된 1949년 10월 1일을 기점으로 대륙에 살던 우리 겨레를 조선인과 조선족으로 나눠 호칭하는 게 거의 관습이기 때문이다. 그렇다고 공화국 창립 전 대륙에서 살던 우리 겨레는 외국인이요, 공화국 창립 후 대륙에서 살던 우리 겨레는 조선족이라고 똑 부러지게 선을 그어서 구분을 하기 어렵다. 종국적으로는 그 '조선인'이 바로 이 '조선족'이 되는 것이다.

이런 조선족 가운데서 현재 약 69만 명이 한국에 체류하고 있다는 통계가 있다. 중국 2백만 조선족의 1/3 이상이나 고국에 돌아가서 살고 있는 셈이다.

정말로 조선족은 도대체 누군지, 조선족의 대륙 내 현주소는 어떠한지 등을 확실하게 알아야 할 아주 절박한 시기인 것 같다.

필자는 북경의 중앙 언론사에서 기자로 근무하면서 동북 3성과 관내의 많은 유명한 조선족 인물들을 쉽게 만날 수 있었다. 저마다 역사의 한 페이지로 기록할 수 있는 쟁쟁한 인물들이었다. 참고로 동포언론은 많이는 각자 언론의 제호에서 명시되고 있는 지역의 취재에 국한되고 있다. 이 때문에 상기 인물의 취재물 집성은 보다 더 중요한 의미를 갖고 있다고 자평하고 싶다.

지난 기간 취재했던 약 2백 명의 인물에서 일부를 선정해서 31편을 책으로 묶었다. 1910년대부터 오늘날에 이르기까지 여러 시기와 분야를 섭렵하고 있는 서로 다른 인물이다. 이들을 통해 100년 역사 속에서 외국인인 조선인으로부터 중국 공민인 조선족으로 전변하는 과정을 기록하고 부동한 인물, 부동한 각도에서 대륙 조선인(족)의 참모습과 위상을 그리고자 했다.

제1부는 1920년대의 중국 북벌전쟁으로부터 공화국 창립 초반인 6·25전쟁까지 그 과정에서 역사의 현장 곳곳에 있었던 조선인 인물의 이야기로 엮었다. 이 시기 대부분의 취재 대상은 사망자이다. 또 생존자라

고 해도 90대 고령의 인물 몇몇에 불과하다. 제2부는 공화국 창건 이후 여러 계층에서 성공한 조선족 인물로 구성했다. 다양한 계층에서 유명한 인물을 다양하게 구성하고자 했다. 편폭의 제한으로 한 분야에 1명 내지 3명의 인물로 숫자를 한정했으며 새롭게 부상하고 있는 인물들에게 지면을 더 할애하고자 했다.

이 글을 마친 후에도 아쉬움은 여전히 남는다. 나 일개인의 취재에만 국한된 인물들로서 중국조선족이라는 이 거창한 군체(群體)에서 빙산의 일각일 수밖에 없기 때문이다. 조선족은 누구인가 하는 이 물음에 대한 대답을 찾는데 작은 도움이라도 되었으면 한다.

조선인(족) 인물을 책으로 묶어낼 수 있도록 배려한 글누림출판사에 이 기회를 빌어서 고마운 마음을 글로써 거듭 전한다.

2016년 가을 북경에서

| 차 례 |

제 2 부

대륙을 뒤흔든 조선족, 그들은 누구인가

瑞甸大野

제1부

대륙을 종횡한 조선인, 그들은 누구인가

백 년 전

반일 함성부터 북벌군, 홍군, 항일연군 등

이국 전사들의 격앙된 얼굴로 이어지는

제1부는

역사와 운명의 선택에 물음을 던지며

제2부를 맞이하고

중국공민 자격의 조선족으로,

대륙을 뒤흔드는 원사, 장군, 의사, 무용가, 기업인들의

늠름한 얼굴들로 모습을 보이면서

궐기하는 중국조선족의 자신감을 이야기하고 있다.

만세묘지에 묻혀있는 백년의 함성

이 이야기는 한 시골노인의 어릴 적 기억으로부터 시작된다. 7, 8살 때 소를 몰고 산을 오르내리던 소년은 늘 비탈에 있던 그 무명의 무덤을 지났다. 아니, 그 무덤은 주인의 이름이 밝혀지지 않았을 뿐이지 실은 무명의 무덤이 아니었다.

방창화(方昌華) 옹은 그로부터 약 70년 세월이 지난 1990년에야 비로소 이 무덤의 이름을 다시 기억에 떠올렸다.

"무덤을 말이지요, 마을 어른들은 '만세묘지'라고 불렀지요."

이 기이한 무덤 이름은 어렵게 방창화 옹을 찾았던 최근갑(崔根甲)과 김규철(金奎哲), 박죽송(朴竹松)에게 뇌성처럼 들리고 있었다. 그 당시 최근갑 옹은 이직하고 용정시 대외경제문화교류협회 회장으로 있었고, 김규철과 박죽송은 연변 용정시(龍井市) 인민정치협상회의 문사(文史)위원회 요원이었

인터뷰 중인 최근갑 옹. 몇 달 후 사망했다.

다. 그들 셋은 70년 전 용정에서 발생한 '3·13' 반일운동의 순난자 묘소를 찾아 약 반년 동안 다섯 번에 걸쳐 30여 명의 현지 노인들을 방문하고 있었다. 와중에 용정 동쪽 근교의 합성리(合成里)촌에서 방창화 옹을 만나 이 이야기를 듣게 되었던 것이다.

이때 '만세묘지'는 방창화 옹의 저택에서 불과 수십 미터 떨어져 있었다. 비탈에는 두세 뼘 정도의 높이로 흙무지가 봉긋하게 솟아올라 봉분 자리임을 알렸다. 예전에는 앞쪽에 아홉 기의 봉분자리가 있었고 뒤에 다섯 기의 봉분자리가 있었다고 한다. 훗날 누군가 그중 한 기를 이장하면서 봉분은 열세 기로 남았다는 것이다.

사실상 70년 전의 이 합동무덤을 찾기까지는 곡절 많은 이야기가 깃들어 있다.

1919년 봄, 조선 회령으로 오가는 길손들이 순난자들에게 조의를 표하고 그들의 뜻을 기리라고 일부러 합성리의 길옆 공동묘지에 '3·13' 반일운동 순난자를 모셨다고 한다. 사건 당사자들이 남긴 옛 기록의 행간에 드러나는 장면이다.

그런데 합성리의 옛 공동묘지는 동, 서 두 곳에 각기 하나씩 있으며 용정과 회령을 오가는 옛길은 모두 이 두 곳의 공동묘지를 지나고 있었다. 와중에 서쪽의 공동묘지는 물도랑을 건너야 갈 수 있었다. 조의를 표하려는 길손들의 발품을 줄이는 무덤은 동쪽의 공동묘지이며, 따라서

‘3 · 13’ 반일운동 순난자의 무덤은 동쪽의 공동묘지에 있을 가능성이 크다는 얘기가 된다.

‘3 · 13’ 반일운동은 일명 ‘3 · 13’ 만세운동이라고 불린다. 그해 한반도의 서울에서 일어난 독립운동인 ‘3 · 1’ 만세운동을 성원하고 일제의 연변 침략을 반대한 운동이기 때문이다. ‘3 · 1’ 만세운동은 1919년 3월 1일, 서울의 파고다공원에서 일어난 비폭력적인 독립투쟁사건이었다. 일제 강점기의 조선인들이 일제의 지배에 항거하여 일으킨 이 독립운동은 이내 한반도 전역에 파급되었다.

일찍부터 반일운동을 준비하고 있던 연변인민들은 한반도의 ‘3 · 1’ 만세운동의 소식을 접하자 즉각 용정에서 반일운동의 불길을 지펴 올렸던 것이다.

1919년 3월 13일, 용정에서는 연길(延吉), 화룡(和龍) 등 지역 민중 3만여 명이 모여 전례 없는 규모의 반일집회를 가졌고 기세 드높은 반일시위를 단행하였다. 중국과 일본 군경은 시위자들을 잔혹하게 탄압, 현장에서 10명이 숨지고 48명이 부상했으며 그 후 또 9명이 숨졌다.

뒷이야기이지만, 이중 14명이 합성리의 공동묘지에 매장되었고 그 외의 순난자는 친지에 의해 다른 곳에 매장되었다고 한다. 난세 속에서 14명 순난자의 합동무덤은 차츰 사람들의 집단기억에서 사라지고 미구에 쓸쓸한 황산의 무명의 무덤이 되었다.

시골 소년의 기억에 쌓아올린 봉분은 마침내 예전의 함성을 다시 터뜨린 것이다.

“‘만세운동’의 순난자가 묻혔기 때문에 ‘만세묘지’로 불리게 된 거죠.”

만세묘지의 내력을 설명하고 있는 이광평 씨

일행을 '만세묘지'로 안내한 이광평(李光平) 씨가 이렇게 해석했다.

이광평 씨는 현임 '3 · 13' 기념사업회 회장으로, '3 · 13' 반일운동 순난자 무덤 발견 초기부터 지금까지의 활동에 빠짐없이 참석한 사진작가이다. 그의 말처럼 '만세묘지' 봉분의 이름과 봉분 숫자, 봉분의 생성 시기 등등은 톱니처럼 서로 맞물리고 있었다.

1990년 4월 10일, 연변의 사학자 그리고 용정시의 당사(黨史)연구실과 박물관, 정치협상회의 문사위원회 연구원, 책임자들은 현지를 답사하고 '만세묘지'가 바로 '3 · 13' 순난자 묘지라는 것을 일차적으로 확인했으며 '3 · 13' 순난의사 추념준비위원회의 설립과 묘소 복구를 결정했다.

'3 · 13' 순난자의 무덤에 묻힌 비사는 단지 이뿐만 아니었다. 여기에는 훗날의 '3 · 13' 순난자 추모를 비롯한 일련의 행사에 굵직한 선을 그은 최근갑 옹이 하나의 비석처럼 서 있다.

최근갑 옹은 '3・13' 순난자 무덤의 발견과 이에 뒤따른 '3・13' 기념 활동의 전부의 과정을 몸으로 직접 겪은 인물이다. 그는 일행을 만나 옛 기억의 실타래에서 소설 같은 이왕지사를 올올이 풀어냈다.

한중수교 이전이었던 지난 세기 80년대 말 해외와의 접촉은 그리 쉽지 않았다. 최근갑 옹은 일찍 1944년 용정 은진(恩眞)중학교를 졸업한 경력의 소유자이다. 은진중학교는 용정 최초의 4대 중학교 중 하나로 연변뿐만 아니라 해외에 널리 알려진 학교이다. 이 때문에 최근갑 옹은 해외에 있는 4대 중학교 동문과 남다른 인연을 갖고 있었으며 그들과 늘 만남의 기회가 있었다. 그리하여 최근갑 옹은 1989년에 연변대학 사학자와 함께 용정을 찾아온 한국 학자를 만나 '3・13' 운동 순난자의 무덤 이야기를 들을 수 있었던 것이다.

"한국 학자가 우리를 찾아온 자초지종을 듣고 보니 정말 중요한 사건이었습니다."

최근갑 옹이 하는 말이다.

솔직히 그때 최근갑 옹이 받은 감수는 충격 자체였다고 한다. 그 무렵 최근갑 옹은 용정시건설위원회 주임에서 이직한 후 대외경제문화교류협회 회장 직무를 담임하고 있었지만, 직업이나 환경 등 여건상 연변의 역사, 조선족의 역사와 접촉할 기회가 별로 없었다.

"고향에서 일어난 '3・13' 운동 이야기를 알고 나니 정말 떳떳한 느낌이 들었습니다."

'3・13' 시위는 20세기 10년대 연변지역에서 일어난 가장 큰 규모의 반일운동이다. 이 운동은 연변에 이주한 조선인들은 물론 연변에 살고 있는 많은 중국인들을 반일운동에로 궐기시켰다.

훗날 연변의 사학자 안화춘과 김상국이 집필한 논문 「'3 · 13' 반일운동의 성격과 특점에 대한 연구」는 아래와 같이 기술하고 있다.

> "3월 13일 반일시위가 진행될 때 일부 한족학생들이 시위에 참가했으며 일부 한족 반일지사들은 조선족의 반일투쟁에 감동되어 조선족반일인사들을 보호했다…(중략) 조선총독부 경무국의 1919년 10월 7일 자료에 의하면 일부 한족인민들도 조선족인민들의 반일투쟁에 참가하였다.
>
> …(중략) 조선족인민들의 반일투쟁에서 힘을 얻은 동북의 여러 민족 인민들은 5 · 4 운동의 소식이 전해지자 즉시 행동하여 조선족인민들과 함께 반일애국투쟁을 진행하여 여러 민족의 공동으로 되는 반일애국의 요구를 표현하였다."

'5 · 4'운동은 '3 · 1' 만세운동이 일어난 해인 1919년 5월 4일 북경에서 청년학생들을 위주로 시민과 상공계 인사 등 중하층 계층이 공동으로 참여하고 시위와 청원, 파업, 폭력 등으로 정부에 대항한 애국운동이다. 이 운동은 미구에 연변을 포함한 중국 전역에 파급되었던 것이다.

'3 · 13' 순난의사 추념준비위원회는 1998년 12월부터 '3 · 13' 기념사업회로 발전, 개명했다. 최근갑 옹이 추념준비위원회를 이어 계속 기념사업회의 초대 회장을 맡았다. 만세묘지의 조사, 발굴 초기부터 최근갑 옹 등과 함께 용정시 통일전선공작부 전 부장 장송철(張松哲) 옹도 큰 역할을 했다는 후문이다. 그간 기념회의 잡음 때문에 이 사연이 매몰되었다면서 인터뷰가 끝난 후 이광평 씨가 특별히 전화로 알려왔다.

2009년에 보수하여 세운 3·13반일집회 기념석물.
벌이라는 의미의 대야 두 글자가 아래쪽에 희미하게 보인다. 사진제공 이광평.

이런저런 곡절을 파다히 겪으면서도 '3 · 13' 기념사업회는 장장 25년 동안 하루 같이 '3 · 13' 순난자를 추모하는 등 일련의 기념, 교양 행사를 계속 조직, 개최하고 있었다.

사실상 '3 · 13' 시위에 앞서 연변의 반일투쟁은 오래전부터 벌어지고 있었다. 1906년, 조선인 이상설(李相卨) 등이 용정촌에 설립한 서전서숙(瑞甸書塾)은 역사와 지리, 수학, 정치학, 국제법 등 신학문을 가르치면서 특히 반일민족교육에 초점을 두고 있었다. 이 서전서숙은 이듬해 문을 닫지만 훗날 용정 평야의 대명사인 '서전벌(瑞甸大野)'라는 지명으로 그 이름을 세상에 남긴다.

일화가 하나 있다. '3 · 13' 기념사업회는 이 지명을 돌에 새겨 '3 · 13' 시위의 현장에 세웠다고 한다. 그런데 유식한 척 하는 웬 지방관원이 '벌'이라는 우리말식 표기 '대야(大野)'를 '야심이 크다'는 뜻으로 해석하고 기어이 트집을 잡았다고 한다. 결국 음각한 '대야' 두 글자를 시멘트로 메워버리는 것으로 합의를 보았다고 한다. 드넓은 평야의 '벌'도 잡풀처럼 뽑혀서 허망하게 사라질 수 있다는 '진리'를 알려주는 사건이었다.

다시 원래의 이야기로 돌아가자. 1907년 8월 용정에 설립된 조선통감부(統監府) 간도임시파출소에서 원인불명의 화재가 일어나며 또 1911년 '재간도 일본제국 총영사관' 부근의 일본인 거주 지역에서 연속 세 차례에 걸친 대형 화재가 일어나는 등 연변에서는 일찍부터 항쟁의 불씨가 피어오르고 있었다. 이에 따라 일각에서는 연변의 항일운동은 38년 항일운동사이며 1907년부터 계산해야 한다는 주장이 대두하고 있다.

이 와중에 '3 · 13' 시위는 연변의 항일운동사에서 하나의 분수령을 이루고 있다. 이 운동은 일제를 타도하려면 여러 민족의 인민이 공동전선을 이루어 무장투쟁을 해야 한다는 경험과 교훈을 주었다. 이 무렵부터 연변의 반일운동은 반일무장투쟁의 양상으로 나타난다.

연변의 사학자 최성춘은 그의 저서 『연변인민항일투쟁사』(2005.5)에서 이렇게 기술하고 있다.

"불완전한 통계에 의하더라도 1916년 12월 연변 4개 현에는 도합 157개의 조선족 사립학교가 있었으며 학생 3,879명이 공부하였다고 한다. 이런 학교들은 학생들에게 각종 문화지식을 강의하였을 뿐만 아니라 반일민족교육도 진행하였고 후에는 반일활동과 결부하여 보편적으로 군사체육 과정을 설치하였다. 여러 학교에서는 반일민족해방투쟁을 위한 골간인재를 대량으로 길러냈다."

뒤미처 1920년 새해 벽두에 용정에서 대서특필할 획기적인 사건이 터진다.

1920년 1월 4일, 당시 조선인 청년들로 구성된 항일운동단체인 '철혈광복단' 단원들이 함경북도 회령의 은행에서 용정으로 운송되는 철도부설 자금 15만원을 탈취했다. 15만원은 당시 시세로 1만 5천 자루의 총을 살 수 있는 거금이었다고 한다. 단원들은 무기를 사기 위해 연해주까지 갔다가 밀정에 의해 일본영사관에 고발되며, 거의 다 체포되어 나중에 형장의 이슬로 사라지는 등 '15만원 탈취사건'은 종국적으로 실패한다.

20세기 20년대 연변지역에는 또 봉오동전투와 청산리전투가 일어나며 항전의 불길은 30년대를 이어 40년대 중반의 '8·15' 해방까지 지속된다.

1952년 9월 3일, '연변조선민족자치구'가 성립되며 1955년 '연변조선족자치주'로 변경된다. 이때부터 중국 땅에 살고 있는 우리 겨레는 '조선민족'의 '민'자가 생략된 '조선족'이라는 새로운 이름으로 세상에 등장하게 되는 것이다.

길림성 해당 부문의 통계(2012년)에 의하면 항일열사 3,418명을 포함, 연변의 조선족 열사는 무려 17,733명으로 전국 56개 민족가운데서 인구비례로 따지면 단연 첫자리를 차지한다. 이 중에서 용정의 항일열사는 987명에 달한다.

"이게 우리 고향이고, 우리는 이 땅에 사는 당당한 성원입니다." 최근갑 옹은 '3 · 13' 기념행사 등을 통해 연변 조선족의 항일역사를 밝히고 싶었다고 하면서 이렇게 말했다.

최근갑 옹 등을 주축으로 하는 '3 · 13' 기념사업회는 그동안 항일전적지 등 옛터에 비석을 세우는 일을 추진했고 또 여러 모임과 행사를 통해 사람들에게 연변의 항일운동사와 우리 겨레의 역사, 문화를 소개, 선전했다.

"이건 역사의 사명이고 민족에 대한 사랑이지요. 이 땅에 사는 우리의 이 역사를 잘 발굴해서 후대에 전수해야 합니다."

고려성의 머리 없는 조선인 장군

양세봉(梁瑞鳳)은 약 80년 전 남만 일대를 주름 잡았던 반일독립 장령이다. 그가 희생했을 때 남만주의 조선인들은 다들 '별'이 하늘에서 떨어졌다고 한탄했다고 한다. 약간은 이상하게 비쳐질지 모르지만, 현지에서 이 '별'을 만나기 위해 우리가 찾은 사람은 요녕성(遼寧省) 심양(沈陽)의 길(吉)씨 성의 사업가였다.

사실상 양세봉의 발자취를 찾는 사람들은 거개 이 사업가를 현지 안내인으로 삼고 있었다.

그럴 법 했다. 양세봉은 예전에 요녕성 흥경현(興京縣) 일대에서 항일투쟁을 벌였다. 흥경현은 훗날 신빈현(新賓縣)으로 개명했다. 이 때문에 길씨는 양세봉에게 남달리 친숙한 감정을 지니고 있었다.

"저의 부친의 고향이 바로 신빈현이지요."

왕청문조선족 중학교와 소학교는 화흥중학교 옛터에 세워졌다.

나중에 이 인연이 빌미가 되어 길씨는 양세봉 기념비를 신빈현 왕청문(旺清門)의 매입한 산으로 옮기기에 이른다.

왕청문은 심양 시내에서 200여 km 떨어져 있다. 왕청은 만주족 말로 보루라는 의미이며, 왕청문은 유조변(柳條邊)에 수축한 왕청의 변문(邊門)을 말한다. 유조변은 청나라 때 만주족의 용흥(龍興) 발상지를 보호하기 위해 버드나무를 심어 만든 구역 계선이었다.

왕청문 일대를 흐르는 강 이름이 바로 푸르강(富爾江)인데, 만주족 말로 버드나무가 있는 강이라는 의미이다.

푸르강 기슭을 따라 달리던 차가 먼저 멈춘 곳은 왕청문 화흥(化興)중학교의 옛터였다.

화흥중학교는 지난날 국민부(國民府)의 대표적인 교육기구였다. 국민부는 1929년 조직된 조선인들의 반일독립운동단체로, 1925년 이래 남북 만주에서 활약하던 참의부, 정의부, 신민부를 통합해 흥경에 본부를 두고 있었다. 교육활동은 국민부가 가장 주력했던 사업인데 촌에는 서당, 구에는 소학교, 지방에는 중학교를 설립하여 인재를 양성하였다. 양세봉의 동생도 화흥(華興)중학교에서 공부했다고 한다.

화흥중학교는 또 사령관 양세봉이 한때 조선혁명군(국민부 산하 독립군) 사령부를 세웠던 곳이다. 그래서 양세봉의 최초의 조각상은 화흥중학교의 옛터에 세워졌다고 한다. 이 옛터는 지세가 낮아 비가 오면 물이 흠뻑 고였다. 이때면 양세봉의 조각상도 물 가운데 서글프게 홀로 서 있었다. 엎친 데 덮친 격으로 누군가 학교청사를 매입한 후 양세봉의 조각상을 외면했기에 양세봉의 조각상은 쓰레기 무지에 버려지다시피 한 상태였다.

이 사정을 알게 된 길씨가 부근의 산 하나를 매입한 후 양세봉의 조각상을 양지바른 비탈에 이전했던 것이다.

항일명장 양세봉의 기념비

항일의 총성이 제일 먼저 울린 곳

차는 이도구(二道溝)의 한 골짜기에 잠깐 머물렀다. 길씨의 건축회사 건물 하나가 이곳에 있었다. 회사 광고를 하느라 일부러 들린 게 아닐지 했는데, 실은 대한통의부(大韓統義府) 사령부가 자리하고 있었던 유명한 곳이었다.

대한통의부는 1922년 만주에서 설립된 반일독립운동단체로, 훗날 참의부, 정의부 등에 흡수되어 대한민국 임시정부의 산하에 들어갔다. 골짜기 어구의 달라자(大砬子)에서 12~16km 정도 들어가면 아직도 지난날의 연자방아 등 유물을 발견할 수 있다고 한다. 달라자는 만주족 말로 벼랑바위라는 뜻이다.

"통의부의 신팔균(申八均)이 바로 이 골짜기에서 습격을 받아 숨졌지요."

동행한 민간 사학자 전정혁(全正革)이 이렇게 설명했다.

신팔균(1882~1924)은 김좌진 등과 함께 만주를 무대로 항일독립투쟁을 벌였던 유명한 인물이다. 그는 1924년 통의부 의용군 사령관으로 취임, 그해 여름 이도구의 골짜기에서 의용군을 인솔하여 야외 군사훈련을 하고 있다가 일본의 사촉을 받은 군벌 장작림(張作霖)의 습격을 받아 희생되었다.

기왕 말이 났으니 말이지 전정혁은 일행이 이번 취재 길에서 만난 또 하나의 인물이다. 그의 이름에는 '양세봉장군 자료전시관 관장'이라는 직함이 따르고 있었다. 그와 양세봉의 인연은 지식청년으로 하향을 했던 1968년으로 거슬러 올라간다.

"잔치 같은 모임이면 노인들이 종종 노래를 불렀는데요, 난생 처음 듣는 노래였지요."

나중에 알고 보니 옛날 독립군이 부르던 노래였다고 한다. 노인들은 노래 뒤에 또 양세봉 등 독립군 인물의 이야기를 담배 연기와 함께 피워 올렸다. 지난 세기 80년대 초 전정혁은 연변예술학교에서 계통적으로 음악공부를 하고 귀향 후 옛 악보를 수집하면서 '독립군 용진가' 등 항일 노래를 새롭게 접하게 된다.

이 무렵 양세봉 등 독립군 인물과 접촉을 가졌던 당사자들은 고령으로 일부 세상을 떠난 상태였다. 옛 사료 수집의 긴박성을 느낀 전정혁은 단연히 사재를 털어 답사의 길에 나선다. 그때 통장에 있던 예금 5천원을 전부 해지한 일은 30년 동안의 답사 생애에 남긴 일화 중 하나였다.

"지청구를 많이 들었어요. 노친이 딸애에게 피아노를 사주겠다고 한푼 두푼 어렵게 모은 돈이었지요."

각설하고, 대한통의부 의용군과 그 후의 국민부 조선혁명군이 모두 왕청문 일대에서 활약상을 벌인 데는 그럴 만한 이유가 있다. 흥경현은 조선인들이 약 2만 명 살고 있는 지역으로, 독립군의 병력과 후방보급 등을 지원할 수 있었다. 더구나 왕청문 일대에는 조선족마을이 적지 않게 산재하고 있었다.

전정혁이 왕청문조선족중학교 교원으로 있던 1970년대 말에도 학생이 무려 600명이나 되었다고 한다. 왕청문조선족중학교는 중심소학교와 더불어 옛 화흥중학교 건물을 그대로 사용했는데, 1990년대부터 학생이 급격히 줄어들어 종국적으로 2003년 경 폐교했다.

1931년, '9 · 18' 사변이 일어난 후 동북 지역 각 계층의 민중들은 자발적으로 각종 무장 단체를 조직하여 항일의 길에 나섰다. 지역적으로 동북 3성의 의용군 특점을 요약한다면 요녕성에서 먼저 흥기했고 길림성 지역의 전투력이 비교적 강했으며 흑룡강성의 영향력이 제일 컸다. 항일독립무장 조선혁명군은 이에 앞서 일찍 1929년 4월 조직되며 남만주 일대에서 항일독립활동을 전개한다.

양세봉은 청년시대부터 항일활동에 투신하지만, 1932년 조선혁명군 사령관으로 추대된 후 비로소 빛을 크게 발한다. 이때 그는 동북의 반만항일(反滿抗日)의 세력과 연합하여 한중 연합작전을 이끌며 중국의 항일투쟁사에서 마멸할 수 없는 큰 획을 긋는다.

이도구를 지난 차는 이내 또 하나의 골짜기 어구에 접어들었다. 산비탈에 세운 하얀 조각물이 푸른 산을 배경으로 시야에 유표하게 안겨왔다. 멀리 동쪽에는 양세봉의 고국 조선이 있었고, 바로 산기슭을 흐르는 푸르강의 맞은편에는 고구려인이 세운 옛 산성이 있었다.

고려성에 묻힌 조선인 장군

일제는 항일무장을 일거에 소멸하기 위해 1934년부터 동북에서 이른바 '치안숙정(治安肅正)'을 전개하는데, 남만과 동변도(東邊道)는 일본 치안숙정의 중점이었다. 봉천(奉天, 심양의 옛 이름) 일본영사관 총영사 후쿠시마(福島)는 반일무장을 '소탕'할 계획서에 "먼저 양세봉을 소멸하고 이어 왕봉각(王鳳閣, 요녕민중자위군 지휘관)을 포위, 숙청하며 나중에 공비 양정우(楊靖宇, 동북항일연군 지휘관)를 토벌"할 것을 밝혔다.

일본군은 이 계획에 따라 산하의 특무조직을 이용하여 별호 '아동양(亞東洋)'이라고 하는 반역자를 매수한다. '아동양'은 예전부터 교분이 있던 양세봉에게 접근하여 '산림대의 개편'이라는 미끼를 던졌다. 그는 개편을 위해 산림대 숙영지로 향한 양세봉을 암살하려 했다.

"실제로 양세봉 장군이 반역자의 총을 맞아 숨진 곳은 여기가 아닙니다."

전정혁은 조선혁명군 통신원이었던 이원태(李元泰)를 직접 만나서 들었던 증언을 이야기했다.

이원태는 양세봉이 왕청문 소황구(小荒溝)에서 북쪽으로 3, 4백 미터 떨어진 수수밭에서 반역자의 총을 맞았다고 전정혁과 가진 인터뷰에서 밝혔다고 한다. 나중에 전정혁은 이원태의 이 증언을 바탕으로 양세봉이 총격을 당했던 곳을 확인했다. 그곳은 소황구에서 길림성(吉林省)의 통화(通化)와 신빈으로 가는 갈림목이었다.

1990년대 김효순 할머니를 인터뷰한 전정혁

양세봉은 총격을 받은 후 4km 밖의 조선인마을인 향수하자(響水河子)로 옮겨졌으며, 이 마을에서 치료를 받다가 숨을 거뒀다고 한다.

"오해하기 쉽지만, 양세봉 장군이 최초로 묻힌 곳은 향수하자가 아니지요."

양세봉의 시신은 나중에 흑구(黑溝)산성 남쪽 산비탈의 김도선(金道善)의 집에 운구되어 조문을 받고 추도식을 거행한 후 산성 안에 묻혔다. 흑구산성은 천오백 년 전의 고구려 산성으로 약칭 고려성이라고 불린다.

일본 군경은 양세봉이 묻힌 이튿날 밀고자를 앞세워 김도선의 집에 들이닥쳤다. 그들은 양세봉의 시신을 파낸 후 작두로 목을 잘라 그의 머리를 갖고 갔다. 이때 작두로 목을 자르는 것을 거부했던 김도선은 현장에서 일본군이 쏜 다섯 발의 탄환을 맞아 숨졌다고 한다.

이 이야기는 1990년 무렵 김도선의 차녀 김효순(金孝順)이 전정혁과 가진 인터뷰에서 밝혔다. 김효순은 또 양세봉의 묘소 등 현장을 전정혁에게 직접 확인해줬다. 그때 김효순은 70여 세의 고령이었는데, 고려성 부근의 쌍라자(雙砬子)에서 살고 있었다.

“김효순 할머니는 양세봉 장군의 옛 묘소에 도착하기 전에 하얀 치마저고리를 바꿔 입는 거예요.”

반세기가 지나도록 양세봉에 대한 김효순 노인의 공경한 자세는 전정혁에게 지울 수 없는 인상을 남겼다.

차녀 김효순은 물론 장남 김효직(金孝稷)도 조선혁명군의 비밀 통신원이었다. 김효직은 또한 조선혁명군의 예비청년군 일원이었다. 부친 김도선은 양세봉으로부터 ‘큰형’이라고 불렸다고 한다. 김씨의 가문은 조선혁명군과 조직적으로는 물론 개인적으로도 깊은 관계를 맺고 있었던 것이다.

당시 김효순은 집 마당에서 양세봉 시신의 머리가 잘리고 부친이 총을 맞아 숨지는 처절한 정경을 두 눈으로 목격해야 했다.

양세봉의 머리 없는 시신은 훗날 고려성에서 약 3km 떨어진 삼도구(三道溝)의 길옆에 묻힌다. 그때 조선혁명군 대원들은 무덤 앞에 ‘독립군 사령관 양세봉’이라고 밝힌 나무비석을 세웠다고 한다.

양세봉이 희생된 후 조선혁명군은 세력이 급격이 약화되어 1938년에 결국 해체되고 말았다. 와중에 조선혁명군에 속해 있던 상당수의 대원들은 동북항일연군 제1군에 편입되거나 기타 항일단체가 조직한 항일무장에 가입했다.

▲ 고구려산성인 흑구산성의 표지석. 뒤쪽으로 보이는 산비탈에 김효순의 집이 있었다.

아직 끝나지 않은 이야기

1961년 양세봉의 유골은 조선에 이장, 애국열사릉에 묻히며 흉상 비석이 세워졌다. 1962년 한국 보훈처는 양세봉에게 독립훈장을 수여했다. 현재 한국 국립현충원에도 시신이 없는 묘소가 세워져 있다.

1995년, 양세봉이 활동하던 지역인 왕청문에 양세봉 조각상이 설립되었다. 조각상의 이름은 '항일명장 양세봉'이었다. 훗날 산으로 이장된 양세봉의 조각상 부지는 동북항일연군 역사와 항일전쟁사의 조사연구기지가 되어 애국주의교육시범기지로 명명된다.

솔직히 조선인 항일독립투사가 이처럼 중국과 조선, 한국 등 3국에서 동시적으로 추앙을 받는 사례는 그리 많지 않다.

어쩌면 양세봉이 '하늘의 별'로 추앙을 받을 만큼 거물급 인사이여서 그럴지 모른다. 길씨가 밝힌 양세봉 조각상의 비화는 말 그대로 한 편의 소설을 방불케 하고 있었다.

양세봉의 조각상을 산으로 이전한 후 현지 정부 등은 날짜를 잡아 위령제를 지냈다고 한다. 웬일인지 그날 새벽부터 하늘에서 비가 장대처럼 쏟아져 내렸다. 아침 일찍 심양을 떠난 길씨 일행은 제사를 지낼 수 없을까봐 근심이 자오록했다. 아니나 다를까, 조각상 부근에 이르니 주변의 산 위에서 검은 구름이 뭉게뭉게 피어오르고 있었다.

"그런데 조각상 주변만은 비가 한 방울도 안 내리는 거예요."

길씨는 지금도 그때 그 일은 분명히 장군의 신통력에 천지가 감응했기 때문이라고 굳게 믿고 있었다.

"제사가 끝나니 그제야 비가 기다린 것처럼 막 쏟아지는 겁니다."

이 이야기는 길씨가 지어낸 거짓말이 아니라고 전정혁이 재삼 증언했다. 그는 이번 걸음에 무궁화 한 송이를 조각상 뒤쪽의 밭에 정히 심었다. 얼마 전 바다 건너 한국에서 일부러 갖고 왔다고 한다. 그가 '관직'을 달고 있는 '양세봉장군 자료전시관'은 바로 조각상 앞쪽의 평평한 곳에 서게 된다고 한다. 전시관은 아직 경비 부족 때문에 그대로 방치, 건

물을 짓지 못하고 있었다.

정작 전정혁의 아쉬움은 거기에 있지 않았다. "지금도 양세봉장군의 두골을 찾지 못하고 있어요."

당시 일본군은 양세봉의 두골을 통화 등 지역에 효시하며 그들의 혁혁한 전과를 자랑했다. 그 후 양세봉의 두골은 어디론가 방치되어 그때부터 행방불명이 되었다고 한다.

사진을 찍다말고 부근에서 작업을 하는 인부들에게 이것저것 물었다. 놀랍게도 그들은 조각상 주인의 이름이 뭔지 잘 모르고 있었다. 갑자기 머리 없는 장군의 모습이 푸르강의 물결처럼 밀려와 버들가지로 가슴을 아프게 두드렸다.

북벌군의 조선인 소대장은 왜 실종되었을까

1926년, 중국에는 대륙을 돌풍처럼 휩쓴 전쟁이 일어난다. 대륙 남쪽 광동(廣東)의 국민정부가 국민혁명군을 주력으로 삼아 진행한 통일전쟁이었다. 훗날 이 전쟁은 일명 '북벌(北伐)전쟁'으로 사책의 한 페이지를 기록한다.

북벌전쟁에는 여타의 전사(戰史)처럼 많은 비사(秘事)가 깃들어 있다. 조선인 군인이 북벌군에 대량 등장한 이야기가 그중의 하나이다. 약 80년의 세월에 깊숙이 침몰된 이 사실(史實)은 전정혁(全正革)의 다소 격앙된 어조에 실려서 다시 꿈처럼 깨어나고 있었다.

"저의 부친님이 바로 북벌군에서 보병소대 소대장으로 있었다고 하는데요."

1월의 찬 기운은 두꺼운 벽을 뚫고 집 안까지 들어오기에는 아직 미력한 듯했다. 인터뷰 장소인 북경 서부의 모 커피숍에는 얼음을 녹일 듯한 열기가 후끈 달아오르고 있었다.

전정혁은 북벌군에 참가했던 부친에 관한 인터뷰 요청을 수락하고 요녕성(遼寧省)의 무순(撫順)에서 일부러 상경했다. 실제로 전정혁 자신도 현지에서 이름 있는 민간사학자였다. 그는 가족의 뿌리 찾기는 물론 역사 발굴의 차원에서 부친의 족적을 지난 몇 십 년 동안 집요하게 추적해 오고 있었다.

그럼에도 불구하고 전정혁 부친의 행적에는 의문점이 적지 않게 있었다. 그래서 기자는 인터뷰 직후 남방 모 대학의 교수 최봉춘(崔鳳春)에게 도움을 요청했다. 최봉춘은 근현대의 관내 조선인을 전문적으로 연구, 이 분야에서 공인을 받고 있는 전문가이다.

각설하고, 전정혁의 부친 전병균(全秉均)은 황포군관학교의 제6기 학생이었다고 한다. 전병균은 6기생의 신분으로 북벌군에 참가했다는 것. 황포군관학교 졸업생은 진정한 의미에서는 1기부터 7기까지의 학생을 이르는 말이다.

과연 중국 역사의 특필할 현장에 이처럼 조선인이 등장하고 있었던가. 그런데 더욱 기상천외한 비사들이 뒤미처 기억의 저쪽에서 유물처럼 무더기로 쏟아지고 있었다.

황포군관학교는 국민당의 창시자 손중산(孫中山)이 1924년 5월 광동성(廣東省) 광주시(廣州市) 황포구(黃浦區)의 장흥도(長興島)에 세운 정치군사학교이다. 학교는 국민혁명을 위해 군관을 양성하는데 취지를 두었으며 이런 군관은 나중에 국민정부가 발동한 북벌전쟁의 주요한 군사력이 되었다.

젊은 시절의 전병균

1958년 신빈에서 촬영한 가족 사진. 두 번째 줄의 오른쪽 첫 어린이가 전정혁이다.

1926년, 황포군관학교 교장 장개석은 국민정부 산하의 군관학교와 국립대학에 조선인의 입학을 허락한다. 이때 교장 판공실의 비서 겸 교관으로 있던 손두환이라는 조선인이 장개석과 직접 교섭하여 조선인의 황포군관학교 입학에 많이 이바지했다. 이러한 내용은 조선총독부 경무국을 비롯한 경찰서류에 많이 나타나고 있다.

지금까지 밝혀진 문헌내용에 따르면 조선인들은 황포군관학교 제3기부터 입학하기 시작했다. 조선인 학생은 이때부터 1949년의 제22기까지 황포군관학교에 나타나고 있다. 그렇다고 해서 매 기마다 언제나 조선인이 있던 건 아니라고 최봉춘이 지적했다. 그는 『황포군관학교 동학록(同學錄)』의 기록을 인용, 제3기 5명, 제4기 32명, 제5기 6명, 제6기 1총대와 2총대 11명 등 도합 14기에서 다수의 조선인 졸업생 이름이 검색된다고 소상하게 설명했다.

그러나 자칭 6기생이라고 하는 전병균의 이름은 『황포군관학교 동학록』의 어디에도 나타나지 않고 있다고 한다.

문헌기록에 따르면 황포군관학교 제6기 1총대(總隊)는 1928년 4월부터 1929년 5월까지 남경 중앙육군군관학교에서 훈련을 받았고, 2총대는 1926년 10월부터 1929년 2월까지 광주 황포군관학교에서 훈련을 받았다. 이 가운데서 제6기 학생들의 일부는 북벌군을 따라 대륙 중부의 호북성(湖北省) 무한(武漢)에 간 후 1927년 설립된 황포군관학교 무한분교 제6기로 재편성되었다.

최봉춘은 전병균의 자필이력서(1954)에 근거한 그의 추론을 이렇게 피력했다. "(시기적으로 볼 때) 전병균은 제6기(제2총대)에서 재학할 당시 소대장 자격으로 북벌전쟁에 투신하고 무한에 도착한 후 무한분교 제6기에 재편성된 것으로 보입니다.”

전병균은 1927년 7월 중순까지 무한에서 훈련을 받다가 광주로 남하하여 연말의 광주기의에 참가했다는 것이다. 이에 따라 『황포군관학교 동학록』에 등록되지 못했을 수 있다는 것. 더구나 동학록은 졸업 일 년 후 조사하여 편제하는 게 관례였으며, 이런저런 원인으로 상기 명부에 수록되지 못한 학생도 적지 않았다.

황포군관학교 옛터

실제로 전병균처럼 자칭 제6기 예비생 또는 제4기생이라고 하는 조선인 최정무(崔鼎武)도 그 이름이 명부에 남아있지 않다. 최정무는 『중국의 광활한 대지 위에』라는 제하의 실록에 나오는 인물이다.

어찌됐거나 전병균이 북벌전쟁의 과정에서 소대장으로 있었다고 하는 이력서의 서술에 대해 최봉춘은 전적으로 수긍하고 있었다.

"그때 국민혁명군에는 전문적인 군사교육을 받은 군사인재가 극히 드물었지요."

군관학교의 졸업생은 물론 학생들까지 초급 군관의 계급으로 북벌에 투입되었다. 전병균 등 조선인들은 국민혁명군 각 군단에 배속되어 있었다. 비록 구체적인 숫자는 잘 알려지지 않고 있지만, 이 조선인들은 황포군관학교 졸업생이라기보다는 학생병사가 대부분이었다.

와중에 국민혁명군 제4군단 엽정(葉挺)독립연대 제3대대의 대대장은 양림(楊林)이었다. 양림은 황포군관학교 전 교관이었으며 조선인이었다. 이런 연고로 3대대에는 기타 부대보다 조선인이 더 많이 집결되었을 수 있었다는 얘기가 있다.

엽정독립연대는 1926년 5월 선견부대가 되어 호남성(湖南省)으로 진군했다. 전병균의 북벌참가 시점을 훨씬 앞지르고 있는 것이다. 이에 따라 전병균의 북벌군 소속부대 명칭에 씌워진 베일을 벗기는 일은 더욱 힘들어지고 있다.

전병균은 길림성(吉林省) 유하현(柳河縣) 삼원보(三源浦)의 동명(東明)학교에서 교원으로 있을 때 남방의 광주에 곧 군관학교가 설립된다는 소식을 접했다고 한다. 동명학교는 이름 그대로 '동쪽을 밝히는 학교'라는 의미로 반일독립 사상을 선전하던 학교였다. 전병균이 동명학교에 이어 교직에 있었던 요녕성 신빈현(新賓縣)의 영영촌(英盈村) 소학교 역시 반일독립 단체가 세운 학교였다.

이에 앞서 전병균은 고향인 조선 평안북도의 선천읍 중학교에서 공부할 때 14살의 어린 나이에 '3 · 1' 독립운동에 참가했다. 이로 인해 경찰의 조사를 피해 도주하다시피 만주로 이주했던 것이다. 부모와 함께 이삿짐을 내려놓은 요녕성 신빈현에는 조선독립군의 일원인 삼촌의 가족이 이미 전에 이주하여 삶의 새 터전을 잡고 있었다.

그러고 보면 전병균은 결코 일시적인 충동에 의해 황포군관학교의 입학을 작심한 게 아니었다.

이력서에 따르면 전병균은 광주행 경유지인 상해(上海)에서 학우 김득수(金得洙)를 만난다. 김득수는 상해 대한민국 임시정부의 일원이었다. 운명처럼 때마침 만난 인물이었다. 전병균은 김득수로부터 광주의 중산(中山)대학에 있는 그의 지인 유상우(劉相禹)를 소개받았다. 1926년의 『국립중산대학 학생명부』에 따르면 이 무렵 약 50명의 조선인 청년들이 중산대학 본과와 예과에서 공부를 하고 있었다.

유상우의 주선을 받아 전병균은 당시 황포군관학교 교관으로 있던 양림(楊林)을 만나며 그의 알선으로 시험을 본 후 황포군관학교 예과에 입학하였다.

그 시기 전병균이나 유상우, 양림처럼 광주에 집결한 조선인은 300여 명에 달했다고 전한다. 여기에는 황포군관학교, 중산대학, 광동군사비행학교의 재학생과 교직원 그리고 군대에 편입된 조선인을 망라하고 있었다고 최봉춘은 그의 연구결과에 근거해 밝힌다. 또 조선인은 이보다 훨씬 많은 800여 명에 달했다는 설이 있다. 님 웨일즈는 일대기 『아리랑』

(1937)에서 주인공인 조선혁명가 김산(金山)의 회억을 인용하여 이렇게 소개하고 있다.

> 미상불 광주는 국민정부의 수부가 소재한 곳으로, 조선인들이 자유와 독립의 길을 모색하고 활동하는 마당으로 되고 있었다. 1926년 말, 국민정부가 대륙 남쪽에서 중부의 무한으로 천도(遷都)하면서 뒤미처 무한 역시 조선인들의 또 하나의 집거지로 거듭나는 것이다.

이야기가 그만 다른 데로 잠시 흘렀다. 황포군관학교의 조선인 학생들은 국민정부와의 합의에 따라 서적과 숙소, 식비, 복장, 봉급을 제공받을 수 있었다. 대신 졸업 후 일정 기간 국민혁명군에 의무적으로 복역해야 했다. 최봉춘은 그의 연구에 토대하여 이 기간을 몇 달 또는 1년 이내라고 추론하고 있었다. 아무튼 전병균 등 황포군관학교 조선인 재학생이나 졸업생이 북벌군에 편입된 이유는 바로 여기에 있었던 것이다.

1927년 7월, 국공 분열 후 황포군관학교 무한분교는 문을 닫게 된다. 이때 또 다수의 조선인 청년들이 무한 조선인청년회에 의해 제6기생으로 재학하고 있었다. 이들 무한분교의 일부 학생은 엽정(葉挺), 하룡(賀龍)의 부대에 편입되고 다른 일부 학생은 장발규(張發奎)부대의 교도(教導)연대에 편입, 재편성된 후 남하하여 광주로 간다. 교도연대에는 약 100여 명의 조선인이 편입되었으며, 전병균도 여기에 포함된 걸로 최봉춘은 분석하고 있었다.

"콕 집어서 '교도연대 2대대 5중대는 150명의 조선인들로 구성되었다'고 전하는 얘기가 있는데요, 확실한 근거가 있는 것은 아닙니다."

열사능원에 있는 중조혈의정 비석.
광주의 기의에서 희생된 조선인청년은 150여 명 된다고 밝혀져 있다

1927년 12월 11일, 광주기의가 발발한다. 광주기의는 남창기의(1927.8)와 추수기의(1927.9)를 이어 중국공산당이 국민당 우파에 반항하여 일으킨 또 한 차례의 반격이었다.

공산당이 장악하고 있는 무장력인 교도연대는 기의의 주력군이었다. 전병균은 이력서에 그의 소속 부대가 광주기의에서 3박 3일의 전투 끝에 사방으로 흩어졌다고 서술하고 있다.

이때 기의군에 있던 조선인 군인들은 막심한 피해를 입은 것으로 보인다. 광주정부는 1964년 광주기의 열사능원에 ≪중조인민혈의정(中朝人民血誼亭)≫을 설립하는데, 이 기념비의 낙관은 당시 기의군의 핵심 지휘관이었던 엽검영(葉劍英)이다. 비문은 150여 명의 조선(인)청년들이 광주기의에서 희생되었다고 적고 있다. 교도연대에 편입되었다고 하는 조선인의 거의 전부 혹은 그 이상에 해당하는 숫자이다.

그때 전병균은 피투성이가 된 몸을 간신히 끌고 중산대학을 찾아갔다. 그의 광주의 선착지였던 중산대학은 피신지를 찾는 마지막 한 올의 희망으로 되고 있었다.

다행히 학교 수위실(守衛室)의 진(陳)씨 성의 노인이 전병균을 학교의 지하실에 사흘 동안 숨겨줬다. 이 고마운 노인은 미리 전부터 면목을 알던 사람인지 또 기의를 동정하던 사람인지를 전병균의 이력서의 짧은 서술에만 의거해서는 잘 알 수 없다. 아무튼 진씨의 도움으로 전병균은 홍콩으로 가며 이곳에서 여객선을 타고 상해로 향한다.

이때가 1928년 1월경이었다. 전병균은 상해에서 조선혁명가 여운형(呂運亨)을 만나며 그의 집에 한동안 은신한다. 이 기간 전병균은 여운형과 얼굴을 맞대고 향후의 진로를 논의했다고 이력서에 기술하고 있다.

여운형은 중국공산당 상해 조선인지부의 지도자로, 공산당 계열의 조선인 청년들을 황포군관학교에 추천한 요인이다.

전병균의 이 상해행은 우연이 아니었다. 광주기의가 실패한 후 생존한 많은 기의 인원들은 상해 등 지역으로 피신했다. 대도시 상해는 엄청난 시멘트의 수림에 각양각색의 인물을 새의 무리처럼 자취 없이 받아들일 수 있었던 것이다.

"암만 그러더라도 상해는 필경 국민당 '백색테러'의 공포에 뒤덮여 있는 곳이었지요."

최봉춘은 은신한 사람들이 처했던 위험한 상황을 이렇게 요약해서 이야기했다.

"상해에 피신했던 광주기의 인원들은 나중에 여러 곳으로 각기 흩어집니다."

그때 조선인들의 일부는 대륙 남부의 강서성(江西省)과 복건성(福建省) 지역에 설립된 소비에트구로 갔고 일부는 북부의 만주에 가서 독립항일조직에 참가했다.

전병균은 남만주의 신빈행을 선택했다. 그 무렵 신빈에는 '남만청년연맹', '북만청년 총동맹', '국민부' 등 반일독립단체가 활약하고 있었다. 일화라고 할까, 이때 또 하나의 거물이 전병균의 앞에 나타난다. 국민부의 양세봉(梁瑞奉)이 그를 소속 단체에 편입시키고자 찾아왔던 것. 양세봉은 훗날 조선혁명군 사령관을 맡았던 항일명장이다.

전병균은 종국적으로 '북만청년총동맹'에 참가하여 신빈지부 서기를 맡는다. 그러나 얼마 후 우여곡절 끝에 신빈을 떠나게 된다. 이때부터 10여 년 동안 그는 북쪽의 치치하얼(齊齊哈爾)과 중북부의 북경, 다시 북쪽의 하얼빈(哈爾賓), 심양(沈陽)과 중부의 서주(徐州) 등 지역을 전전한다. 선후로 차 기사, 병원 도우미, 상회 직원 등으로 있었고 한때는 일본경찰에 의해 감옥생활을 했다.

1945년 광복(8 · 15)이 나면서 출옥한 전병균은 북경에서 조선인 귀국운동에 참여했다. 당시 중국에는 216만 명의 조선인이 있었는데, 광복 이후 100만여 명이 귀국했다. 또 165만 8천여 명의 조선인이 있었으며 1945년 광복 이후 약 50만 명이 귀국했다는 다른 집계도 있다.

이 무렵 전병균은 광복군 제3지대에 의해 또 한 번 구금된다. 실은 귀국운동이 아닌 공산주의의 신봉자라는 신분 때문이었다. 이때 전병균은 동생이 마침 광복군 제3지대에 가입한 덕분으로 20일 만에 겨우 풀려났다고 한다. 흥미로운 사실은 제3지대 지대장이 김학규(金學奎)로, 전병균이 한때 교원으로 있었던 동명학교의 교장이었다는 것. 또 한국의 전 대통령 박정희(朴正熙)도 광복 후 바로 이 3지대에 있었다.

소설 같은 이런 풍파는 그저 소설로 만들어지고 있는 듯했다. 이 시기 전병균은 대부분 생계를 잇기 위한 생활을 이어가고 있었으며, 한때 꿈처럼 동경했던 군인 생활은 허공에 날린 연처럼 그의 세계를 멀리 떠나가고 있었다.

"광복을 맞은 이듬해라고 해요. 부친님은 조선인의 귀국열차에 올랐지만 도중에 신빈현에 눌러 앉게 되었다고 합니다."

전정혁은 어릴 때 들었던 이야기를 이렇게 회억했다.

그때 전병균은 나이 마흔을 넘는 노총각이었다. 어서 장가를 들라는 어머니의 추상같은 불호령이 떨어졌던 것이다. 그동안 부모에게 효도를 하지 못했던 전병균은 이번에는 양처럼 순순히 그 분부를 따랐다.

1947년, 신빈현이 해방된 후 전병균은 신빈현 조선인 교무위원회 위원으로 당선된다. 그는 민족교육의 부흥에 앞장을 서서 조선인 군중들과 함께 20개의 조선족소학교를 복구, 창립했다. 공화국이 창건된 이듬해인 1950년에는 신빈현 총공회 집행위원으로 당선되며 이어 선후로 신빈현 인민위원회 위원과 인민대표, 요녕성 인민정치협상회의 위원으로 당선되었다.

황포군관학교 학생 무덤. 무명의 조선인학생의 무덤은 또 얼마던가.

미구에 소설 같은 일은 정말로 현실로 나타난다. 전병균은 북경에서 황포군관학교의 옛 교관, 북벌군의 옛 지휘관과 장장 30년 만의 상봉을 하는 것이다.

1956년, 전병균은 천안문 성루에 올라 모택동(毛澤東), 유소기(劉少奇) 등 당과 국가 지도자의 친견을 받으며 기념촬영을 했다. 이 장소에서 황포군관학교 정치부 주임이었던 주은래(周恩來) 총리를 다시 만났다. 황포군관학교 교관부(敎官部) 주임이었던 이제심(李濟深)도 정부 부주석으로 공화국 국가지도자의 행렬에 서 있었다. 북벌군의 유명한 지휘관이었던 하룡(賀龍) 원수도 또 지척에서 만날 수 있었다.

이때 옛 교관과 학생, 옛 장령과 하급 군관의 만남의 대화가 있었는지는 미지수이다. 그걸 떠나서 전병균의 어깨에는 더는 군 계급장이 얹혀 있지 않았다. 전병균은 동북소수민족 참관단 일원의 신분으로 천안문에 올랐으며, 군부대가 아니라 신빈현 정부에서 근무하고 있는 일개 과장급 직원이었다.

비록 황포군관학교와 북벌군 경력은 단 1, 2년 정도에 불과했지만, 전병균의 일대기에는 지울 수 없는 기억을 남기고 있었다.

'문화대혁명' 시기 신빈현에는 '반혁명분자' 전병균을 폭로하는 대자보가 나붙었다고 한다. 황포군관학교와 북벌전쟁은 필경 국민당이 주도한 것이었으며 이 때문에 그 시절 극좌적인 운동의 배경에서 황포군관학교 학생과 북벌전쟁에 참여한 군인은 모두 '반혁명분자'로 점철되고 있었다.

종국적으로 '대자보' 사건은 "민족인사는 투쟁하지 말라"고 하는 상부의 지시로 인해 유야무야하게 처리되었다. 그럴지라도 전병균은 지병으로 사망한 1967년까지 애당초 옛날의 이야기를 입 밖에 꺼내는 것조차 꺼려했다고 한다.

"당신의 옛 경력이 우리 가족에게 그 무슨 누라도 끼칠까 두려워했던 거지요."

전정혁의 슬픔 어린 말이다.

결국 전병균은 자식들에게도 전모(全貌)를 그리기 힘든 희미한 인물이 되었다. 그때 그 시절의 풍운은 역사의 많은 사건의 중심에 서 있었고 또한 현대사의 많은 명인들을 신변에서 만났던 이 인물을 더는 찾기 어려운 미스터리 속의 '실종자'로 만들고 있었던 것이다.

진용학, 정강산의 홍군에 있었던 조선인 대대장

정강산(井岡山)의 이름은 강서성(江西省) 서남부의 산골마을에서 시작된다. 시초에는 마을 주변에 산이 둘린 지세가 우물을 방불케 하고 또 마을에 강이 흐른다고 해서 우물과 강, 산을 합쳐 '정강산촌(井江山村)'이라고 불렀다고 한다. 그런데 현지인들의 발음에서 물 이름 '강(江)'이 언덕 '강(岡)'과 비슷하다고 해서 나중에 이처럼 불리게 되었다는 것이다.

정작 중국 첫 농촌혁명근거지의 대명사가 된 것은 모택동(毛澤東)이 작성한 보고서에 등장하면서 시작된다. 1928년 11월, 모택동은 중국공산당 중앙위원회에 보고서 「정강산의 투쟁」을 회부하면서 처음으로 '정강산'이라는 이 명칭을 사용했다.

이 무렵 당 대표 모택동은 군단장 주덕(朱德)과 더불어 홍군(紅軍) 제4군의 최고 지휘관이었다.

두 부대 합류 기념비. 모택동과 주덕이 굳게 손을 잡았다.

약칭 홍4군(紅四軍) 즉 중국공농홍군(工農紅軍) 제4군은 1928년 4월 모택동이 인솔한 추수(秋收)기의의 부대와 주덕(朱德)이 영도한 남창(南昌)기의의 부대가 정강산에서 합류한 후 통합, 편성된 군부대의 번호(番號)이다. 정강산의 이 합류는 중국 혁명의 불씨를 확보했으며 미구에 들판의 큰 불길을 만들었다. 홍군은 항일전쟁시기 신사군, 팔로군, 동북항일연군 등 이름으로 불리다가 종국적으로 인민해방군으로 개칭한다.

훗날 홍4군의 소대장이나 중대장은 물론 일반 병사까지 사단과 군단급 간부로 성장한 경우가 적지 않다. 홍4군 초기에 대대장으로 있던 임표(林彪)는 나중에 공화국의 원수로 등극했다.

정강산 시기의 이 홍군 대오에는 진용학(陳龍鶴)이라고 하는 조선인 대대장이 있었다. 그 역시 임표처럼 황포군관학교 제4기에 입학하였고 북벌(北伐)전쟁에 참가했으며 또 임표가 남창기의에 참가했듯 추수기의에 참가했다고 전하는 전기적인 인물이다.

그러나 진용학은 그때 그 시절의 난세에 혜성처럼 잠깐 나타났다가 가뭇없이 사라졌다.

"진용학은 선배 학자들이 벌써 지난 세기 80년대부터 추적한 인물이지요."

사학자 최봉춘은 이렇게 진용학에 대한 학계의 연구를 일축하고 있었다.

최봉춘은 진용학에 대한 사학계의 연구가 대부분은 부득불 제3자의 구술에 의거하고 있다고 하면서 아쉬움을 토로했다.

"아직도 기연미연(其然未然) 하고 있는데요, 잘 모르는 부분이 많습니다."

뒷이야기이지만, 중국 최대의 포털 사이트 바이두(百度)에 진용학에 대한 소개는 겨우 300여 자에 불과했다. 실제로 진용학은 출생일이나 고향이 미지수로 있는 등 세간에 남긴 흔적은 그다지 많지 않다. 하긴 황포군관학교에 입학한 그때부터 몇 년 후 남방의 어느 한 전투에서 희생하기까지의 짧은 경력이 그의 전부이니 말이다.

바이두 백과는 진용학이 1926년 1월 황포군관학교에 입학했다고 기술하고 있다. 황포군관학교는 국민당의 창시자 손중산(孫中山)이 1924년 5월 광동성(廣東省) 광주시(廣州市) 황포구(黃浦區)의 장흥도(長興島)에 세운 정치군사학교이다.

이 무렵 조선인 무장독립단체 의열단(義烈團, 1919)은 중산대학(中山大學), 황포군관학교 등의 입학을 통한 자기무장의 길을 선택하고 있었다.

조선인 학생은 1924년 시작된 제3기부터 1949년 졸업한 제22기까지 황포군관학교에 나타난다. 바이두 백과는 진용학이 1926년 10월 임표 등과 함께 황포군관학교를 졸업했으며 북벌에 투신했다고 서술하고 있다. 그러나 『황포군관학교 동학록(同學录)』의 제4기 졸업생 명부에는 진용학의 이름이 출현하지 않는다.

"진용학이라는 인물이 애초부터 황포군관학교 4기생이 아니기 때문이지요."

최봉춘은 이렇게 똑 부러지게 말하고 있었다.

1926년, 국민정부가 진행한 통일전쟁인 북벌(北伐)전쟁이 일어났다. 그 해 10월, 북벌군이 호북성(湖北省) 무한(武漢)을 공략한 후 황포군관학교 무한분교 즉 무한 중앙군사정치학교가 설립되었다. 진용학은 바로 이 무한분교 포병학과의 5기생으로 나타나고 있다고 최봉춘이 밝히고 있다. 임표처럼 이미 4기를 졸업했다고 하면 무한분교에 다시 재학할 수 없다는 것이다.

"'유악(留鄂, 鄂은 호북성의 약칭)한국혁명청년회'의 장정(章程)에 회원 진용학은 포병과라고 똑똑하게 기록되어 있습니다."

최봉춘은 ≪조선일보≫의 1927년 3월 16일자 기사 내용을 이렇게 소상하게 설명했다. 유악한국혁명청년회는 1927년 초 호북성에서 결성된 조선인 진보단체로 황포군관학교 학생들과 독립운동가들이 적극 가담하고 있었다. 무한분교는 이 청년회에 학생 모집을 위탁하고 그들이 모집한 조선인청년을 입학시키고 있었다.

무한분교에는 역사상 5기 포병과와 6기 정치과가 있었을 뿐이다. 포병과는 광주에서 전학 온 황포군관학교 본교 5기생들이 북벌전쟁에 투신하여 무한에 도착한 후 곧 무한분교에 재편성된 것이다.

1927년 무렵, 무한분교 포병과에는 조선인 20여 명이 재학하고 있었다고 한국혁명청년회가 전한다. 그러나 나중에 검색되는 조선인 졸업생은 6명뿐이며 진용학은 여기에 포함되지 않는다. 이에 따라 진용학의 고향과 출신, 나이 등도 오리무중에 빠져 있다.

솔직히 황포군관학교 조선인 학생들의 경우 구체적인 신상은 물론 정확한 수효조차 파악하기 어렵다. 조선인들은 입학할 때 조선과 중국의 이중 국적을 소지했고 또 만주 등으로 출신지역을 위장했으며 가명을 사용했다. 일본 정보망에 포착될 가능성과 이로 인한 국제적 분쟁을 미연에 방지하기 위해서였다.

모택동과 추수기

1927년 7월, 국민당과 공산당의 분열 후 황포군관학교 무한분교는 문을 닫게 된다. 이 무렵 또 다수의 조선인 청년들이 무한 한국혁명청년회에 의해 제6기생으로 재학하고 있었다. 이들 무한분교의 일부 학생은 엽정(葉挺), 하룡(賀龍)의 부대에 편입되고 다른 일부 학생은 장발규(張發奎)부대의 교도(教導)연대에 편입되었다. 이에 앞서 6월, 중국공산당은 장발규부대와 협조하여 총 지휘부 경위연대를 편성하는데, 진용학이 당의 위임, 파견을 받아 이 연대의 일원이 되었다.

여기에서 꼭 짚고 넘어가야 할 부분이 있다. 훗날 엽정, 하룡의 부대에 편입된 조선인들은 대개 남창기의에 참가하며 교도여단에 편입된 조선인들은 거개 광주기의에 참가, 진용학이 소속된 경위연대는 추수기의에 참가한다. 추수기의는 남창기의 및 광주기의와 더불어 1927년 중국공산당이 국민당 우파에 반항하여 일으킨 3대 기의이다. 공화국의 창시자 모택동이 중화인민공화국의 오성홍기에는 조선인(족)의 피가 스며있다고 평한 데는 그럴 만한 이유가 있는 것이다.

각설하고, 진용학은 1927년 9월 9일 추수기의에 참가하며 이어 기의부대와 함께 정강산에 오른다. 그는 선후로 정강산에서 벌어진 오두강(五斗江), 용원구(龍源口) 전투와 영신(永新)의 3차 공격 등 유명한 전투에 참가하였다.

1928년 8월, 모택동은 제31연대의 주력을 인솔하여 이웃한 호남(湖南)에 홍군 대오를 접응하러 갔다. 예하의 1대대는 정강산에 남아 수비를 담당했다. 이틈을 타서 국민당 군대 4개 연대의 병력이 정강산을 진공했다. 소대장 진용학은 다른 부대와 배합하여 국민당 군대의 여러 차의 진공을 물리쳤으며 황양계(黃洋界) 보위전의 승리를 거뒀다. 황양계는 정강산의 북쪽에 위치한 요충지이다.

이 시기 진용학의 전투경력은 제3자의 자세한 회억이나 증언, 기록이 없으며 따라서 영구한 미스터리로 남아 있다. 그러나 진용학이 1929년 제31사단 31연대 1대대 3중대 중대장으로 (진급해) 있었다고 하는 짧은 기술에 의하면 진용학의 뛰어난 전투능력을 어느 정도 추정할 수 있을 법하다.

사실상 임표도 화려한 전투경력을 쌓으면서 북벌 시기의 소대장에서 시작해 남창기의 후에는 중대장, 홍4군 초기에는 대대장의 군 계급장을 달고 있었다.

그러나 진용학의 전투경력은 아쉽게도 얼마 후 마침표를 찍었다. 『정강산홍군인물지(人物志)』(2010, 강서인민출판사)는 정강산의 홍군열사를 소개한 권위 있는 문헌이다. 이 책은 진용학이 희생된 경위를 이렇게 서술하고 있다.

> "1929년 1월 (진용학은) 홍4군 주력을 따라 정강산을 떠났으며 공남(贛南, 강서성 남부), 민서(閩西, 복건성 서부)로 갔다. 1932년 4월, 홍12군은 복건성(福建省) 남부의 중요한 도시 장주(漳州)를 공략하는 전역에 참가했다. 격전에서 진용학은 불행히 희생되었다."

실제로 1929년 1월 14일, 정강산혁명근거지에 대한 국민당 군대의 제3차 '포위토벌'을 타개하고 부대의 보급 문제를 해결하고자 모택동과 주덕은 홍4군의 주력을 인솔하여 강서성 남부로 진군해 공남혁명근거지를 설립한다. 1930년 봄, 공남과 민서에서 각기 공농(工農) 민주정부를 설립하며 두 지역의 지방무장은 각기 홍3군과 홍12군으로 편성되었다. 미구에 공남과 민서 두 지역은 한데로 이어지며 강서성의 서금(瑞金)을 중심으로 하는 중앙혁명근거지를 형성하였다.

잠깐, 여기서 일화가 있다. 장주전역에서 홍군이 국민당 군대의 비행기 한 대를 노획했던 것이다. 이때 노획한 비행기를 홍군부대의 조선인이 수리, 조종했다는 사실을 공화국의 원수 섭영진(聶榮臻)이 그의 회고록에 기재하고 있다.

이 조선인은 서금 중앙혁명근거지 후근부문의 군사기계과 과장으로 있던 진덕근(陳德勤)라는 게 거의 통설이다. 여러 자료들을 종합해 보면 진덕근의 본명은 이한설(李漢卨)이며 함경북도 종성군 어랑면 출신이다. 진덕근은 1929년 서울 여의도에 설립되었던 조선비행학교를 다녔다고 한다. 그때 그 시절 비행술은 물론 비행기의 분해와 조립, 수리 기술을 갖추고 있었던 것이다.

이와는 달리 최봉춘은 비행기 조종사가 운남(雲南)항공학교를 다녔던 의열단 단원 장지일(張志日)일 수 있다고 말하고 있었다.

시야비야를 떠나서 중앙혁명근거지에는 또 양림(楊林) 교관 등 황포군관학교 출신의 복수의 조선인이 출현하고 있었던 것이다. 와중에 양림은 홍군 제1군단 참모장으로 있는 등 홍군의 중견 인물이었다. 홍군 부대의 조선인은 최소 10명 정도였으며, 상기 진덕근을 비롯하여 이들 대부분은 중국공산당 상해 조선인지부에서 활동하던 사람들이었다고 최봉춘이 밝힌다.

이 무렵 희생되었거나 실종된 조선인은 진용학 한 사람이 아니었다. 그처럼 황포군관학교 학생이었다고 주장하는 최정무(崔鼎武)는 어느 한 전투에서 부상으로 홍군대오에서 낙오했고 훗날 국민당 군대에 포로되었다가 조선의용군에 편입되는 곡절을 겪었던 것이다.

그런데 진용학이 이미 그 전에 벌써 희생되었다고 하는 다른 기록이 있다. 해방군출판사가 1990년 출판한 『장종손(張宗遜)회억록』의 기술에 따르면 1929년 8월경 홍4군 주력은 제3종대를 전위부대로 삼아 장평(漳平)으로 진군, 첫날에 소속 제7지대가 적 3, 4백 명과 전투를 벌였다고 한다. 비록 적을 격퇴했지만 이 전투에서 진용학 대대장이 중상을 입고 희생되었다는 것이다. 이에 앞서 31연대는 서금 부근의 장정(長汀)에서 제3종대로 개편되었고 진용학은 제7지대 21대대 대대장을 맡고 있었다.

상기 회억록을 저술한 장종손은 북벌전쟁, 추수기의 등에 참가했으며 선후로 홍군 군단장, 홍군대학 교장으로 있었고 공화국 창건 후 상장 군함(軍銜)을 받은 인물이다. 장종손의 초기의 경력에는 진용학의 인생궤적과 중첩되는 부분이 적지 않게 있으며, 진용학에 대한 그의 서술을 신빙성 있는 것으로 받아들일 수 있다는 얘기이다.

이에 따라 일부 학자들은 진용학의 사망 일자에 대해 의문을 제기하고 있다. 홍군 대대장 진용학이 장주전역에서 희생되었다는 설은 재론이 필요하다는 것.

사실상 장종손의 기술도 그렇지만 장평과 장주는 인접하며 또 그때 그 시절 홍군은 복건성 서부와 남부에서 빈번하게 활동하면서 크고 작은 많은 전투를 벌였다. 1929년의 장평전투와 1932년의 장주전역이 혼돈

되었을 가능성이 십분 크다는 것이다. 더구나 홍12군은 진용학이 희생되었다고 하는 장주전역에 직접 참가하지 않았다는 주장이 있다.

최봉춘은 진용학의 희생 시일과 장소를 특정하지 않고 대체로 국민당 군대가 진행한 다섯 차례의 '포위토벌' 시기 즉 1930~1934년에 무게를 두고 있었다.

아무튼 이처럼 홍군 시절에 희생, 실종된 장병은 수만 명으로 헤아리고 있다. 진용학은 황포군관학교 학생이고 북벌군이며 홍군 대대장이고 또 외국인이라는 이 특이한 다중 신분 때문에 기억의 편린이나마 만들 수 있지 않았을지 한다.

그러나 진용학 역시 기타의 많은 무명의 홍군 장병처럼 세상에 무덤 한 기는 물론이요 사진 한 장 남기지 못하고 있는 것이다.

얼굴이 없는
한 조선인 대령의 이야기

"잘 보세요, 제가 남자치곤 잘 생겼지요?" 서철(徐哲) 옹은 인터뷰 도중에 이렇게 엉뚱한 물음을 불쑥 던져왔다.

서철 옹은 중국 공안부의 전 요인이다. 그의 둘째 형 서파(徐波)도 명인, 약 70년 전에 벌써 대령의 계급장을 달았던 인물이다. 그러나 현존한 유일의 혈육인 서철 옹에게도 서파의 사진은 없었다. 실은 한 장 간직하고 있었는데, 언제인가 한국에 증명자료로 보냈다고 한다. 그때 사진 원본을 남겨두지 못한 것이 서철 옹의 마음에 서린 한으로 남아 있었다.

어쩌면 서파는 훗날의 그의 사망지가 된 오지의 감옥처럼 그 어느 시공간에 몸으로서의 형체는 영영 갇혀버린 게 아닐까 싶었다.

"형은 저보다 훨씬 잘 생겼습니다. 이러면 형의 얼굴을 상상할 수 있어요?"

필자에게 형의 이야기를 하고 있는 서철 옹

서철 옹은 마치 둘째 형의 사진이라도 되듯 자기 얼굴을 쑥 내밀고 있었다. 북경 동남쪽 방장(方庄)의 아파트로 비쳐드는 봄날의 따뜻한 햇살은 그의 얼굴을 더구나 붉게 물들이고 있었다.

서파의 얼굴은 서철 옹의 세 살 때의 어린 기억에 흐릿한 사진처럼 남아 있었다. 그날 서파는 어리광을 부리는 서철을 뒤로 하고 친구들과 함께 집을 나섰다. 훗날 누나에게 확인한 일이지만 이날 서파는 고향인 요녕성(遼寧省) 신빈(新賓)을 떠나 북경으로 공부하러 떠났던 것이다.

'8·15' 광복 전 신빈에는 조선인이 2만 3천여 명 집거하고 있었다. 훗날 귀국하거나 부근 지역으로 분산되고 1990년대부터는 한국으로 노무송출, 정착하는 등 종국적으로 조선족은 9천여 명 정도 남지만 예전부터 역사시기마다 많은 명인을 배출한 것으로 정평이 나 있다.

각설하고, 서파는 서철 옹보다 13살 손위의 형이었으니 그가 고향을 떠날 때 나이는 16세였으며 그 시기는 1933년이었다.

그 후 15년 동안의 드라마 같은 행적은 서파가 나중에 서철에게 이야기한 짧은 추억에서 간간이 나타나며, 그로부터 음지에서 드러난 서파의 모습은 현대사의 굵직한 사건과 거물들과 얽혀 하나의 큰 그림을 만들고 있었다.

"형이 다니던 대학은 북경 동쪽의 조양(朝陽)에 있었다고 하지요."

서철 옹은 이렇게 회억하고 있었다.

학교는 지명을 따서 조양대학이라고 이름 지어졌다. 1912년에 창설된 이 대학은 당시 법과로 유명세를 타고 있었다. 그래서 "남쪽에는 동오(東吳)이요, 북쪽에는 조양이다"는 설이 있었다. 동오는 미국인이 창설한 상해의 동오대학 법학원을 말한다.

서파는 북경의 이 명문대학을 중퇴하고 대륙 중부의 남경(南京)으로 가서 군관학교에 입학했다. 시기적으로 보면 그가 조양대학에 입학한지 불과 1년만의 큰 '사변'이었다.

이때 일본군 비행기는 편대를 지어 천진(天津)과 북경 일대를 제멋대로 비행하고 있었다.

일본군은 1931년 '9・18'사변을 일으켜 만주를 점령한 후 또 1932년 상해(上海) '1・28'사변을 일으켰으며, 이어 1933년 상반년 병력을 집중하여 열하(熱河)를 강점하고 장성 연선을 진공했다. 일본군의 침략의 예봉은 동북을 떠나 화북(華北) 전반으로 향하고 있었다.

서파가 학업을 중단하고 북경을 홀연히 떠난 자세한 경위는 알 수 없다. 그러나 그가 책의 향기가 다분한 명문 법대를 거부하고 화약 냄새가 풍기는 군관학교를 선택한 원인을 해명하기는 그리 어렵지 않다.

서파의 조부는 일찍이 1911년 일본의 치하에서 살기 싫어서 아들딸을 데리고 동북으로 이주했다. 반도 남부의 고향에 있던 집과 땅을 미련 없이 버리고 두 발로 한 달 남짓 걸어서 안동(安東) 즉 지금의 단동(丹東)에 이르렀다고 한다.

광복군 총사령부 총무처 직원 단체사진.
중간 줄 오른쪽 다섯 번째가 서파, 왼쪽 네 번째가 김학규, 세 번째가 오광심이다.

서파가 고향인 만주를 마다하고 산해관(山海關) 남쪽의 대학을 선택한 것은 조부의 그런 성미가 작용한 게 아닐지 한다.

사실상 조양대학에 청강생 등으로 있었던 조선인 청년들은 이와 비슷한 원인으로 인해 황포군관학교에 적지 않게 입학하고 있었다. 서파는 그 중의 한 사람이었다. 반일독립투쟁에 투신하려는 열혈 조선인 청년들은 황포군관학교를 망라하여 대륙 군사학교의 명부에 연이어 이름을 올리고 있었다.

서파는 진정한 의미에서 황포군관학교의 졸업생이 아니다. 황포군관학교는 제1기부터 7기까지의 졸업생을 이르는 말이다. 황포군관학교는 그 후 무한(武漢)과 남경(南京), 성도(成都) 등의 지역에 분교를 설치하거나 이전한다. 서파의 호는 운봉(雲峰)이며 요녕성 무순(撫順) 출신으로 남경 중앙군관학교 11기 제2총대 교통병대(交通兵隊)에 입학했다. 서파는 기실 원명이 서외교(徐外敎)이며 또 서동해(徐東海)라고 불렸다.

꼭 짚고 넘어가야 할 점이 있다.

『황포군관학교 제11기 동학록(同學录)』에는 서파의 통신주소가 남경의 문서(門西) 호가화원(胡家花園) 18번지로 아주 똑똑하게 적혀 있다. 자칫 길가의 어느 동네 이름으로 치부할 법한 이 주소는 실은 유명한 의열단(義烈團)의 본부가 소재한 곳이다.

의열단은 1919년 김원봉(金元鳳)을 단장으로 하는 무장독립단체로 1919년 만주에서 성립되었다. 의열단은 1920년대 중반부터 암살이나 파괴 등 개인적인 폭력투쟁에 한계를 느끼고 무장투쟁으로 전환한다. 단원들을 황포군관학교에 입학시켜 체계적인 군사교육을 받게 하는 것도 바로 이때부터이다. 1930년대 의열단은 조선혁명 간부학교를 설립하여 간부를 양성한다. 그 후 관내 항일단체와 정당을 통합해 민족혁명당을 결성하며 1938년 조선의용대를 창설한다.

그러고 보면 서파가 의열단의 소개로 중앙군관학교에 입학했다는 이야기가 된다. 그가 의열단과 어떻게 또 어떤 연계를 가졌는지는 아직 미스터리로 남아 있다. 중앙군관학교 11기에는 서파를 비롯하여 조선인 졸업생 10명의 이름이 기록되고 있다고 사학자 최봉춘(崔鳳春)이 밝힌다.

문헌기록에 근거하면 서파는 1937년 10월 중앙군관학교를 졸업한 후 국민당의 중앙군에 배속되어 있다가 광복군을 창설할 무렵 임시정부의 주석 김구(金九)의 부름을 받고 임시정부가 이전, 소재한 국민당의 전시수도 중경(重慶)으로 갔으며 1940년 12월 서안(西安) 광복군 총무처 설치 후 적 점령지역에 거점을 확보하고 모병 업무를 강화하기 위한 공작원으로 떠난 것으로 보인다고 최봉춘은 기술하고 있다.

광복군은 대한민국 임시정부가 1940년 중경에서 국민당 정부의 도움을 받아 창설한 자체적인 무력단체이다. 조선의용대 본부는 총대장 김원봉이 부사령관에 취임하는 것을 계기로 1942년 5월 광복군 제1지대를 편성, 그 후 2개 지대로 개편되었다. 조선의용대의 주력은 그해 7월 화북조선독립동맹(華北朝鮮獨立東盟)이 지도하는 조선의용군으로 개편되었다.

1937년 12월, 남경(南京)이 일본군에 함락되었다. 중앙군관학교 제11기 제2총대가 졸업한 바로 두 달이 지난 후였다. 그로부터 2년 후인 1940년 남경은 일본이 편제한 괴뢰정권인 '왕정위(汪精衛)의 괴뢰정부' 소재지로 거듭난다.

"둘째 형은 임시정부 김구 주석의 명을 받고 남경에 파견되었다고 합니다."

서철 옹은 이렇게 회억하고 있었다.

그게 1942년경에 있던 일이었다. 남경에 도착한 후 서파는 한 일본군 중좌의 주선으로 남경 '괴뢰정부'(혹은 일본헌병대)의 독찰(督察) 처장으로 있었다고 한다. 이때 일본군 중좌는 무슨 영문인지 조선인의 신분을 밝히지 말라고 서파에게 거듭 부탁했다고 전한다.

서철 옹의 회억을 정리해 보면 서파는 한때 남경에 있는 기간 동안 진(陳)씨 성의 공산당 비밀요원과 내통하고 공동항일활동을 했다. 진씨는 공산당의 홍색근거지 연안(延安)에서 파견한 지하공작원이었다. 이때 진씨는 여러 번 서파를 공산당원으로 회유하려 했지만, 서파는 그가 국민당 당원이라고 하면서 공산당에 가입하지 않았다고 한다.

"문헌기록에서 나오지 않는 이야기인데요, 신빙성이 아주 적습니다."

최봉춘은 이렇게 그의 일가견을 말한다.

비록 눈과 귀, 코, 입 등 이목구비가 갖춰진 이야기이지만, 당시 임시정부나 국민당이 특별히 서파를 선정해서 남경에 파견할 이유를 찾을 수 없다는 것이다. 또 부동한 곳에 동시에 출현할 수 있는 '초인간'이라면 모를까, 서파가 강소성(江蘇省)에 위치한 남경의 '괴뢰정부'에서 근무하고 있었다면 1942년 초 안휘성(安徽省)의 부양(阜陽)에 있던 광복군 징모(徵募) 제6분처(分處)에서 서파의 이름이 간부의 자격으로 등장하는 것을 해석하기 어렵다.

그렇더라도 연안의 진씨가 진실로 존재한 인물이라면 서파는 소속된 광복군 징모 6분처가 안휘성 부양에 있을 때 그와 만났을 수 있다는 조심스런 해석이 있다. 징모 6분처는 임시정부 군무부(軍務部)가 초모(招募)공작을 위해 편성한 부대이다. 1942년 초부터 이 징모 6분처는 급변한 전세(戰勢)로 인해 1945년 일본이 패망할 때까지 부양에 근거지를 두고 있었다.

그때 서파가 주임 위원 김학규(金學奎), 간부 오광심(吳光心) 등과 함께 부양에서 초모와 선전, 파괴 등 항일공작에 종사했다고 하는 것이 최봉춘의 설명이다. 당시 부양은 지형적으로 일본군의 포위망에 들어있었으며 또 일본군 점령지역과 근접해 있었다. 때문에 부근의 팔로군이나 신사군 등 공산당 부대와 연계하고 활동을 전개할 수 있었다는 것이다.

진씨는 미구에 요녕성의 심양(沈陽)에서 서파와 다시 만나고 있었다고 서철 옹이 말했다. 1948년 말, 서파에게는 대만으로 갈 수 있는 기회가

김학규와 오광심 부부 그리고 서파

있었다고 한다. 서파는 그때 국민당 군대의 금줄 둘에 별 네 알이 박힌 대령 견장을 달고 있었다. 대만행 비행기 티켓이 벌써 마련되어 있었다. 그러나 서파는 진씨의 권유에 따라 심양에 남았다고 한다. 진씨는 서파가 공산당을 비밀리에 도운 일이며 친인척 가운데 중공당원이 세 명이나 된다는 등 내력을 잘 알고 있었다. 또 진씨는 동북구(東北區)의 공안부문에서 처장으로 있었기 때문에 서파의 신분을 밝히는 '보증서'가 될 수 있었다.

"진씨가 비밀리에 대만으로 급파되면서 형의 경력을 증명하고 담보할 사람이 없어지게 된 거지요."

서철 옹은 이렇게 아쉬움을 털어냈다.

서철 옹이 둘째 형 서파를 처음 만난 시기도 대략 이 무렵이었다. 폐병을 앓고 있던 서철은 봉천(奉天) 즉 오늘의 요녕성 소재지 심양(沈陽)으로 일부러 서파를 찾아와 그의 집에 기거했던 것이다. 서파는 군부대의 지인을 통해 명의를 소개했으며 이로써 서철 옹은 지병을 근치할 수 있었다. 이때 장장 15년 만에 만난 두 형제는 저녁이면 이마를 맞대고 오순도순 이야기를 나눴다.

"형의 집을 떠난 후의 곡절적인 경력을 처음 듣게 되었습니다."

이야기가 잠깐 다른 데로 샌 것 같다. 서파의 매파(媒婆)이자 상급이었던 큰 인물의 설명이 빠졌기 때문이다.

바로 김학규라고 하는 인물로 현대사에 등장하는 거물이다. 훗날 김학규는 김구(金九)에게 안두희(安斗熙)를 소개했다가 그에 의해 김구가 암살되자 누명을 쓰고 투옥, 1961년 '5 · 16'군사정변 이후 석방된다. 이 일이 아니더라도 김학규는 선후로 조선혁명군 참모장, 광복군 제3지대 지대장을 역임하는 등 내외에 그 명성을 날린 유명한 반일독립운동인사이다.

1945년 6월, 징모 6분처는 광복군 제3지대로 재편성되었다. 8월, 지대장 김학규는 서파를 남경지구 특파단장으로 임명하고 잠편(暫編) 지대를 편성하게 한다. 미구에 김학규는 임시정부에 의해 봉천에 주화한교(駐華韓僑) 판사처 부처장으로 임명되며 아내 오광심과 함께 봉천으로 진출한다. 김학규 부부는 봉천이 해방군에 함락되기 전야인 1948년 4월 귀국하였다. 이 무렵 김학규는 처제 즉 오광심의 동생 오애은(吳愛恩)을 서파에게 소개하여 그들이 부부의 인연을 맺게 했다.

기왕 말이 났으니 말이지 오광심 역시 남편 김학규와 더불어 광복군에서 활약한 유명한 반일독립운동 인사이다. 그는 일찍 반일근거지인 길림성 유하현(柳河縣) 삼원포(三源浦)의 동명(東明)중학교에서 교원으로 있었다. 그때 오영애(吳英愛)라는 이름으로 불렸다고 하는 동명중학교 옛 졸업생(박관순, 신빈현 사람으로 이미 사망)의 증언이 있다. 오광심은 교직을 접고 교장 김학규를 따라 반일독립운동에 종사하면서 이런저런 사정으로 원래의 이름을 고친 것 같다. 오영애라는 이 이름은 오광심의 이력에는 잘 나오지 않으며, 이로 인해 오광심과 오영애가 실은 동일한 인물이라는 걸 알고 있는 사람은 아주 적다.

아쉬운 건 그뿐만이 아니다. 주변의 인물들이 아무리 화려한들 서파의 달콤한 밀월은 만들지 못하고 있었다. 1950년 1월 3일 밤, 서파는 인민정부에 의해 비밀리에 체포되었다.

솔직히 지금까지 밝혀진 서파의 신분 자체는 하나하나가 모두 까무러칠 정도이다. 주변에 나타난 거물들은 서파에게 둘도 없는 특이한 신분을 만들고 있었다. 일본군 중좌와 직결된 사람, '괴뢰정부'의 요원, 국민당 당원이자 또 군부대의 대령… 그 어느 신분이든지 그때 그 시절 사형장으로 직행할 수 있는 '티켓'이었다.

나중에 서파가 이송된 곳은 만주 오지의 흑룡강성(黑龍江省) 밀산(密山)감옥이었다.

"밀산감옥은 현성에서 80여 km 떨어졌다고 합니다."

서철 옹이 둘째 형수 오애은에게서 들었다고 하는 이야기이다.

그때 흑룡강성 소재지 하얼빈(哈爾賓)에 있던 오애은의 오빠는 교통편이 없어서 위험하다고 말하면서 여동생의 면회를 간접적으로 막고 있었다. 결국 서파의 감옥생활은 아내 오애은이나 동생 서철 옹에게 하나의 물음표로 남고 있었다.

사실상 오애은이나 서철 옹에게 잘 알려지지 않은 서파의 이력은 또 하나 있다. 이 부분은 밀산감옥에서 수감생활을 했던 서파의 동향 사람인 신철(申哲)을 통해 드러난다.

신철은 1948년 8월 국민당 국방부 소속 중좌로 동북에 파견되었다가 해방군 장교인 동생에게 체포되어 밀산감옥에 수감된 비극적인 인물이다. 신철의 일대기를 담은 책 『문화대혁명을 이긴 사람 신철』(한국, 2015)의 기록에 따르면 그가 봉천에 갔을 때 서파는 국민당 동북최고군사위원회 장관부 부관으로 있었다. 서파는 한때 국민당 군대 내의 장연(長延) 민주자위군의 후근을 책임졌다고 한다. 이 민주자위군은 1947년 김학규 등이 심양에서 설립한 반공 조선인부대이다. 국민당이 대륙에서 패망한 후 민주자위군은 자연히 해체되며 그 참여자들은 '반혁명분자'로 몰리게 된다. 이때 국민당은 또 대륙에 13개의 이른바 '지하 구국군(救國軍)'을 조직하는데, 서파는 봉천과 무순 일대에 있는 제1지대의 촉탁(囑託)을 맡았다는 것이다.

밀산감옥에는 서파나 신철을 비롯하여 국민당 군대에 있던 조선인 장교가 무려 10여 명이나 되었다. 와중에 서파는 감옥에서 그 누구보다 '교화'가 비교적 잘된 인물이었다고 신철은 그의 일대기에 소상하게 적고 있다.

"(서파는) 공산당과 오래 전부터 거래를 했고 결혼을 한 아내가 있었으므로 모범 수감자로 되어 감형을 받고 하루빨리 풀려나려는 마음으로 불타는 분이었다."

1962년, 서파는 마침내 감형을 받고 석방되었다. 이 무렵 서파는 동생 서철 옹에게 서한을 보냈다. 하나는 그가 감옥에서 대공을 3차나 세우는 등 모범수가 되었다는 것이었고 다른 하나는 그가 출옥해서 돌아간 후 나쁜 영향이 미치게 된다면 아예 답신을 하지 말라는 내용이었다.

서철 옹은 정부 부문에서 근무하면서 그 시대의 살벌한 환경 때문에 형 서파와 더는 연락을 시도하지 않았다. 서철 옹은 이에 10여 년 전인 1949년, 국민당 장령인 서파와의 형제관계로 인해 공산당 조직에 어렵게 가입한 힘든 기억을 갖고 있었다.

신철의 일대기의 진술에 의하면 미구에 서파는 심양(沈陽, 봉천은 이미 심양으로 개명했다)에 가서 장모의 집에 유숙을 했고 또 장모로부터 옷과 노자를 받았다. 아무래도 이야기의 순서가 약간 바뀐 것 같다. 이 무렵 서파는 아내에게 이혼장을 받았다고 한다. 억장이 무너지는 일이었다. 훗날 서파는 부득불 이혼장에 서명을 해야 했다고 신철에게 말하더란다. 그가 반혁명분자이므로 무조건 동의해야 한다고 감옥의 교도관이 강요했다는 것이다.

상기 일대기의 서술로 보면 서파는 출옥 후 심양에 잠깐 들렸던 것 같다. 그러나 서철 옹은 서파가 아내와 이혼을 했고 또 출옥 후 심양에 다녀갔을 수 있다는 것을 완강하게 부인하고 있었다.

심양에 살던 서파의 아내 오애은은 물론 고향 신빈에 있던 서파의 삼촌과 여동생도 그동안 서파의 심양행에 일언반구의 언급이 없었다고 한다. 혹여 서파는 먼발치에서 친인들을 남몰래 물끄러미 지켜보다가 돌아갔을까… 서파가 출옥 후 약 한 달이나 밖에 있었다고 하니 '공백'의 그 기간에 대해 이런저런 추측도 나올 법하다.

막상 그때 그 시절 서파는 가족에게 미칠 나쁜 영향 때문에 일부러 친인들을 기피했더라고 해도 심양에서 만났을 사람이 하나 있었다. 심양의 '마당발'이라고 불리는 서파의 중국인 '누님'이다. 서파가 심양에서 국민당 군관으로 있을 때 그들은 혈통을 떠난 '오누이' 관계를 맺었다고 한다. 서철 옹 역시 형을 대신해 '문화대혁명' 때 이 '누님'을 음으로 양으로 도와주는 등 그와 친분을 맺고 있었다.

"형이 다녀갔다면 '누님'이 그때 당장은 몰라도 사후에도 그냥 함구할리 없지요."

그건 그렇다 치고, 오애은과 서철 옹 간의 형수, 시동생 관계는 계속 내밀하고 따뜻하게 이어지고 있었다. 오애은은 회의 참석차 등으로 북경에 오게 되면 서철 옹과 만남을 가졌다고 한다. 오애은은 '문화대혁명' 후 중국에서 목사안수를 받은 첫 여성 성직자이며 심양 서탑(西塔)교회의 원로 목사이다. 그는 또 중국인민정치협상회의의 3기에 걸쳐 당선된 전국 위원이다.

⇧ 서파의 부인인 오애은 심양 서탑교회 원로 목사

오애은과 잇닿은 이야기의 선은 여기서 끊어진다. 오애은은 2월(2016) 말 91세를 일기로 사망했다. 기자는 나중에 그의 신변에 있었던 서탑교회의 한 원로 교사와 어렵게 전화통화를 가졌지만, 교사는 오애은의 개인생활에 아예 언급 자체를 회피하고 있었다. 서파가 '이혼'을 당했는지는 끝끝내 확답을 얻지 못하고 말았다.

분명한 건 서파가 종당에는 밀산감옥으로 돌아갔다는 것. 자청하여 죄인 아닌 죄인으로 된 것이다. 몸 하나 어디에도 의탁할 데 없었고 또 감옥이 더 안전하던 시대였다. 서파는 감옥에서 창고 보관원 겸 전공으로 있다가 2년 후 폐결핵으로 사망했다. 서파의 부고는 훗날 오애은을 통해 시동생 서철 옹에게 전달되었다.

지난 세기 말, 중국 공안부에서 공직으로 있던 서철 옹은 일부러 밀산을 찾아갔다. 그러나 일명 '밀산노동교화농장'의 밀산감옥은 일찍 '문화대혁명' 기간 철폐되었으며 서파의 기록서류는 일절 남아있지 않았다고 한다.

인터뷰를 마친 며칠 후 기자는 서철 옹을 다시 만났다. 한국 국가보훈처의 자료를 검색하다가 마침 서파의 사진을 발견했던 것이다. 형을 옛 사진에서 다시 만난 서철 옹은 정말이지 뜻밖의 보물을 건진 어린애처럼 흥분하고 있었다.

그러나 잠시뿐이었다. 슬프고 우울한 기색이 하얀 햇살을 타고 백발의 노안에 내려앉고 있었다. 서파의 '이혼장'과 '심양행' 유무가 다시 화제에 올랐던 것. 노인의 눈가의 이슬에 비낀 서파는 또 다시 희미한 얼굴의 인물이 되어 어른거리고 있는 듯 했다.

미상불 노인에게는 가슴을 뜯는 너무나도 잔인한 이야기가 아닐 수 없었다.

항일연군의 살아있는 전설 이재덕

"오늘 동무들이 여기에 와서(온 게) 무슨 일이 있습니까…?"

그녀는 약간은 어눌한 우리말이지만 아주 똑똑한 발음으로 이렇게 말꼭지를 뗐다.

그녀는 일행이 갖고 간 우리말 잡지 ≪중국민족≫의 기사를 별로 망설이지 않고 쉽게 읽고 있었다. 우리말 세계와 동떨어진지 반백년이 넘었지만 우리말과 글은 여전히 손과 발처럼 그녀의 일부였다.

"(우리말과 글은) 너무 오래돼서 거의 다 잊어버렸습니다."

그녀는 중국말로 이렇게 말하더니 부끄러운 듯 가벼운 웃음을 흘렸다. 97세의 노인은 금세 10대의 소녀처럼 주름이 깊은 얼굴에 홍조를 띄워 올리고 있었다.

병상 옆의 기기에서는 심장박동 그래프가 아래위로 포물선을 연달아

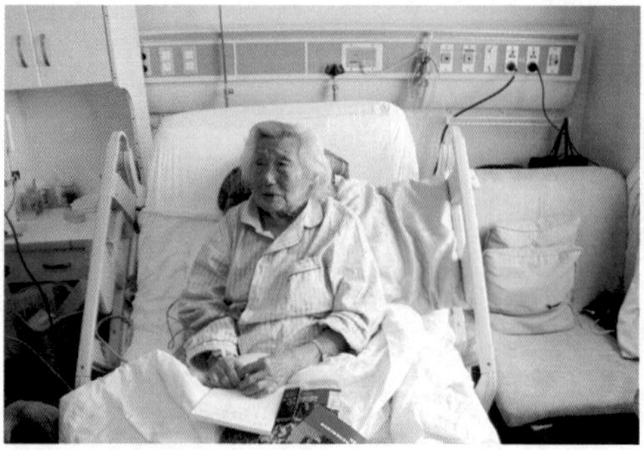

▲ 병상에서 인터뷰를 받은 이재덕 노인

긋고 있었다. 그녀는 허리의 통증 때문에 얼마 전 고급병동에 입원했다. 몸에 부착한 붉고 푸른 선들이 아니라면 영락없이 시골에서 조석으로 만나는 이웃집의 푼더분한 할머니였다.

기실 그녀는 이재덕(李在德)이라는 이 이름만으로도 하나의 살아있는 전설이었다.

70년 전 만주 땅에서 항일의 총대를 잡았던 노전사는 현재 생존자가 불과 한 손으로 헤아릴 정도, 이중 이재덕은 최고령자로 알려져 있다.

사실상 이재덕의 전설은 여기서 그치지 않는다. 북한 김일성 주석의 특별초청을 받은 '국빈', 김일성 주석의 부인 김정숙의 친밀한 전우, 중국 주은래(周恩來) 총리의 '외국인' 기밀담당 비서, 러시아정부의 국가보위전쟁승리 특별훈장 수훈자 등등.

그러고 보면 인간 이재덕에게는 소설보다 더 기이한 사건들이 일장 드라마처럼 벌어진 것이다.

청천강으로 흘러간 부채의 이야기

두 살 때였다. 어린 이재덕은 고모의 등에 업혀 동구 밖에 갔다가 신기한 그림을 보았다고 한다. 그녀는 회억록 『송산(松山)의 눈바람』(2013)에서 그때 흥에 겨워 소리치던 정경을 이렇게 적고 있었다.

"저것 봐, 강물에 큰 부채가 떠있어!"

옛 군복차림으로 항일유적지를 찾은 이재덕 노인

실은 청천강에 떠있던 큰 돛배였다. 푸른 산과 푸른 물, 흰 돛은 이재덕의 기억에 찍힌 고향의 유일한 모습으로 남아 있었다.

고향의 이 그림에 적힌 이름은 한반도의 평안남도 개천군 답도리였다.

그러나 아름다운 그림과는 달리 그녀의 집안은 서글픈 생활상을 그리고 있었다. 지주의 비탈밭 몇 뙈기를 부쳐 생계를 겨우 유지하는 정도였다고 한다. 그러던 1920년 초, 조부가 지주의 마름과 말다툼을 벌이다가 구타를 당해 세상을 떴다.

이때 부친의 신변은 갈수록 큰 위험을 받고 있었다. 부친은 일찍 1917년부터 독립운동에 참가하면서 늘 외지에서 활동했고 이 때문에 특무들의 감시를 받고 있었던 것이다. 조모는 고향을 떠나 만주로 이주할 것을 제의했다.

1920년, 어린 이재덕이 두 살을 넘기던 그 해 겨울 일가족은 솥 하나, 이불 두 채를 메고 압록강을 건넜다. 이재덕은 그때 일가족이 밤중에 남몰래 도강했으며, 엄마가 그를 등에 업고 머리에 보따리를 이고 있던 정경을 지금까지 기억하고 있다.

"부친에 대한 인상은… 저에게 매우 엄했습니다."

부친 이상희는 중국에 온 후에도 계속 압록강을 넘나들며 독립단체의 활동에 투신했다. 어느 한 번의 전투에서 부친은 다리에 총상을 입었으며 집에 돌아와 요양했다. 이 기간은 어린 이재덕의 기억에 부친과 함께 있은 시간 중 제일 오랜 나날이었다.

그때 어린 이재덕은 또래들과 함께 집 근처에서 술래놀이를 했다. 술래가 된 이재덕은 치마를 머리에 뒤집어쓰고 또래들이 숨길 기다렸다. 마침 밖으로 나온 부친은 그녀가 엉덩이를 다 드러낸걸 보자 넉가래 같은 손바닥으로 엉덩짝을 철썩 두들겼다.

"다 큰 처녀애가 이게 무슨 해괴한 꼴이냐!"

부친은 이날 딸애에게 처음으로 매를 댔다. 부끄럽고 서러웠던 어린 이재덕은 엉엉 울면서 동네 이웃집으로 '가출'을 했다고 한다.

총상이 치유된 후 부친은 또 귀대하여 새로운 전투에 뛰어든다. 그러던 1923년 봄, 반역자의 밀고로 일본헌병대에 체포되었다. 그 후 옥중에서 병으로 '사망'했다는 서한이 중국으로 날아왔다.

부녀의 비운의 재회는 그로부터 약 70년 후 묘향산의 부친의 묘소에서 이뤄졌다. 부친은 감옥에서 풀려나온 후 어찌어찌하여 북한 땅에 따로 살림을 꾸리고 있었던 것이다.

각설하고, 아버지가 늘 집에 있지 않았기 때문에 모친이 집의 버팀목이 되었다. 할머니의 몸이 불편했기 때문에 농사일은 물론 집안의 잡다한 일도 모친 한 사람의 몫이었다.

"엄마와 할머니, 나 세 사람이 엄마 한 사람에게 의지해서 생활했습니다. 엄마는 정말로 견강한 여인이었습니다."

훗날 모친도 부친처럼 반일운동에 투신하며 나중에 흑룡강성(黑龍江省) 탕원중심현(湯源中心縣) 당위원회 위원, 중심현 여성협회 주석으로 있었다. 1933년 10월, 모친은 배신자의 밀고로 일본헌병대에 체포되었다. 그녀는 이때 수감된 공산당원, 적극분자 11명과 함께 학립(鶴立) 일본헌병대의 뜰에 있던 옛 우물에 생매장되었다.

이 무렵 탕원 지역에는 공산당의 항일유격대가 설립되어 활약하고 있었다. 초기의 성원이 20여 명에 불과한 이 탕원 반일유격대는 나중에 4,500명 규모의 항일연군 제6군단으로 발전한다. 1934년 유격대가 산속으로 이동할 때 어린 이재덕은 단연히 유격대에 입대를 지원했다. 집안에 홀로 남은 그녀는 유격대에 가입하여 아버지와 어머니의 원수를 갚고 싶었던 것이다.

이때 그녀는 유격대에서 나이가 제일 어린 대원이었다.

비밀신호, 장작더미에 덮인 백포(白布)의 이야기

이재덕은 십대의 어린 나이에 벌써 항일운동에 투신하고 있었다. 결코 우연이 아니었다. 일찍 항일투사였던 부모의 영향을 받았고 또 학교를 다니면서 조선인 혁명가의 교육을 받았던 것이다.

1927년, 아홉 살 나이의 이재덕은 흑룡강성 탕원현 하서툰(河西屯)의 모범학교에 제1진으로 입학한다. 이듬해 최석천(崔石泉)이 학교 관리를 담당하며 교장으로 있었다. 최석천은 훗날 북한 내각 제1부수상으로 있은던 일명 최용건(崔庸健)과 동일한 인물이다. 학교명 '모범'은 바로 그와 같은 조선인 혁명가들이 학교를 근거지로 삼아 혁명의 후대를 육성하려는 결심을 보여주고 있다.

이때 동구 밖 저습지의 풀밭에서 '나쁜 놈'을 붙잡던 일은 어린 이재덕에게 잊을 수 없는 기억을 남긴다.

학교에서는 학생들을 조직하여 자주 야전연습을 벌였다. 어느 날 자정에 긴급집합 신호가 울렸다. 학생들은 대여섯 명이 한 팀으로 되어 동구 밖의 저습지에 가서 '나쁜 놈'을 잡았다. 키를 넘는 풀밭에는 무덤이 있었는데, 어둠 속에서 '귀신불'이 깜박거리고 있었다. 학생들은 긴장하고도 흥분했다. 나중에 무덤을 포위하고 다가가 보니 교원 두 명이 무덤가에 앉아 있었고, '귀신불'은 그들이 피우는 담배의 불빛이었다. 이런 연습은 학생들의 담을 길러주었다.

이재덕이 살던 하서툰은 한때 중공 탕원현 당위원회의 임시 주둔지로 있었다. 사람들은 일본군의 습격을 방비하기 위해 안전가옥으로 마을 산기슭에 움을 몇 개 팠다. 움 하나는 한 번에 서너 명을 수용할 수 있었다.

평소에 간부들과 젊은 단원들은 모두 움에 숨어 있었다. 이때 이재덕은 마을 공산당 청년단 분대장으로 있었다.

그녀의 기억에는 병상의 흰 이불처럼 하얀 기억이 아직도 또렷하게 남아있었다.

“동네 어구의 장작더미에 백포를 덮으면 적정이 없다는 신호였지요. 백포가 없으면 적정이 있다는 뜻이었습니다.”

이재덕은 어느덧 어린 나이에 걸맞지 않게 원숙한 비밀 항일요원이 되어 있었다.

언제인가 어린 이재덕은 조직의 긴급서한을 전달하다가 일본군 병사와 맞닥뜨리지만, 들나물을 캐러 나왔다고 하면서 임기응변을 하는 노련함을 보여준다.

그러나 유격대에 가입한 후 그녀는 첫 전투에서 여전히 당황함을 감추지 못했다고 한다. 그때 유격대는 탕원 경찰대대와 뜻하지 않는 조우전을 벌였는데, 기관총 소리가 연발로 요란하게 터지자 이재덕 등 여대원들은 급급히 산 위로 뛰었던 것이다. 뒷이야기이지만, 이 기관총은 아군 대원이 쏜 것이었으며 이에 두려운 경찰대대는 황망히 도망쳤다고 한다.

밀림의 빗발치는 총탄 속에서 이재덕은 점차 본격적인 ‘전사’로 성장했다.

솔직히 유격대 시절 그녀에게 총탄보다 더 깊은 영향을 미친 사건이 있었다. 그 무렵 동만주 일대에서 ‘민생단(民生團)’ 사건이 일어났다. 이른바 조선인을 위주로 하는 친일단체 ‘민생단’이 유격대를 와해하려 시도한다는 소문이 있었던 것이다. 이재덕의 주변의 많은 조선인 전우들이 억울하게 ‘민생단’으로 몰려서 처형되었다. 그때 동만주에서 ‘민생단’ 사건으로 최소 수백 명의 조선인이 처형되었다고 전한다.

이때부터 이재덕은 부대에서 오해를 받지 않기 위해 조선인과도 중국말을 했다고 한다. 그래서 그녀가 8·15 광복 직후 연변 화룡현(和龍縣)에서 여성연합회 관원으로 있을 때 우리말은 벌써 중국말보다 더 생소한 타민족의 언어처럼 되어 있었다.

김일성 대위가 연어를 잡아온 이야기

일명 마발(馬勃)이라고 불리는 야생 버섯의 검은색 분말을 상처에 뿌리면 소염과 살균 역할을 한다. 또 로오안(老烏眼)의 나무껍질은 물로 끓인 후 상처를 씻을 수 있다…

이 민간처방은 훗날 깊은 산속에서 산후 후유증의 부종으로 고생하던 이재덕을 사선에서 구했다고 한다. 그녀는 입대한 후 부상자를 간호, 치료하는 등 비전투원으로 있으면서 이런 민간처방에 익숙했던 것이다.

기왕 말이 났으니 말이지 이재덕은 1937년 7월 우보합(于保合)과 북만주의 밀영에서 결혼식을 올렸다. 우보합은 동북항일연군의 유명한 지휘관이며 무선전신 전문가이다. 이때 동북항일연군의 창시자 주보중(周保中, 1902~1964)이 그들 신혼부부의 주례를 섰다고 한다.

이재덕은 결혼 후 주보합을 따라 유명한 항일장령 조상지(趙尙志, 1908~1942) 수하의 제2로군 32대대에 가게 된다.

이듬해인 1938년의 겨울, 동북항일연군은 제일 어려운 시기에 들어섰다. 남편 우보합은 발가락이 비죽 나온 양말을 신었는데, 두 발이 얼어서 빵처럼 통통 부어올랐다고 한다. 일부 전사들은 부득불 나무껍질로 신을 삼아 신었다고 한다. 그러나 이런 '민간처방'은 일본군의 미친 듯한 숙청과 포위 등으로 인한 급양과 물자의 결핍을 메울 수 없었다.

이해 연말, 이재덕이 소속한 대대 300여 명의 대오에는 불과 37명밖에 남지 않았다. 이때 북만 항일연군의 기본대오는 손실이 아주 심각했으며 전투인원이 무려 2/3이상 줄어들었다고 한다.

1940년 초, 동북의 유일한 항일무장을 보존하기 위해 동북항일연군은 전략적인 전이를 단행했다. 일부 부대가 동북에 남아 전투를 견지하고 대부분의 부대는 육속 소련 극동지역에 철퇴했다.

1942년 8월, 동북항일연군으로 개편된 항일연군 교도여단이 소련 하바로프스크에서 정식으로 설립되었다. 이 여단의 번호는 소련 극동방면군 독립 제88보병여단이었으며 대외번호는 8461보병특별여단이었다.

"(북한의) 김일성(주석)을 잘 알아요. 야영(野營) 시절에 함께 있었으니까요."

이재덕은 그 시기를 회억하면서 이렇게 말했다.

야영은 하바로프스크에서 동북항일연군 전사들이 집중되었던 훈련 숙영지로, 남북에 각기 한 개씩 있었다. 남과 북 야영을 토대로 삼아 88여단이 창립되었던 것이다.

88여단은 혼성(混成) 여단으로 일명 '국제여단'이라고 불렀다. 반은 소련인이고 반은 동북항일연군의 중국인과 조선인이었다. 여단은 아래에 다섯 개 대대를 설치했는데, 제1대대 대대장이 바로 훗날 조선 국가주석을 지낸 김일성 대위였다.

1943년 8월, 이재덕이 맏딸을 출산했을 때 김일성 대위는 전사를 시켜 근처의 우쑤리 강에서 잡은 큰 연어 두 마리를 선물로 보내왔다고 한다. 훗날 김일성 대위는 일부러 숙영지에 위문을 오기까지 했다.

기실 이재덕은 김일성 대위보다는 김정숙과 익숙했고 가까웠다. 김정숙은 김일성 대위의 부인으로 이재덕과 함께 통신대대의 중국소대 1분대 대원으로 있었다. 1분대는 2, 3분대와 달리 전부 여성으로 구성된 분대였다.

탁아소는 부대 숙영지에서 몇 리 정도 떨어져 있다. 훈련대기 중이었던 '전사' 엄마들은 밤낮으로 탁아소에 가서 아기에게 젖을 먹이기 바빴다. 그래서 이재덕은 여느 엄마들처럼 탁아소에 갈 때면 다른 아기들에게 자주 젖을 물렸다. 김정숙을 비롯한 통신대대 여전우의 자식들은 나이가 모두 비슷했는데, 와중에 이재덕의 맏딸이 제일 어렸다고 한다.

김정숙의 아들 김정일이 백두산 밀영이 아닌 극동지역에서 출생했으며 출생일도 1942년이 아닌 1943년이라는 설은 여기에서 파생된 것이다.

백년 전설의 후기

8 · 15 광복 후 이재덕은 남편 우보합을 따라 중국에 남는다. 그녀처럼 남편을 따라 중국에 남은 조선인으로는 또 한 고향의 조선인 전우 이민(李敏)이 있었다.

"어머니가 중국에 남은 건 주요하게 중국사람인 아버지와 결혼했기 때문이지요." 병시중을 들던 이재덕의 넷째 아들 우광(于光)이 이렇게 해석했다.

"그때 이숙정(李淑貞)과 같은 중국인이 조선(북한)으로 간 것과 마찬가지

입니다. 이숙정은 88여단 시절에 조선인 전우 김경석(金京石, 평양시 초대 시장)과 결혼했지요."

김일성과 그의 부인 김정숙 그리고 옛 전우와의 재회는 그로부터 3년 후 이뤄졌다.

1948년 11월, 그녀는 북한 건국을 경축하기 위한 중국 조선인대표단의 일행으로 고국을 방문했다. 이때 이재덕은 김정숙의 특별초청으로 저택을 방문하며, 김일성과 김정숙 부부와 저녁식사를 함께 한 후 그들의 저택에서 하룻밤을 보낸다. 그로부터 거의 반세기가 흐른 1992년 4월 이재덕은 또 김일성 주석의 특별초청으로 김일성 탄신 80주년 축제에 참가했다. 만주의 항일의 총성 속에서 태어난 김정일(조선 전국방위원장)과는 1994년 김일성 주석 조문 때 비공식적인 상황에서 만남을 가졌다고 한다.

손녀와 함께 기념사진을 남긴 이재덕 노인, 치마는 김일성 주석의 선물이다.

극적인 이야기는 또 하나 있다. 이재덕은 1953년 6월 비로소 중국 정무원(국무원) 관원이 전달한 '중화인민공화국 국적가입 임시증명서'를 받았다고 한다. 그녀는 이에 앞서 1950년 정무원 비서청의 기밀비서로 있으면서 정무원의 기밀문서와 정무원의 '옥새', 주은래 총리의 인감을 보관하고 있었다. 외국 국적의 여인이 정부 요해처와 요인의 '옥새'를 관리한 경이로운 사건이 벌어진 것이다.

축수연회에 참석한 동북항일연군 노병들.
왼쪽 두 번째가 김일성 주석이며 오른쪽 세 번째가 이재덕 노인이다.

2015년은 중국 항일전쟁 승리 70주년이 되는 해이다. 이 뜻깊은 해를 맞는 감수를 묻자 이재덕은 금세 눈시울을 붉히는 것이었다. 불시에 목이 꽉 멘 듯 한겻이나 아무 말도 하지 못했다. 70년 전 만주의 이름 없는 산과 강에서 쓸쓸히 사라진 전우들이 슬픈 기억으로 파도처럼 밀려오고 있었던 것이다.

정말이지 만주의 광야에 외롭게 서 있는 백년 고목이 눈앞에 하나의 비석처럼 부옇게 떠오르고 있었다.

90세 전사의 끝나지 않은 전쟁

고층건물에 에워싸인 단독주택이었다. 철문을 지나 뜰에 들어서자 금세 이색적인 풍경이 펼쳐지고 있었다. 주택을 두른 회색의 담에는 글귀를 새긴 대리석이 광고판처럼 줄느런히 걸려있었다. 읽어보니 전부 항일연군과 관련된 시구와 노래, 이야기였다. 동북의 산과 들에 울렸던 항전의 총성은 이곳에 얼음처럼 굳어져 있는 듯 했다.

정말이지 수십 걸음 떨어진 도심의 번화가는 적어도 이 주택에서 수십 년이나 떨어진 다른 세계로 되고 있었다.

단독주택의 주인 이민(李敏)은 개인비서와 함께 응접실 어구에서 우리 일행을 마중했다. 그녀는 선후로 성 민족사무위원회 주임과 정협 부주석으로 있은 고위관료이다. 작고한 남편 진뢰(陳雷)는 한때 흑룡강성(黑龍江省) 성장으로 있었다.

조상지 열사가 임종 전 누워있었던 탄자를 들고 있는 이민.
그의 뒤로 조상지 두골을 보관했던 도자기 골회 함이 보인다.

아흔 고개의 이 노인은 아무런 부축도 받지 않고 있었다. 솔직히 빗보지 않았는가 하는 착각이 들기까지 했다. 그녀의 목에 두른 목도리가 섭씨 영하 8도로 떨어진 하얼빈의 추운 날씨를 새삼스럽게 상기시키고 있을 뿐이었다.

88여단 전사 이민

기실 목도리보다 머리에 얹어 쓴 모자가 더 유표했다. 국방색의 이 모자에는 빨간 오각별이 달려 군모를 방불케 했다. 전장의 자욱한 포연을 상기시키는 '전사'라는 단어가 저절로 입 밖에 튀어나오게 하고 있었다.

응접실에는 동북항일연군 장령들의 사진과 설명이 벽 전체를 도배하고 있었다. 말이 응접실이지 이름 그대로 전시관 그 자체였다. 양정우, 주보중, 이조린, 이홍광, 조상지, 김일성, 최용건, 허형식, 김책, 마덕산… 동북 항일역사에서 이름이 쟁쟁한 인물들이 시공간을 헤가르고 한꺼번에 나타나고 있었다.

이민은 70년 전에 이런 인물들과 더불어 동북의 임해설원(林海雪原)을 헤집고 다녔다.

"우리 항일연군의 생존한 조선족 전사는 지금 세 명밖에 남지 않았습니다."

이 3명의 노전사는 이민을 포함하여 모두 아흔 고개를 넘은 할머니이며, 각기 북경과 하얼빈(哈爾濱)에 있다.

동북의 항일부대는 선후하여 항일연군 제1군으로부터 제11군으로 편성되었다. 항일연군은 인수가 제일 많을 때는 무려 3만 명에 달했으며, 와중에는 조선인 지휘관을 망라하여 최소 1만 5천여 명의 조선인 전사들이 있었다. 이민이 소속된 군단은 제3군단이었으며 군단장은 바로 동북항일연군의 유명한 장령 조상지(趙尙志, 1908~1942)였다.

장군의 혈흔이 남은 탄자

"이건 조상지 장군의 두골을 보관했던 골회 함이지요."

이민은 응접실 모퉁이에 놓인 도자기단지를 특별히 소개했다.

단지의 몸체에는 '항일민족영웅 조상지 장군'이라는 글자와 화상이 있었고, 머리 부분에는 국방색 모자 모양의 덮개가 씌워있었다. 이민은 장군의 골회 함을 직접 북경에 가서 설계하고 만들었다고 한다.

조상지는 동북항일연군의 주요한 창시자며 지휘관이다. 그가 직접 인솔한 군단의 6천 명의 인마는 '만주국'의 일본군과 괴뢰군의 악몽 같은 존재였다. 당시 '만주국'의 신문은 늘 "비적 조상지가 나타났다"는 소식을 지면에 올렸다고 한다.

1942년, 조상지는 경찰분주소를 습격하려다가 대오에 잠입한 특무의 총격으로 중상을 입고 이어 일본군에 체포되어 희생되었다. 일본군은 나중에 그의 머리를 베어낸 후 몸체를 송화강의 얼음구멍에 던져 넣었다. 당시 관할 경찰서의 일본특무는 상부의 공록을 받기 위해 조상지의 두골을 신경(新京)으로 가져갔다. 신경은 지금의 길림성(吉林省) 소재지 장춘(長春)이다. 이때로부터 조상지의 두골은 반세기가 지나도록 행방불명이 된다.

조상지 수하의 제3군단 전사로서 그의 유골을 찾는 건 이민의 숙원이 되었다. 사실상 조상지는 이민에게 일개인의 형상을 떠나 잊을 수 없는 그때 그 전쟁의 상징으로 자리를 잡고 있었던 것이다.

훗날 이민은 온갖 기회와 방법을 동원해 조상지의 두골을 찾으려고 했다. 오랜 곡절 끝에 이민은 조상지의 두골이 장춘의 반약사(般若寺)에 묻혀 있었다는 사실을 밝혀낸다. 2004년, 조상지의 두골이 마침내 장춘에서 발굴되며, 또 공안국의 전문가들에 의해 그 화상이 재현되었다.

이민은 조상지가 희생 직전에 총격을 당했던 곳을 선후로 다섯 번이나 찾아갔다고 한다. 당시 중상을 입은 조상지는 민가에 들려갔다가 체포되었는데, 민가의 여주인은 그때 그가 누워있던 탄자와 물을 마시던 사발을 감춰두고 있었다. 피를 흘리는 장군에게 선뜻 내놓은 탄자는 실은 그녀의 소중한 혼수예단이었다.

“여주인은 당시 21살이었는데요, 조상지가 유명한 장군인 줄 알고 있은 거지요.”

2007년, 여든 고개의 여주인은 앞날이 얼마 남지 않은 걸 예감하고 조상지의 혈흔이 남아있는 이 탄자와 사발을 이민에게 증송했다. 장군의 이 귀중한 유물은 응접실의 자물쇠가 달린 유리함에 특별히 보관되고 있었다.

꿈과 같은 옛 기억은 금세 둑이 터진 봇물처럼 줄줄이 흘러나오고 있었다.

12살 때 북만주의 심산에 들어가서 항일연군에 입대하던 이야기, 유격구의 피복공장에서 밤을 패며 군복을 만들던 이야기, 짚신의 풀을 삶아

먹고 벌레를 잡아먹던 이야기, 산을 톺고 강을 건너 적의 이중삼중의 포위를 뚫고 나오던 이야기….

낙하산 훈련을 받은 특수부대의 여전사

1940년 초, 동북의 유일한 항일무장을 보존하기 위해 동북항일연군은 전략적인 전이를 단행했다. 일부 부대가 동북에 남아 전투를 견지하고 대부분의 부대는 육속 소련 극동지역에 철퇴했으며 야영(野營)을 설치하고 정비와 훈련을 진행했다.

1942년 8월, 극동 경내의 동북항일연군이 확충되어 구성된 교도여단이 하바로프스크에서 정식으로 설립되었다. 이 여단은 소련 극동방면군 독립 제88보병여단이라는 소련군 번호를 수여받는데, 대외번호는 8461 보병특별여단이었다.

이 무렵 이민도 기타 전사들과 함께 국경을 넘어 극동에 간다. 이때 그녀가 배운 첫 러시아말은 '네뜨'였다고 한다. 그때 강기슭에서 그들을 마중한 소련군이 검은 빵과 절인 물고기를 배분하더란다. 일본군의 연일 되는 토벌 때문에 오랫동안 배를 곯았던 전사들은 눈 깜짝할 새에 음식을 삼켜버렸다. 소련군에게 다시 손을 내미니 그들은 빈손을 내밀며 이렇게 말하더라는 것이다. 우리말로 하면 "없어요"라는 의미였다.

초기의 야영 생활은 한마디로 이 '네뜨'였다. 검은 빵도 배불리 먹을 수 없었다고 한다. 이때 전선부대의 배급량은 빵 800그램이었고, 항일연군의 배급량은 빵 600그램이었다. 시일이 좀 지나자 일부 전사는 음식량이 적고 밥이 없다고 부르튼 소리를 했다.

항일전적지 답사를 하고 있는 선전대(오른쪽 첫 사람이 이민이다.)

그때마다 “남의 땅에 와서 이 정도면 정말 괜찮아요.”라고 하면서 그들을 달래는 여전사가 있었다. 훗날 북한에서 국가주석으로 있은 김일성 대위의 아내 김정숙이었다. 당시 김정숙은 이민이 소대장을 맡은 통신소대의 전사였으며 이민과 함께 한 텐트에 기거했다.

“그녀는 참으로 따뜻하고 조용한 온정의 여인이었지요. 날씨가 추우면 밤중에 자주 일어나 다른 전사들의 이불을 여며 주었습니다.”

전사에 대한 사랑이 남달랐지만 김정숙은 자식을 연속 둘이나 보면서 간부로 활약할 기회가 적었다고 이민이 회억했다. 이민의 남편 진뢰는 또 김정숙의 남편 김일성과 더구나 남다른 인연을 맺고 있었다. 이 시기 진뢰는 김일성이 대대장을 담임한 88여단 제1대대 정치교원으로 있었던 것이다.

전사들은 적후 유격전쟁의 수요에 적응하기 위해 낙하산 투하 훈련도 했다. 사람마다 2천 미터의 고공에서 낙하산을 타고 여러 번 공중투하를 했다. 기내 바닥의 작은 문이 열리면 그 옆에 교관이 서서 손가락으로 아래를 가리켰고 이때면 무조건 뛰어내려야 했다.

"정말로 물만두를 솥에 던져 넣듯 툭툭 밖으로 떨어졌지요."

이민은 이때 일부 남성전사도 무서워서 소리를 지르며 뒤로 물러서더라고 회억했다.

이민은 가슴 밑바닥에서 떠오르는 공포감을 누르고 백길 나락으로 몸을 던졌다. 그의 말을 따른다면 고향에 돌아가는 길은 곧바로 비행기를 타고 적후에 투하하는 길이 유일했다. 이 시기 그들은 군부대의 비밀유지를 위해 상부의 명령이 없이는 수림 속의 숙영지를 한 발자국도 떠날 수 없었다.

부대는 또 바위 타기, 수영, 폭파 등 여러 가지 전투기능을 훈련했다. 와중에 이민은 부대에서 실시한 스키시합에서 단연 1등을 한다.

그리운 고향은 바야흐로 눈앞으로 다가오고 있는 듯 했다.

설야에 실종된 6년의 전쟁

사실상 그들은 단지 고향과 떨어져 있는 것만이 아니었다. 중국공산당이 만든 이 항일무장부대는 일찍 1936년부터 당 중앙과 연계가 두절되어 있었다. 항일연군은 내외의 각종 경로를 통해 중앙과 연계를 맺으려고 했지만 전부 실패로 끝났다.

이 무렵 항일연군에는 내지의 홍군과 다른 특이한 군모가 나타난다. 이민의 회억에 따르면 군모는 상부에서 내놓은 양식에 따라 만들었다고 한다. 모자는 여섯 조각으로 이뤄졌고 모자챙이 있었으며 모자 앞에 붉은 오각별을 달았고 모자 꼭대기에는 혹 모양의 빨간 덩어리를 달았다. 소련홍군의 양식을 모방한 군모였던 것이다. 적후에서 중앙과 연락이 끊어진 고독한 상황이 엿보이는 대목이다.

옛 전우들과 만나 항일연군 군모와 관련해서 이야기를 나누는 이민(왼쪽)

항일연군은 홀로 적후에서 막강한 일본군과 사투를 벌였다. 흑룡강성 항일전쟁연구회의 통계에 의하면 동북항일연군은 선후로 일본군과 약 10여만 차의 대소 작전을 진행했다. 이 전쟁에서 동북항일연군은 군단급 이상의 간부가 30여 명, 사단급 이상의 간부가 120여 명 희생되었다. 기타 희생된 일반 전사는 숫자로 이루 다 통계로 내기 어렵다.

나중에 항일연군을 확충하여 설립한 88여단이 하나의 사례가 아닐지 한다. 1945년 8월, 88여단은 2백여 명의 정찰인원을 동북에 파견하는데 대부분은 희생되었고 생존자가 얼마 되지 않았다. 또 이 선견인원들이 떠나간 후 항일연군의 전투인원은 불과 4백여 명밖에 남지 않았다고 한다.

항일연군은 그야말로 뿌리를 깊이 내린 칡덩굴처럼 질긴 생명력을 과시했다. 동북의 흑토에서 완강하게 진행한 14년의 항전은 최종적으로 그들이 중국과 북한 그리고 러시아에서 응분한 명예와 지위를 얻도록 만들었다.

사실상 해방(8 · 15) 후 그들에게는 한 단락의 아픈 역사가 상처로 남아 있었다. 오랜 기간 정상적인 대우를 받을 수 없었던 것이다. '문화대혁명' 시기 상당수의 항일연군 전사들이 '소련특무', '토비', '반역자'라는 억울한 감투를 썼다. 이민도 이때 무함을 받고 외양간에 갇히며 또 5년 동안의 수감생활을 하게 된다.

이민은 가슴속에 맺힌 응어리를 시종 지울 수 없었다.

"왜서 다들 '8년 항전'이라고 말하지요? 중국의 항전은 마땅히 14년이라고 말해야 합니다."

항일전쟁의 불길은 일찍 1931년 동북에서 지펴졌다. 이해 9월 18일, 남만의 심양(沈陽)에서 일본 관동군이 중국군을 무장 진공한 사건이 발생, 이로써 일제의 중국 동북에 대한 대규모의 침략이 본격적으로 시작된다. 이때부터 동북항일연군은 적후에서 수십만 명의 일본군과 장장 14년의 전쟁을 벌이는 것이다.

이민은 옛 전우들을 머리에 떠올리며 그들과 함께 격정 높이 불렀던 항일가곡을 기록하기 시작했다. 항일가곡은 그때 그 시절의 전쟁의 정경을 재현하는 무형의 캐리어였다. 이민은 여섯 살 때부터 어머니로부터 항일가곡을 익혔고 또 고향 흑룡강성 탕원현(湯原縣)에 공산당인들이 세운 학교에서 많은 항일가곡을 배웠다. 입대한 후 부대 선전대에서 많은 신, 구 항일가곡을 불렀던 것이다.

1991년 이민은 드디어 403수의 항일가곡을 선정, 편집하여 ≪동북항일연군 가곡집≫을 출판한다.

항전의 옛 기억을 찾는 노전사

일화가 하나 있다. 항일연군의 전사가 아닌 조선 독립운동가 안중근(1879~1910)의 애도가가 이례적으로 가곡집에 수록된 것. 항일장령 이조린의 회억에 따르면 '9·18사변' 이후 그가 심양에서 혁명 활동을 할 때 백씨 성의 중국인 교원이 이 노래를 학생들에게 가르치고 있었다고 한다. 안중근의 의거는 일제 강점하의 중국인들을 깨우치고 그들의 본보기가 되고 있었던 것이다. 해방 후 이민은 이조린의 지시로 이 노래를 수집하려고 특별히 백씨 일가를 찾았다고 한다.

각설하고, 이민은 주변 사람들의 무덤덤한 반응에 한동안 당황하고 어리둥절하지 않을 수 없었다. 가곡집을 달라고 주문하는 사람이 별로 없었던 것이다. 정부 부문에 가곡집을 적지 않게 증송했지만 바다에 돌을 던진 격으로 아무런 반향이 없었다.

1995년 이민은 북경에서 열린 전국로구(老區)건설촉진위원회 회의에 부회장으로 참석한 기회를 타서 작심하고 '항전 14년'의 화두를 꺼냈다. 이 기구는 전국의 옛 혁명구를 위해 봉사하기 위한 사단법인으로, 당과 정부, 군에서 이직, 퇴직한 간부와 장군, 전문가가 그 주요한 성원이다.

"해당된 15분의 발언시간을 초과해서 한 시간 반 동안 얘기했는데요, 누구도 도중에 이야기를 끊이지 않는 겁니다."

오히려 이야기는 끝나자마자 우레 같은 박수를 받았다. 아쉽게도 이 항전 14년의 이야기는 그때의 회의에 한정되었고 그 후 아무런 소식도 없었다고 한다.

2002년 이민은 '항일연군정신선전대'를 설립, 항일전적지를 찾아 선후로 60여 개 시와 현에 족적을 남긴다. 동북항일연군의 사적과 정신을 항간에 널리 알리고 싶었고, 망각된 동북의 '항전 6년'을 사람들에게 깊이 심어주고 싶었다. 항일연군 노전사와 그들의 후대들이 그녀의 생각에 동조했으며 용약 선전대에 참가했다.

이민은 언제인가 중앙의 고위급 지도자가 가정방문을 왔을 때 일부러 이 화제를 꺼냈다고 한다.

"동북은 중국 땅이 아니던가요? 우리 노전사들은 죽어도 눈을 감을 수 없다고 말씀을 드렸지요."

이때 고위급 지도자는 낯이 하얗게 질려서 한겻이나 아무 말도 하지 못하더란다. 응접실에는 난데없이 한 겨울의 찬 공기가 무작정 들이닥치고 있는 듯 했다.

사실상 '항전 14년'은 이미 반세기를 넘고 있는 방대한 현안(懸案)이었다. 그동안 이 현안을 해결하고자 항일 전사들을 비롯한 사회 각 계층의 인사들이 백방으로 노력하고 있었다. 이러한 노력은 마침내 유종의 미를 거둔다. 2014년 중국인민항일전쟁승리 69주년에 즈음하여 북경 중국인민항일전쟁기념관에서 국가적인 기념행사가 성대하게 열렸다. 현장에서는 장엄한 국가가 주악되고 예포가 14발 울렸다. 이 14발의 예포는 바로 중국인민의 항전 14년을 상징하고 있는 것이다.

그러나 이민의 '전쟁'은 이것으로 끝나지 않고 있었다. 아직도 많은 사람들은 항전 하면 8년인 줄로 알며 여전히 '항전 8년'이라고 입버릇처럼 말하고 있기 때문이다. 그러고 보면 항전 14년에 걸린 '저주'의 주문은 다 풀리지 않고 있는 것이다.

이민은 당금이라도 누군가 부르면 선전 현장으로 뛰어갈 준비가 되어 있다고 말한다. 그녀는 아흔 고개의 노구(老軀)에도 불구하고 동북의 항전 역사를 알리는 '전장'의 전사로 자진하여 나서고 있는 것이다. 그것이야말로 동북의 이름 없는 산과 들에서 피를 흘리며 쓰러진 옛 전우들을 진정으로 기리고 그 뜻에 보답하는 길이었기 때문이었다.

밖에 나서니 갑자기 추워진 바람이 얼굴을 때렸다. 2014년 겨울의 마지막을 알리고 있는 것 같았다.

국제여단의 명부에서 실종된 여성전사

"찾아줘스리(찾아줘서) 증말(정말) 아슴채꾸마.('고맙습니다'의 방언)"

노인은 기자의 손을 꼭 잡은 채 이렇게 거듭 말했다.

그녀의 말씨에는 95세의 오랜 연륜이 그대로 묻어나고 있었다. 어쩌면 그녀의 고향 연길현(延吉縣)의 옛 시공간이 하얼빈의 이 아파트에 날아와서 머물고 있는 듯 했다. 연길현은 조선인 이주민들의 중심지였던 연변의 용정 등 지역을 아우르는 옛 행정지명이다.

노인은 어릴 때 부친을 따라 흑룡강성(黑龍江省)의 동북쪽 모서리에 위치한 요하현(饒河縣)으로 이삿짐을 옮겼다. 당시 그녀가 살던 요하현의 소가하촌(小佳河村)에서 신련옥(申連玉)이라고 하는 이 이름은 지금도 하나의 전설로 전하고 있다고 한다.

소가하촌 부근의 대정자산(大頂子山)은 해발 801m로 이 일대에서 제일 높은 산이다. 산의 낙엽이 쌓인 남쪽비탈은 엉덩방아로 미끄럼을 탈 수 있을 정도로 경사가 심했다. 약 80년 전의 어느 날 항일연군은 대정자산에서 일본군과 한바탕 격전을 벌였다. 그때 신련옥은 부상병 한 명을 산기슭의 마을까지 후송했다고 한다.

증손녀와 함께 즐거운 한때를 즐기는 신련옥 노인

우리 일행을 신련옥의 하얼빈(哈爾濱) 자택으로 안내했던 장평(張平)은 이 이야기가 나오자 대뜸 감탄부터 했다.

"촌장 어른은 할머니의 성함을 말하니 엄지손가락부터 내미는 겁니다."

장평은 동북항일연군 장령의 후대로 동북항일연군 역사를 연구, 선전하는데 불철주야 뛰어다니고 있었다. 항일연군 후대들은 엄청난 군체(群體)를 형성하고 있었는데, 장평은 그 군체에서 리더의 역할을 하고 있었다. 그는 몇 해 전 승합차에 신련옥을 모시고 일부러 그녀의 고향으로 다녀왔다고 한다.

신련옥이 후송한 부상병은 키가 180cm을 넘는 거구였다. 촌장은 이 이야기를 하면서 혀를 연신 내두르더라고 한다. 신련옥은 불과 키가 150cm도 안 되는 왜소한 체구였다. 아닌 게 아니라 그녀가 중태에 빠진 부상병을 혼자 몸으로 어떻게 산기슭의 마을까지 데려왔는지 도무지 상상하기 어렵다.

그때 신련옥은 부상병을 업고 안고 끌고 하면서 그에게 상처를 더 입

힐까봐 여간 조심하지 않았다. 대신 그녀는 한두 걸음을 걷기 바삐 비탈에 엎어지고 뒹굴고 했다. 나중에 부상병은 치료를 받아 눈을 떴지만, 그녀가 몸의 여기저기 입은 상처는 아직도 후유증으로 남아있다고 한다.

전투 이야기가 나오니 신련옥은 금세 눈언저리를 붉혔다. 당시 몇 걸음 밖에 웅크리고 있던 전사가 포탄에 맞아 가랑잎처럼 날아갔다고 한다. 방금까지 함께 웃고 떠들던 생명체가 일순간 흙덩이처럼 형체 없이 사라진 것이다.

"에구, 울 엄마가 또 눈물을 흘리네…."

일행과 동행한 막내딸 장숙화(張淑華)가 근심조로 하는 말이다.

항전시기의 옛 이야기가 나오면 신련옥은 며칠 동안 아주 상심한다고 한다. 그래서 집안에서는 누군가 와서 신련옥에게 그때 그 이야기를 꺼내는 게 질색이라고 했다.

바깥의 추운 날씨처럼 침체된 분위기는 다행히 곧바로 흩어졌다. 걸음마를 타기 시작한 증손녀가 재잘거리며 신련옥에게 칭칭 감겨들었던 것이다. 이 증손녀는 그녀의 최고의 보배요, 웃음단지라고 한다.

신련옥의 어린 시기의 회억은 망을 보던 이야기로 시작되고 있었다. 그때 교원 출신인 부친은 항일지사들과 함께 지하활동을 벌이고 있었다. 그들이 온돌에 앉아 얼굴을 맞대고 비밀리에 회의를 할 때면 어린 신련옥은 바자굽에 서서 망을 보았다고 한다. 아쉽게도 이때 부친과 함께 비밀회의를 하던 항일지사는 기억의 아득한 고개 너머에 그들의 정체를 숨기고 있었다.

신련옥의 회억은 세파에 씻겨 드문드문 끊어지고 있었다. 그래서 일부는 주변 사람들의 추억을 더듬고 그녀의 잊힌 기억의 편린을 찾아서 화상(畵像)을 그려야 했다.

실명(實名)의 항일지사가 신련옥의 기억에 처음으로 등장하는 것은 1936년이었다. 이영호(李永皓), 그는 중공 요하현 현위 선전부장, 동북항일연군 제7군단 제7연대 정치위원 등을 역임하고 1956년 주중 조선대사로 있었던 거물급 인물이다. 그해 이영호는 16살의 신련옥에게 훗날의 80년 인생을 결정하는 단초를 만들었던 것이다.

"그 사람(이영호)이 도와줘스리(도와줘서) 군대에 입대했스꾸마.(입대했어요)"

이영호는 소가하에서 남쪽으로 수십km 떨어진 삼의툰(三義屯)에서 살고 있던 사람이다. 그가 언제 어떻게 신련옥이 살고 있는 소가하에 나타났는지는 알 수 없다. 이영호가 통신원으로 있을 때 발생한 일이 아닐지 한다.

그러나 신련옥이 말하는 군대가 동북항일연군 제7군단을 지칭한다는 것만은 분명했다. 제7군단은 1937년까지 병력 1,500여 명을 보유, 선후로 크고 작은 전투 200차례를 겪으며 일본군 사상자 700여 명, 괴뢰군과 경찰 사상자 800여 명이라는 전과를 올린 부대이다. 이 제7군단은 1930년대 초반 최석천(崔石泉) 등이 세운 '조선독립군'을 모태로 삼고 있다. 최석천은 훗날 선후로 북한 민족보위상, 내각 부수상을 담임했던 최용건(崔庸健)의 다른 이름이다.

1937년, 제7군단은 신련옥은 여성부대원의 일원이 되어 밀영에서 전우들과 함께 군복을 짓고 급양을 제공하는 등 작업을 했다. 이듬해 그녀는 분대장이 되며 중국공산당에 가입한다. 이때 당 소개인은 최석천이었다. 1939년, 신련옥은 제7군단 제3사단 피복(被服)공장으로 전근하였다.

군부대에서 신련옥과 이영호의 인연은 계속 남다른 맥을 이어가고 있었다. 이해 그녀는 이영호의 처남이라고 하는 유씨(劉氏)와 사랑을 속삭이며 그의 아내가 되는 것이다.

1939년 겨울, 전례 없는 혹한이 만주를 덮쳤다. 일본 관동군은 70만 명의 일본군과 30만 명의 괴뢰군을 동원하여 동북항일연군의 '대토벌'을 진행했다. 그들은 또 백성들과 항일연군의 연계를 차단하기 위해 집단마을을 만들고 인가를 강박하여 한데 모이게 했다. 동북항일연군은 제일 어려운 단계에 들어섰다.

이해 겨울, 하늘마저 야속하게 큰 눈을 뿌렸다. 땅에 수북이 쌓인 눈은 무릎을 쳤다고 한다. 누군가 앞장에 서서 걸으면 뒤의 사람들은 그의 발자국을 밟으며 걸었다. 이때 신련옥은 어느 결에 대오의 뒤에 처지고 있었다. 열댓 근이나 되는 수동형 재봉기가 가냘픈 등을 태산처럼 짓누르고 있었고, 참기 힘든 허기가 주린 창자를 바늘처럼 찌르고 있었다. 잠깐 나무에 올라 열매를 따려던 신련옥은 갑자기 먼발치에 보이는 누런 군복에 깜짝 놀란다. 한 무리의 일본군이 눈 위에 찍힌 그들의 발자국을 따라 오고 있었던 것이다.

"왜놈, 왜놈이 저기서 따라와요!"

신련옥은 미끄러지듯 땅 위로 내려오면서 이렇게 외쳤다. 이때 부대는 일본군의 추적에서 벗어나기 위해 사흘 동안 대정자산 부근의 이 산 저 산을 전전했다고 한다. 요하가 제7군단의 요람이라고 한다면 현성 서북쪽의 대정자산은 제7군단의 대본영이었으며 대정자산 부근의 산봉우리와 산골짜기는 제7군단의 숙영지였다.

일본군은 심산의 밀영을 수색, 소각했고 후방 근거지를 파괴했다. 항일부대는 일본 토벌군과 하루가 멀다하고 전투를 벌였다. 신련옥의 신혼 남편 유씨도 이 시기 벌어졌던 어느 한 전투에서 숨졌다고 한다. 여성전사들은 전장을 넘나들며 부상자를 구급하고 그들을 안전지대로 후송했다.

신련옥이 부상자를 산기슭의 마을에 후송한 이야기는 이 무렵에 생긴 것으로 보인다.

부대는 전투가 끝나기 바삐 진지를 옮겼다. 부대는 숙영지의 전이를 일상으로 삼으면서 급양보급이 더 어려워졌다. 여성전사들은 언 땅을 파서 풀뿌리를 캐고 나무에 올라 버섯을 따서 식량으로 보탰다. 그러나 이런 풀뿌리와 버섯을 식용할 수 있는지 분간하기 어려웠다.

“엄마는요, 그때 이런 풀뿌리와 버섯을 첫 사람으로 시식했다고 해요.”

목이 메어 말을 잇지 못하는 엄마를 대신해서 장숙화가 이렇게 말했다.

신련옥은 자기가 분대장이기 때문에 전사들의 생명을 책임져야 한다고 하면서 채집한 풀뿌리와 버섯에 언제나 먼저 손을 가져갔다. 사고는 시한폭탄처럼 끝내 터졌다. 신련옥이 독버섯을 잘못 먹었던 것이다.

신련옥은 혼수상태에 빠져 수풀 속에 쓰러졌다. 박달나무가 얼어터진다는 만주의 추운 겨울철이었다. 미구에 그녀의 발뒤축에서 살덩어리가 거죽과 함께 고드름처럼 떨어졌다. 이때부터 신련옥은 걸음걸이가 힘든 상이군인이 되고 말았다.

신련옥 노인이 항일전쟁 연대 사용했던 재봉기

"엄만 신이 자꾸 벗겨져서 말째예요. 발뒤축이 허울뿐이거든요."

장숙화의 말이다.

겨울의 산악지대는 신련옥에게 더는 안전지대가 아니라 일본군보다 무서운 존재가 되어가고 있었다. 1940년 2월, 신련옥은 강 건너 소련 극동지역으로 호송된다. 이때 신련옥은 임신한 몸이었고 또 발뒤축의 상처로 거동이 불편했지만 재봉틀을 기어이 등에서 내려놓지 않았다. 뒷이야기이지만, 훗날 이 재봉틀은 그녀와 함께 중국 땅으로 건너와서 막내딸에게 전해지며 다시 지방의 항일연군 박물관에 기증된다.

"전사가 어떻게 무기를 던져요? 재봉기는 엄마의 목숨이나 다름없었지요."

국외의 안전지대에 가서 좋은 치료를 받게 되었지만 신련옥은 달갑지 않았다. 그녀는 흐느껴 울면서 국경을 넘었다고 한다. 혹여 그녀는 이로 하여 시작될 자신의 비극의 역사를 미리 예감한 게 아닐까….

이 무렵 동북항일연군의 대부분은 연이어 소련 극동으로 철수하여 교도여단을 설립하고 정비와 훈련을 진행하고 있었다. 이 교도여단은 소련 극동군 소속 제88보병여단이라는 번호를 수여받으며 일명 '국제여단'으로 불린다.

중국에서 소련으로 철수한 여성 전사들도 훈련과 학습에 들어갔다. 진뢰(陳雷, 전 흑룡강성 성장) 등 교관이 그들에게 정치과목과 문화과목을 강의했다. 그러나 이런 훈련과 학습은 극동의 수림을 스쳐 지나는 찬바람처럼 짧은 시일뿐이었다.

오른쪽으로부터 이민, 왕옥걸, 진뢰, 왕옥걸의 딸

第7군단 여성전사였던 왕옥걸(중국인)의 회상기에 따르면 얼마 후 그녀와 신련옥은 하바롭스크 교외의 국제여단 2호 농장에 배속된다. 이때 건강상황으로 국제여단의 정상적인 훈련에 참가할 수 없는 인원들은 부근 농장이거나 화원(花園)에 분산, 배치되었다고 한다.

소련과 독일 전쟁이 고조된 1942년, 소련의 일상생활은 최악의 나락으로 빠져들었다. 농장의 국제여단 인원을 포함, 소련 공민에게는 날마다 단지 300그램의 검은 빵이 배급되었다. 이마저 일찌감치 줄을 서서 수령해야 했으며 늦게 가면 그마저 얻기 힘들었다. 이때 국제여단의 전우들은 후방부대의 기준에 따른 일별 600그램의 빵을 지급받고 있었다.

"(밭에 나가) 언 감자를 캐서 먹었스꾸마(먹었습니다)."

신련옥은 그때 그 시절의 슬픈 정경이 눈앞에 떠오르는 듯 잠깐 말을 끊고 있었다.

그녀는 이름이 농장이지 실은 '감옥'과 같았다고 설명했다. 전사들이 군령(軍令)에 발목이 잡혀 서로 내왕을 하지 못했다는 것이다. 그 탓인지 신련옥이나 왕옥걸은 모두 농장에 배속된 국제여단의 전사가 구경 얼마나 되는지 밝히지 못하고 있었다.

해마다 가을철이면 국제여단의 전사들이 어김없이 농장에 와서 수확을 했고, 또 철에 따라 곡물과 채소, 과일, 가금을 트럭에 실어갔다. 농장은 여단 장병들의 생활을 풍요롭게 만들고 있었던 것이다. 그러나 농장에는 당 조직이 없었으며 여단의 장령들도 농장에 나타나지 않았다.

1945년 8월 15일, 일본이 항복을 선포했다. 이 무렵, 국제여단의 중국인 전사들과 가족은 소련군을 따라 동북으로 돌아갔고, 조선인 전사들과 가족은 조선으로 귀국했다. 그런데 농장에 남은 전사와 가족에게는 몇 달이 지나도록 아무런 통지도 없었다고 한다.

그렇다면 그들의 이름은 국제여단의 명부에서 전부 지워졌을까? 혹여 국제여단은 그들의 존재 자체를 아예 망각했을까? 아니면 국제여단은 그들이 자생(自生)하다가 자멸(自滅)하도록 훈련지 밖에 내버려두었을까….

어찌됐거나 이 사건은 당사자들이 모두 작고한 이때 더는 해명할 수 없는 미스터리로 남아 있다.

2차 세계대전이 끝난 후 소련은 전면 경제건설의 시기에 들어섰다. 고양이의 손도 빌어서 쓸 만큼 인력난에 시달리고 있던 소련은 극동지역에 남은 항일연군 전사와 가족을 극진히 배려했다. 한편 해방(8·15)이 된 얼마 후 중국 대륙에서 국내전쟁이 시작되었다. 극동지역에 잔류한 항일연군 전사와 가족은 잠시 귀국을 포기해야 했다. 소련정부는 이런저런 점을 감안하여 그들을 소련에 남게 하기로 결정하며 소련국적을 부여한다.

"저의 오빠와 언니는 모두 소련 이름을 갖고 있어요."

소련에서 태어난 장숙화도 러시아 말로 '요라'라고 불렸다고 한다.

이 무렵 왕옥결의 가족은 소련 집단농장으로 옮겨갔고, 신련옥은 하바롭스크의 빵집에서 빵을 구웠다. 신련옥은 1947년 그녀처럼 소련에 남은 이전 제6군단의 상이군인 장홍원(張洪遠)과 다시 혼약을 맺는다. 그 후 신련옥 부부는 소련 내무부 농장에서 일하다가 실험농장으로 자리를 옮기며 이 농장이 해산된 후 건축부문에서 근무했다.

그럴지라도 부친이나 모친은 오매불망 중국으로의 귀환을 고대하고 있었다. 그래서 자식들에게 무조건 중국어를 배울 것을 강요하다시피 했다. 무슨 영문인지 귀국길은 생각처럼 그렇게 순탄하지 않았다. 엉뚱하게도 중국 측에서 그들의 신원확인 증명을 요구했던 것이다. 국제여단, 아니 당당한 항일연군의 전사가 내국인들에게 신원불명의 사람으로 취급받고 있다니…! 미상불 누군가 보이지 않는 손으로 그들의 귀국에 한사코 방해를 놓고 있는 것 같았다.

이 일은 지난 수십 년 내내 그들을 괴롭힌 마음의 응어리가 되었다.

"(최용건은) 살아있기만 하믄(하면) 아무 때나 찾아와도 증명을 서주겠다고 했스꾸마(했습니다)."

신련옥의 말이다.

그러나 남편 장홍원은 살아서 꼭 중국으로 돌아가야 한다고 하면서 북한에 연락하려고 하는 신련옥을 극구 막아 나섰다고 한다.

귀국 절차에 따르면 장홍원은 고향 산동에서 그의 원적 증명서를 받아야 했다. 많은 곡절 끝에 그들 식솔 여섯은 해방된 지 10년 후인 1955년 비로소 다시 중국 땅을 밟는다. 전우 왕옥결도 이 무렵인 1953년에 귀국하였다. 그러나 그들의 국적 회복도 귀국과 마찬가지로 쉽지 않았다.

신련옥 가족은 1960년 국무원 주은래 총리의 인가를 받은 후 비로소 꿈에도 그리던 중국 국적을 회복할 수 있었다.

신련옥 가족은 최종적으로 하얼빈에 정착했다. 이때부터 신련옥은 가정부로 있으면서 아무런 공직도 맡지 않았다. 그렇다고 그녀에게 공무원으로 근무할 기회가 전혀 없었던 게 아니었다. 흑룡강성 민정청(民政廳)은 신련옥의 사업배치에 대해 지시를 내렸는데, 이 공문서는 2, 3년 전에야 비로소 자식들에 의해 발견되었다. 1958년 6월 21일자로 발부된 이 공문서는 그동안 신련옥의 사물함에서 내내 잠을 자고 있었던 것이다.

"몸이 나빠스리(건강이 좋지 않아서) 일하믄(일하면) (정부에) 부담이 될까봐 그랬스꾸마.(그랬습니다.)"

신련옥이 변명조로 하는 말이다.

장숙화는 그러는 모친 신련옥을 안쓰럽게 바라본다. 그녀가 공직을 맡았더라면 부친 한 사람의 노임으로 지탱하던 가족의 생활에 큰 도움이 될 수 있었다는 것이다. 그러나 신련옥은 귀국한 후 단 한 번도 정부에 그 어떤 대우를 요구하지 않았다고 한다.

"엄만 희생된 전우들을 생각하면 이렇게 살고 있는 자체가 행복이라고 늘 말씀해요."

지난 수십 년 동안 신련옥이라는 이 항일투사의 이름이 사람들의 시야에서 투명인간처럼 실종된 원인이었다.

일본군 극비문서에 기록된 한 조선인 '마루타'

1941년, 반일간첩 이기수(李基洙)는 체포된 후 흑룡강성(黑龍江省) 하얼빈(哈爾濱) 일본군 헌병대에 '특별이송(特別移送)' 되었다. 그는 지금까지 일본군 헌병대의 극비문서에서 심문기록은 물론 사진이 발견된 극소수의 인물에 속한다. 이런 기록과 사진은 이기수가 세상에 남긴 제일 마지막 흔적이 되고 있다.

2014년 4월, 길림성(吉林省) 문서보관국은 일본이 중국을 침략했던 시기의 증거자료로 관동군(關東軍) 헌병대 사령부의 문서 87건 등 도합 89건의 극비문서를 전격 공개했다. 이때 이기수는 조선인이라는 특수한 신분 때문에 다시 수면 위로 떠오르게 된 것이다.

"실은 2001년에 이미 이기수의 자료를 발견했습니다."

길림성 문서보관국 도연(陶然) 연구원이 이렇게 문서를 공개한 경과를 밝혔다.

도연 연구원은 문서보관국에서 일본군 731부대 '특별이송인원' 과제를 둘러싸고 연구를 진행하고 있는 관원(館員)이다.

"그때 공개된 문서는 지금처럼 구체적이질 못했습니다. 이번에는 이기수가 체포된 후의 심문자료, 신병처리 의견 등 문서가 잘 갖춰져 있습니다."

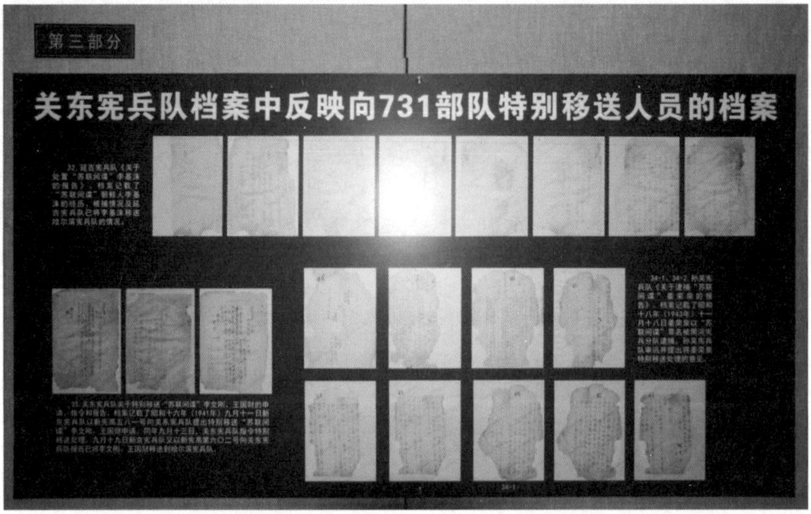

길림성 문서보관국에서 공개한 이기수 관련 헌병대문서

1945년 8월, 관동헌병대는 그들의 죄행을 덮어 감추기 위해 대량의 문서를 소각했으며 미처 소각하지 못한 문서는 비밀리에 땅에 파묻었다. 이 문서는 그로부터 8년 후인 1953년, 관동헌병대 사령부 옛터의 도관매설 시공현장에서 우연하게 발견되었다. 그때 발굴한 문서는 트럭 한 대분량이나 되었지만 대부분 훼손되어 비슷한 정도로 결여된 상태였다고 전한다. 그 후 공안국과 문서보관국은 오랜 시일동안 이 문서에 대해 체계적인 복구와 정리 작업을 진행했다.

천만다행이라고 할까, 이기수의 문서기록은 상당히 완전한 편에 속하며 이 때문에 그의 불행한 인생의 여정을 대충 그려볼 수 있다.

이 문서는 쇼와(昭和) 16년(1941) 9월 16일자 연길헌병대 제752호 보고(통보)이다. 문서의 기록에 따르면 연길헌병대 아베 키키치(阿部起吉) 대장이 관동헌병대 하얼빈헌병대에 이 보고(통보)를 보냈다.

그는 국적을 세 개 소유한 '조선인'이었다

보고(통보)에는 첫 장부터 약간은 특이한 기록이 나타나고 있다. 이기수의 국적 기입란에는 나라 이름이 일시에 세 개나 등장한다.

처음에 문서 작성자는 분명히 국명을 '만주국(滿洲國)'이라고 적고 있다. 그런데 왠지 그 위에 줄을 그어 지워버린다. 그리고 다시 옆에 '일본'이라고 기록하며 또 그것도 부족한 듯 괄호를 치고 '조선'이라고 밝히고 있다. 아이러니컬하게도 바로 뒤의 본적지의 신고란에는 분명히 '조선 함경남도 신흥군 동흥면'이라고 똑똑하게 기록되어 있다.

모름지기 연길헌병대의 보고(통보) 작성자는 한 사람의 국적을 한꺼번에 세 개나 적을 정도로 우왕좌왕 하고 있는 것이다.

문서의 기록에 따르면 이기수는 2살 때 부모를 따라 강을 건너 중국 동북에 이주했다. 1941년 9월, 즉 연길(延吉)헌병대에 의해 하얼빈에 특별 이송되던 당시 이기수는 28세였다. 이에 따르면 그가 출생한 연대는 1913년경이라는 얘기가 된다. 이기수가 출생할 무렵인 1910년 조선은 이미 국권을 상실하고 일제의 식민지로 강제편입되어 있었다.

이기수는 이주한 후 통화(通化) 장백현(長白縣)에서 15살까지 농업에 종사, 그 후 이 현의 대북두리(大北斗里)라는 고장에서 결혼한다. 그의 결혼을 전후한 시기 중국 동북지역은 만주국(滿洲國)의 치하에 놓이게 된다. 만주국은 일본이 동북지역에 세운 괴뢰국가이다. 일본 관동군(關東軍)은 1931년 '9·18사변'을 일으켜 중국 동북을 점령한 후 1932년 '만주국'의 성립을 선언하고 청나라의 폐위된 선통(宣統) 황제 부의(溥儀)를 집정 자리에 앉혔다. 만주국은 1945년 8월 소련군의 참전으로 관동군이 패퇴하면서 무너졌다.

길림성 문서보관국 문서보관실 일각

그러고 보면 이기수의 최종 정착지는 만주국이지만 태를 묻은 본적지는 조선이다. 또 그가 동북으로 이주할 때 조선은 이미 일본의 식민지로 전락해 있었다. 문서 작성자가 이기수의 국적을 뭐라고 기입해야 할지 딱히 확신이 서지 않은 이유를 비로소 알 것 같다.

그야말로 문서의 행간에는 그 시기 나라를 잃고 이역 땅으로 이주했던 조선인들의 고달픈 삶의 주소가 그대로 드러나고 있는 것이다.

이기수는 결혼한 후 처와 부모와 함께 계속 대북두리에서 농사를 지었다. 22살 나던 1935년경 이기수는 마침 통화 지역을 경유하던 동북항일연군 제1로군 제2방면군을 만난다. 이 제2방면군은 주로 조선인으로 구성된 부대였으며 그 지휘관은 바로 세간에 명성이 자자한 김일성이었다. 연길헌병대의 문서 역시 이를 의식한 듯 제2방면군이라는 이름 뒤에 괄호를 치고 '김일성비적단'이라고 특별히 주해를 달고 있다.

이때 이기수는 제2방면군 참모장 임우성(林宇城)을 만나 그의 인도를 받으며 뒤미처 이 조선인부대에 입대한다.

그는 소련 이름을 가진 '간첩'이었다

이기수는 입대한 후 장백(長白), 몽강(濛江), 안도(安圖), 화전(樺甸), 돈화(敦化) 등 지역을 주름잡으며 일본군과 전투를 벌였다. 연길헌병대는 이 시기의 전투를 비적단(항일연군)이 (일본)토벌대의 토벌을 받았다고 기록하고 있다.

이기수는 1940년 7월, 연대의 정치지도원 한택수(韓澤洙) 이하 11명과 함께 훈춘현(琿春縣) 청룡암(靑龍岩)으로 갔다. 이듬해 7월 20일 23시 30분,

이기수는 훈춘 춘화촌(春化村) 태마구(抬馬溝)에서 연길헌병대 파견대에 체포되며 이어 훈춘분대(琿春分隊)로 이송되었다.

이때 문서에 기록된 이기수의 신분은 '소련 간첩'이며 공작명은 '미츠치엔이'라는 소련이름이다.

실제로 이기수가 부대원들과 함께 연변 동쪽 변두리의 훈춘(琿春) 청룡암(青龍岩)으로 이동하기 전인 1940년 초, 동북의 항일투쟁은 제일 어려운 시기에 봉착하고 있었다. 일제는 동북항일연군을 상대로 잔혹한 토벌을 시작했으며 동북항일연군은 초기의 10만여 명으로부터 불과 3천여 명으로 급격히 줄어들었다. 동북항일연군은 부득불 전략적 이동을 진행하며 일부 부대가 여전히 현지에 남아 전투를 견지하고 대부분의 부대는 육속 소련 원동지역으로 철수한다.

이기수가 일본군에 체포된 시기나 소련 이름으로 미뤄 볼 때 그는 원동지역으로 철수한 후 소련 정보부문의 지령을 받고 훈춘지역에 다시 파견되었을 가능성이 아주 크다.

솔직히 문서의 기록에 의거하여 이기수의 전모를 파악하는 데는 한계가 있다. 헌병대의 보고(통보)에 따른 신상정보 자체가 아주 제한적이기 때문이다. 또 공개된 문서도 파손 등의 원인으로 완전하지 않으며 누락된 부분이 있다. 이기수가 극비문서에 남긴 4매의 사진만 보더라도 윤곽이 뚜렷한 것은 단지 1매뿐이다.

여기에서 꼭 해야 할 이야기가 하나 있다. 북한 정부는 이기수의 보관문건이 공개된 직후 특별히 하얼빈으로 조사를 다녀갔다. 그때 이기수의 사진을 북한에 있는 동북항일연군 생존자들에게 일일이 보내서 확인했다고 북한 중앙언론사의 거물급 요인이 필자에게 누설했다. 그러나 소설에 나오는 그런 극적인 장면은 없었다. 노병들은 이기수라는 이 '간첩'을 모른다고 말했기 때문이다.

부득불 남아있는 기록물에서 이기수를 만나 그의 형상과 심리상태를 그릴 수밖에 없다는 얘기가 된다.

다른 건 잠시 제쳐놓고서라도 체포된 후의 이기수의 심리상태를 어느 정도 읽을 수 있지 않을까 생각한다. 이기수가 사진에서 평소처럼 아주 안온한 모습을 하고 있으며 티끌만치의 두려움도 나타내지 않고 있기 때문이다.

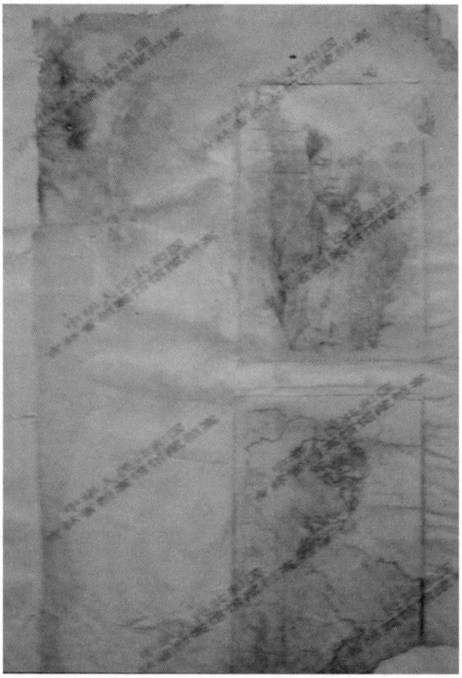

헌병대 문서에 남아있는 이기수 사진

실제로 이기수의 심문결과는 일본헌병대에게 별로 도움이 되지 않았던 모양이다. 연길헌병대 아베 키키치 대장은 문서에 “이자는 원래 공비(共匪)이며 사상적으로 완전히 이용가치가 없다”고 적고 있다. 헌병대는 이기수에게 약 두 달 동안이나 심문과 고문을 자행했지만 그들이 바라던 것을 끝내 얻지 못했던 것 같다.

결국 이기수는 헌병대에 의해 하얼빈으로 ‘특별이송’ 되는 극단의 조치를 받는다. 현재 길림성 문서보관국의 소장품 가운데서 이런 ‘특별이송’ 내용의 문서는 약 200점이며 이와 관련된 인물은 277명으로 대부분 중국인이다. 와중에 이기수는 현유의 보관문서에서 처음으로 발견된 ‘특별이송’ 조선인으로 알려지고 있다.

그는 731부대의 ‘통나무’였다

이른바 ‘특별이송’은 일본군 내부에서 사용되던 전문술어이다. 그때 이기수 등 수감자가 ‘이송’된 곳은 단 하나로, 바로 악명이 자자한 731부대이다.

731부대는 일본군의 대표적인 세균전 부대로 1936년부터 1945년까지 하얼빈에 주둔하며 생체해부, 인간냉동, 세균감염, 독가스 실험 등을 자행했다. 인간 생체실험을 하기 위해 731부대는 관동헌병대와 결탁했다. 관동헌병대는 체포한 간첩과 항일전사 등을 재판을 거치지 않고 비밀리에 731부대의 특설감옥으로 이송하여 사용하게 했다.

이기수처럼 ‘특별이송’된 사람들은 731부대 부대원들에게 ‘마루타(原木)’로 불렸다. ‘마루타’는 일본말로 ‘통나무’라는 뜻이다. 인간 아닌 ‘마루타'로 인식된 생체실험 수용자들은 더는 본래의 이름을 불리지 않았으며 숫자로 기록되었다. 731부대의 규칙상 이런 '마루타'는 살아서 절대 731부대의 마굴을 떠날 수 없었다.

731부대는 1945년 8월 철거 직전에 실험현장을 대거 파괴하고 관련문서를 파기, 은닉하였다. 그리하여 731부대의 생체실험 대상자가 도대체 얼마나 있었는지는 지금까지 세간에 알려지지 않고 있다.

"제가 731부대에서 복역했던 1939년부터 1945년까지 최소 3천여 명이 여러 가지 생체실험 대상자가 되어 살해되었습니다."

731부대 가와시마 기요시(川島清) 전 생산부장이 예전에 소련 백력(伯力, 지금의 하바롭스크) 국제군사법정에 출두하여 기술한 내용이다.

오늘날 연구자들의 노력으로 최종적으로 신원이 확인된 731부대 생체실험 대상자는 1,467명에 달한다. 이 희생자들의 이름은 지난날 그들이 특설감옥으로 이송할 때 통과하던 731부대 본부 건물의 중심복도인 '순난자 명부'에 전시되어 있다.

와중에 지금까지 밝혀진 '특별이송' 조선인은 이기수를 제외하고 다섯 명이 더 있다. 이들의 이름은 아래와 같다.

한성진(韓成鎭, 조선 함경북도 경성 출생, 1943년 6월 25일 체포)

김성서(金聖瑞, 조선 함경북도 길주면 출생, 1943년 7월 31일 체포)

고창률(高昌律, 조선 강원도 회양군 난곡면 출생, 1943년 7월 25일 체포)

이청천(李淸泉, 1944년 체포)

심득룡(沈得龍, 1943년 10월 1일 체포)

731부대 본부 옛터

지금까지 발견, 정리된 '특별이송' 문서에 따르면 상기 조선인들은 모두 항일 혹은 반파쇼 운동을 하다가 체포된 걸로 파악되고 있다. 이 가운데서 이기수는 '특별이송' 문서에서 드물게 사진이 발견되었다고 한다.

그럴지라도 이기수가 731부대에 "특별이송"된 후 구경 어떤 형식의 생체실험을 당했으며 또 언제 어떻게 숨졌는가 하는 것은 혹여 영원한 미스터리가 될 수 있다.

햇볕이 쨍쨍 내리쬐는 여름날이지만 731부대의 유적지에는 여전히 음침한 한기가 떠돌고 있는 듯하다. 어디선가 맴돌고 있는 희생자들의 울부짖음이 시공간의 터널을 지나 계속 찌릿찌릿한 공포를 만들고 있기 때문이다.

일본전범 특별군사법정의 기록원 권덕원

"지금까지 취재하러 왔던 언론사가 50여 개 되는데요…."

권덕원(權德源)은 문서철에 보관한 신문지상의 기사를 일행에게 하나하나 꺼내 보였다.

2015년 한 해만 해도 여섯 개의 신문사가 그들의 얼굴을 문서철에서 내밀고 있었다.

권덕원은 요녕성(遼寧省) 소재지 심양(沈陽)의 도심에서 약간 떨어진 주택가에 살고 있었다. 이른 봄의 쌀쌀한 날씨 때문인지 권덕원을 찾는 기자는 아직 없었다. 뒷이야기이지만, 기자들이 꽃을 본 나비처럼 권덕원에게 날아드는 시기는 대개 '8 · 15'에 즈음한 여름과 가을이었다.

"기자들은 모두 일본전범을 심판했던 60년 전의 그 군사법정을 알고 싶어 했지요."

특별군사법정 옛터 진열관에 전시된 옛 기록수첩을 가리키고 있는 권덕원

권덕원은 대륙의 제일 마지막 일본전범 특별군사법정의 기록원이다. 군사법정의 판사나 통역관은 물론 전범들이 모두 저 세상으로 사라지고 있는 현 주소에서 그는 또 한 번 그 역사의 충실한 '기록원'으로 재임하고 있는 것이다.

권덕원은 선후로 중앙정법간부학교 심양분교, 중공 단동시(丹東市) 당학교, 요녕(遼寧)정법관리간부학교, 요녕 공안(公安)사법관리 간부학원 등 부문에서 근무했다. 그는 『형사죄행 도책(圖冊)』, 『노동법학 교수과정』 등의 주필을 맡았고 「노동분쟁 중재를 논함」 등 민법과 경제법 분야의 논문을 펴냈다고 『영재대전(英材大典)』이 기록하고 있다.

사실상 기자들이 권덕원을 찾은 후 하나같이 물어보는 이야기는 모두

이 『영재대전』의 기록을 비켜가고 있었다.

"조선족인 제가 어떻게 특별군사법정의 일원으로 참석할 수 있었냐 하는 것이었지요."

기자들의 이 의문은 허망 생긴 게 아니었다. 일본전범에게 심판을 내리기 위한 특별군사법정은 당시 법학계의 거두와 엘리트들이 집결한 장소였다. 그런데 20대 초반의 야릿야릿한 애송이가 법정에 버젓하게 앉아 있었던 것이다.

기자들이 제일 많이 물어본 이야기

여기서 잠깐 설명을 하고 건너가야 하겠다. 1945년 8월 15일, 일본이 전쟁에서 패배하고 항복을 선고했다. 1946년 1월 19일, 동맹국 점령군 사령관 아이젠하워는 특별공시를 발표하고 도쿄에 중국과 미국, 영국, 소련 등 11국의 판사와 검사로 구성된 극동 국제군사법정을 설립한다고 선포했다. 이와 함께 ≪극동국제군사법정헌장≫을 공표, 국제군사법정은 평화를 파괴한 죄, 전쟁법규와 관례를 위반한 죄, 인도주의를 위반한 죄를 심리할 권한이 있다고 규정했다. 상기 3종의 죄를 저지른 것은 갑급 전범이었다.

국제군사법정은 주로 갑급 전범을 심판했고, 을·병급 전범은 각 피해국 법정에서 단독 심리했다. 을·병급 전범의 죄장은 주요하게 제네바 적십자조약 등 국제공약을 위반했거나 전시 법규를 위반하고 살인, 성폭행 등 잔혹한 행위, 전쟁포로의 학대, 인원 구금 등 비인도적 행위에 직접적으로 종사, 지휘한 것을 망라한다.

중국은 전승국이자 일본침략의 피해국이다. '8 · 15' 광복 후 각기 대륙 남북의 여러 지역과 대만에 군사법정을 설립하고 중국침략 전쟁에서 엄중한 죄를 저지른 일본 을병급 전범을 심판했다. 1945년 12월부터 1947년 말까지 중국 각 지역의 군사법정은 전범 안건 2,435건을 수리, 이 가운데서 110건이 사형으로 언도되었다.

물론 권덕원이 기록원으로 참석한 군사법정은 국민당 정권 시절의 이 군사법정이 아니었다. 이때 권덕원은 고작 15살의 어린 나이었다. 그는 목단강(牡丹江) 고려제1소학교(지금의 목단강조선족제1소학교)를 마친 후 중학교에서 책을 들고 공부하고 있었다.

"중학교 2학년 때 '모택동(毛澤東)청년단'에 가입했습니다. 그때까지 청년단은 비공개 조직이었습니다."

권덕원은 자랑스러운 어조로 이렇게 밝히고 있었다.

'모택동청년단'은 그때 그 시절 중국공산당 하부조직인 공청단 조직의 이름이었다. 어린 권덕원이 이런 조직에 가입한 것은 단순한 우연이 아니었다. 그의 큰형은 공산당 산하의 민주연군에 입대했으며 둘째 형도 뒤미처 민주연군의 별칭인 해방군에 입대했다. 그들은 모두 국공내전 즉 국내 해방전쟁에서 희생되었다.

미구에 권덕원은 북경정법대학의 학생으로 입학한다. 졸업할 때 권덕원은 중앙정법간부학교에 통일적으로 배치되는데, 총장은 훗날 북경시 시장으로 취임한 팽진(彭眞)이었고, 부총장은 훗날 국가 지도자로 있었던 동필무(董必武)였다. 이 무렵 중앙정법간부학교는 심양에 분교를 설립하고 기층 사법간부를 훈련시키고 있었다. 권덕원은 심양 분교에 내려갔다.

목단강고려제1소학교 졸업식 사진. 뒷줄 오른쪽 다섯 번째 인물이 권덕원이다.

"정법대학을 다닐 때 조선족이 3명 있었는데요, 한 명은 북경에 남고 다른 한 명은 내몽고에 갔지요."

결국 중국정법대학 출신의 조선족 졸업생으로는 권덕원 단 한 명이 심양에 있게 되었던 것이다. 이야기가 다른 데로 흐른 것 같다. 실은 이와 같은 특이한 경력이 권덕원을 군사법정의 심판석에 앉게 했다는 후문이다.

1956년 4월 25일, 모택동 주석은 명령서에 수표하고 중국에 수감되어 있는 제일 마지막 일본전범을 심판, 처리하는 데 대한 전국인민대표대회 상무위원회의 결의를 선고한다. 이 결정을 집행하기 위해 잇따라 산서성(山西省) 태원(太原)과 요녕성 심양 두 지역에 일본전범을 심판하기 위한 군사법정을 각기 설립한다.

잠깐 설명을 한다면, 일본이 전패하여 항복한 후 일부 일본 군인은 염석산(閻錫山)의 부대 등 국민당 군대에 참가하여 국공내전에 참가했으며 나중에 인민해방군에 의해 체포되었다. 이 부분의 일본전범이 도합 140명이었으며, 태원 전범관리소에 구금되었다. 1950년 7월, 소련은 중국 동북에 출병했을 때 체포했던 일부 전범을 중국으로 송환했는데, 이 부분의 전범이 도합 969명으로 요녕성 무순(撫順)의 전범관리소에 구금되어 있었다.

특별군사법정에는 판사만 아니라 변호사, 기록원, 도우미 등의 인원이 필수적이었다. 군사법정 근무인원을 선정하는 데 대한 특별과업은 요녕성 공안청(公安廳)에 의해 정법간부학교 심양분교에도 떨어졌다. 심양의 유일한 중앙기관이었으니 당연한 일이었다. 법률을 전공하고 일본어를 숙지했으며 중공당원이고 '열사군인' 가족인 권덕원은 유력한 후보로 명단에 이름을 올렸다.

나중에 권덕원은 변호단 단장을 맡은 간부학교 왕씨 성의 총장과, 변호사를 맡은 형법교학연구실 이씨 성의 교원과 더불어 특별군사법정에 파견되었다. 시초에 권덕원은 법정의 음성 녹음을 담당하고 녹음기록을 자료로 편성했으며 그 후 방청객 입장권의 수취, 현장질서의 유지 등 기타 작업을 함께 수행했다.

권덕원의 말을 빈다면 특별군사법정에서 그의 직무는 지금의 '법관(法官) 보조원'이었다.

군사법정의 제일 인상 깊던 이야기

벨이 처음으로 울리자 입장권을 소지한 방청객들이 법정에 들어섰다. 각 계층의 유지인사와 중앙의 간부 등 전국 각 지역에서 선정된 인물들이었다. 두 번째 벨이 울리자 공소인과 변호사, 피고, 증인, 번역인원이 입석했다. 공소인과 변호사는 1:1 비율이었다. 이어 피고가 들어섰다. 병석에 있는 1명을 제외한 27명이었다. 세 번째 벨이 울리자 판사 2명이 심판장을 앞세우고 들어섰다….

와중에 변호인은 짙은 양복에 넥타이를 매고 검은 구두를 신었으며 옆구리에 검은 가방을 끼고 있었다. 당시 국내에는 거의 양복을 입은 사람이 없었으며 이로 하여 그들의 복색은 법정 내외에서 더구나 유표하게 눈에 띄고 있었다.

피고석에 죄인으로 도열한 일본전범을 만나니 만감이 교차했다. 권덕원의 가족은 실은 반도에서 살판을 치는 일제의 만행을 참다못해 북만으로 이주했다고 한다.

"그때 일본 놈들은 장마당에 나온 조선인 노인이나 아줌마들이 흰옷을 입지 못하게 하느라고 일부러 그들의 옷에 페인트를 뿌렸지요."

일본인은 집집마다 돌아다니면서 놋그릇을 죄다 몰수했다고 한다. 탄환을 만들기 위한 재료를 수집했던 것이다. 권덕원이 소학교 3학년을 다니던 때 그의 가족은 경상북도 영양군의 고향마을에서 부득불 이삿짐을 쌌다. 드디어 이역의 추운 고장인 목단강에 행장을 풀었지만 그렇다고 일제의 마수를 벗어날 수 없었다.

그때 익힌 일본말을 일본전범을 심판하는 법정에서 다시 듣게 되었다. 정말로 세상사가 하나의 요지경과 같았다.

특별군사법정의 판결서는 주은래(周恩來) 총리가 직접 관리했다고 권덕원이 말한다. 주은래 총리는 판결서를 일개 사법문건이라기보다 외교문서 정도의 높은 수준으로 요구를 하고 있었다.

"문장부호 하나라도 틀린 게 있으면 국제적인 망신을 하는 거라고 말씀했지요."

그래서 특별군사법정의 판결서는 60년 후에도 법률적으로는 아무런 하자가 없다고 권덕원은 인터뷰 도중에 여러 번 강조하고 있었다.

실은 심양 특별군사법정 심판장도 공화국 주석이 직접 선정한 인선이었다. 당시 가잠은 최고법원 형사재판정 심판장을 맡고 있었다. 시초에 가잠은 특별군사법정의 책임이 막중한 걸 고려해서 다른 법률 전문인에게 맡길 것을 제기했다고 한다.

부의가 수감되어 있던 전범관리소 68번 방. 사진 제공 전정혁

"당신은 모(택동)주석이 재삼 고려한 인선이니 변경할 수 없습니다. 당신은 대학 법률교육을 받았고 또 고등법원 사업경험을 갖고 있는데다, 중국에서 법률 권위자입니다. 당신이 맡지 않으면 누가 맡을 수 있겠습니까."

당시 주은래 총리가 가잠에게 했다는 이 말을 권덕원은 그 한마디 또 한마디를 마치 어제 생긴 일처럼 회억하고 곱씹고 있었다.

특별군사법정의 인원 구성을 마친 후, 가잠은 심판에 참석하는 모든 인원들은 직위의 높낮이를 막론하고 중국과 국제 법률문건을 재차 학습할 것을 거듭 요구했다고 한다. 법정 인원들은 피고인의 고소장에 열거된 범죄사실과 증인의 증언, 피해자와 피해자 가족의 공소서 그리고 피고인의 공술 등 구체자료를 잘 숙지해야 했다.

가잠의 주재로 심양 특별군사법정은 1956년 7월 1일부터 7월까지 괴뢰정부인 만주국의 총무청 장관 다케베 로쿠조(武部六藏) 등 일본 전범 36명에 대한 심판을 진행했다. 일화가 있다. 이때 다케베 로쿠조는 심각한 마비증으로 인해 좌립이 불가능한 상태였다. 그래서 변호인의 신청에 의해 가잠은 다케베 로쿠조가 병상 앞에서 심문을 받을 수 있다는 재정(裁定)을 내린다.

가잠은 심양 특별군사법정의 1호 인물이었고 또 권덕원의 기억에 제일 깊은 인상을 남긴 인물이었다.

언제인가 권덕원은 가잠을 수행하여 심양 부근의 명소로 나들이를 갔다. 벼랑 틈에 생긴 작은 길을 지나는데, 가잠의 몸이 약간 비대해서 벼랑 틈을 빠져나가기 힘들었다. 이때 권덕원이 가잠의 옷을 들었으며 수행원이 뒤에 밀고 앞에서 당겨서 무를 뽑듯 했다고 한다. 법복(法服)을 벗고 민낯을 드러낸 가잠의 내밀한 인간적인 모습이었다. 가잠은 은퇴한 후 중국 법학회와 변호사협회 고문 등으로 있다가 1996년 93세를 일기로 북경에서 사망했다.

증인석에 나선 대청국(大淸國)의 마지막 황제도 잊을 수 없는 모습으로 권덕원의 기억에 남아 있었다.

"저는 중화인민공화국의 최대의 한간(漢奸)인 애신각나·부의(愛新覺羅·溥

儀)입니다."

부의가 증인석에 나서 한 첫마디의 말이었다. 1956년 7월 2일, 부의는 심양 특별군사법정에 처음으로 전범과 증인이라는 이중 신분으로 등장했다.

피고석에 선 사람들의 이야기

바람에 날려갈 듯 가냘프고 껑충한 키, 잡아당긴 듯한 긴 목, 검은 테의 안경…. 귀로만 들었던 청나라의 마지막 황제는 그렇게 만주 땅에 살던 옛 '신민(臣民)' 권덕원의 눈에 뛰어들고 있었다.

"'황제'는 말을 잘했고 또 알고 있는 것도 많았습니다…."

권덕원은 이렇게 '황제' 부의가 남긴 인상을 더듬고 있었다.

부의는 도쿄 극동 국제군사법정에도 증인으로 참석했다고 한다. 그때 부의는 자신이 일본 천황의 '괴뢰'였으며 '전범'이 아니라고 고집했다고 한다. 또 중국에 돌아가면 사형으로 판결받을까 우려하여 기어이 일본에 남으려 했다는 것. 그러던 이 '황제'는 무순 전범관리소에서 6년 동안 교양을 받고 심양 특별군사법정이 설립되던 1956년에는 드디어 '인간 개조'가 되어 있었던 것이다.

부의가 증언한 것은 만주국 총무청의 차장 후루미 타다요미(古海忠之)의 죄행이었다.

"후루미 타다요미는 증언이 전부 '사실'이라면서 자기는 응당 이 책임을 져야 한다고 말했어요."

권덕원은 이렇게 그때의 정경을 회억했다.

후루미 타다요미는 머리를 숙인 채 눈물을 흘렸고, 그를 신속히 판결하여 사형에 언도할 것을 요구했다고 한다. 7월 20일, 군사법정은 후루미 타다요미에게 18년 유기징역을 언도했다.

심양과 태원의 특별군사법정은 6월부터 7월까지 종국적으로 45명의 일본전범을 심판했다. 당시 공화국 정부의 재판 원칙은 "죄는 일본 군국주의에만 있고, 일본의 인민에게는 없다"는 것이었다. 45명의 일본전범은 모두 20년 이하의 유기도형에 언도되었으며 형기는 1945년 전패 후 구금된 시일부터 시작했다. 일본전범 재판에서 한 명도 사형하지 않은 용서와 관용을 베푼 것은 중국공산당뿐이다.

1956년, 공화국 정부는 또 죄질이 가볍고 죄를 뉘우치는 태도가 좋은 1,017명 전범의 기소를 면하고 전부 석방하여 귀국시켰다. 심양과 태원에서 판결을 받은 일본전범도 1964년 3월 전부 석방했다.(공화국 정부가 수감한 일본전범은 도합 1,109명이지만, 수감 기간 중 47명이 사망했으며 이들은 석방자 명단에서 제외된다.)

심양 특별군사법정의 심판이 끝난 후 권덕원은 부분적 일본전범의 귀국을 위한 무순-심양-천진(天津)행에서 안전보위, 생활 봉원, 통역 등을 겸한 요원으로 있었다.

그때 일본전범을 수감하고 있던 무순 전범관리소는 세계적으로 현존하는 유일한 전범 수감소였다. 전범관리소 소장은 조선족 군인 김원(金源)이었다. 김원은 전범관리소 소장으로 25년간 근무했으며 2002년 사망했다. 김원 소장이 일본전범 석방 의식에서 유창한 일어로 연설하던 장면은 한 장의 그림처럼 권덕원의 머리에 남아있었다.

"그때 석방증을 받은 적지 않은 전범은 벌써 백발이 되고 있었는데요,

졸업장을 받은 학생들처럼 기뻐하고 감격하고 있었습니다."

무순 전범관리소는 대문 밖에 전사 1명이 보초를 서고 있었고, 뜰에는 보초가 없는 평화로운 광경이었다고 권덕원이 회억하고 있었다. 말이 전범관리소이지 광장과 화원이 있었고 도서관이 있었으며, 열람실이 있었고 이발소와 의료소, 식당, 주방 등 오장육부가 구전했다. '문화대혁명' 때 전범관리소에 들이닥쳤던 '홍위병(紅衛兵)'들이 "이게 '요양소'지 감옥이 맞느냐" 하고 화를 버럭 냈다는 이야기가 이상하지 않다.

이와는 달리 권덕원은 전범관리소를 '특수한 농장'으로 비유하고 있었다. "봄에 심고 여름에 길러서 마침내 풍작을 거둔 거지요."

석방증서를 발급한 후 담당자가 전범의 가슴에 부착한 '전범명찰'을 뜯어냈다. 이때부터 그들은 일본전범이 아닌 외국 손님으로 변했고 그날 저녁 전범관리소가 아닌 호텔에 가서 국제 우호인사의 대우를 받았다.

'일본전범'이 중국을 떠날 때 정부는 인민폐로 수십 원 되는 탄자 그리고 새 의복과 구두, 모자를 발급했고 또 가방에는 치분과 치약, 화장지를 넣어주었다. 생활의 구석까지 염려하는 이런 배려는 석방자들의 마음을 뜨겁게 흔들어놓았다.

그러나 석방자들은 일본에 귀국한 후 금세 마음이 싸늘해졌다. '중공에 의해 세뇌당한 인간'으로 일본 사회에서 배척당했던 것이다. 이런 험악한 환경 속에서도 석방자들은 이듬해 도쿄에서 '중국귀환자연락회'를 설립하고 그들의 결집을 단행했다. 장정 제2조항은 연락회가 "제2차 세계대전에서 중국침략에 참가하여 여러 가지 죄행을 저지른 사람들이 인도주의적 반성의 입장에 서서 침략전쟁을 반대하고 평화와 일중 우호에 기여하기 위한 취지"라고 명시한다. 1950년부터 1964년에 이르는 이 14년 동안 중국을 침략했던 1천여 명의 전범은 마침내 인성을 저버린 '귀신'으로부터 인간으로 재귀한 것이다. 정부의 용서와 전범 개인의 참회를 통해 처음으로 국제 전범을 성공적으로 개조한 기적이었다.

잠깐, 기자들이 두 번째로 많이 묻는 물음이 있다고 권덕원이 말한다. 그는 인터뷰가 끝나도록 이 물음을 묻지 않는 우리 일행이 다소 의아한 듯했다. 나중에 권덕원이 기자를 대신하여 그 물음을 꺼내고 있었다.

"다들 묻던데요, 근간에 일본의 우경화가 아주 심한데, 그때 전범을 관대하게 처리한 게 잘 되었다고 생각하는가 하는 거였죠."

미상불 권덕원은 수십 번이나 동일한 질문을 받았고 또 수십 번이나 동일한 대답을 한 것 같았다.

역사는 필경 기록이다. 권덕원은 60여 년 전 발생되었던 그 사건의 기록원이다. 어느 시점부터 그는 더는 단순한 기록원만 아닌 역사의 산 '화석'이 되어 사람들에게 판독되고 있는 것이다.

국경 너머 저쪽으로 사라진 이국의 전사

"외삼촌의 행적을 알아봐 줄 수 있을까요?"

문득 딩동 하고 벨이 짧게 울렸다. 짧은 메시지가 폰의 화면에 뜨고 있었다. 군인이었던 외삼촌 행적을 함께 알아봐 줄 수 없겠는가 하는 문의 내용이었다. 메시지를 보낸 주인은 북경의 박씨 성의 지인이었다. 취재차로 대륙의 조선인 노병(老兵)을 만나고 있는 걸 보고 일부러 부탁을 해온 것이다.

박씨의 외삼촌 이성조(李星祚)는 1946년 참군한 얼마 후 소식이 두절되었다고 한다.

"마지막으로 편지를 보낸 주소는 호남성(湖南省) 원릉(沅陵) 현성이었는데요, 당시 교도원으로 있었다고 합니다."

이씨의 가족은 대략 1920년대 무렵 만주에 이주해온 것으로 추정되고 있었다. 이성조 자신도 이국땅인 만주에서 태어났다. 그의 집안은 고려 이래의 대표적인 사족(士族) 가문의 성씨였지만 일제 치하에서 가운이 기울어 결국 이국 행을 단행하기에 이르렀던 것이다.

1946년 1월, 이성조는 20살 나이에 고향 길림성(吉林省) 유수현(楡樹縣)에서 지방부대인 길북(吉北) 군분구(軍分區) 유수보안단(楡樹保安團)에 입대하였다고 한다.

어린 이성조가 그의 누님과 함께 찍은 기념사진이다
이성조가 세상에 남긴 몇몇 안 되는 사진의 하나이다.

길북 군분구는 그 전신이 '8 · 15' 광복 후 설립된 장춘(長春) 공안총대(公安總隊)로, 훗날 동북민주연군에 개편되며 선후로 동북민주연군 독립 3사단, 동북야전군 10종대(縱隊) 제29사단, 중국인민해방군 제47군 제140사단 등 군부대 번호로 개칭되었다.

제47군은 1948년 9월 동북야전군이 발동한 요심(遼沈)전역에 참가하며 11월 관내에 진입하여 평진(平津)전역에 참가한다. 요심전역과 평진전역은 국공내전 시기 공산당 군대가 진행한 3대 전략적 결전의 두 부분이다. 3대 전역 후 국민당은 그 통치를 유지하고 있던 군사력을 기본상 상실했다. 1949년 4월 제47군은 제4야전군에 편성되어 장강 남쪽으로 진군했다.

아무래도 주석을 달아야 할 것 같다. 중국인민해방군 제4야전군의 모태는 동북인민자치군이다. 동북인민자치군은 1945년 10월 동북 경내에 있거나 동북에 진입할 공산당의 부대로 통일, 편성되었다. 총사령관은 항일명장 임표(林彪)였다. 신사군(新四軍)이나 팔로군(八路軍)이 아닌 지방부대의 명칭을 단 것은 그때의 정통(正統) 정부 국민당정부가 소련과 체결한 ≪중소우호동맹조약(1945.8.14)≫의 제한을 받아 동북에서 신사군, 팔로군 명의의 활동진행이 불가능했기 때문이다. 이 자치군은 뒤미처 지방무장과 통합되어 동북민주연군으로 발전되며 그 후 동북인민해방군, 동북야전군으로 개칭되었다. 동북야전군의 12개 종대는 1948년 말 중국인민해방군 12개 군으로 개칭되며 이듬해 3월 정식으로 중국인민해방군 제4야전군으로 개칭된다.

참군한 3년 동안 피바다를 헤쳐서 나온 이성조는 더는 풋내기의 전사가 아니었다. 1949년 10월 11일, 그는 호남성 원릉에서 서한을 보낼 때 제47군 제140사단 418연대 1대대에서 부교도원을 담임하고 있었다. 그가 소속된 418연대는 중국공산당이 일찍 장춘지역에서 발전시킨 부대인데, 이때 역시 사단의 주력연대로 성장하고 있었다.

1949년 말, 제140사단은 호남성에서 토비숙청과 교통선 수호 과업을 수행하고 있었다고 제47군 군사(軍史)가 밝히고 있다. 이성조가 토비숙청의 주전장인 원릉에서 유수현의 친인에게 편지를 보낸 것은 바로 이 무렵이었다. 1951년 2월, 인민해방군은 '토비 92,081명을 섬멸'하며 상서(湘西) 즉 호남성 서쪽지역에서 장장 수백 년이나 지속된 토비우환을 기본상 없앴다고 선포한다. 뒤미처 제47군은 대오를 재정비하고 '항미원조(抗美援朝)', '보가위국(保家衛國)'의 출국 작전에 참가한다.

이때 이성조는 인민해방군의 서열인 제47군에 있지 않았다. 그는 친인들에게 편지를 보낸 불과 수개월 만에 불행하게도 이역의 불귀객이 되고 있었다. 이성조의 마지막 신분은 북한 인민군의 제1군단 4사단 18연대 2대대 정치 부대대장이었다고 전우 권태순이 이성조의 가족에게 분명히 전하고 있었다. 권태순은 이성조와 함께 선후로 중국 인민해방군과 북한 인민군에서 모두 한 부대에 있었던 친근한 전우이다.

사실상 이처럼 이중적으로 두 나라 군인 신분을 가진 사람은 이성조나 권태순 뿐만 아니었다. 연변 화룡(和龍)에서 길동(吉東) 독립 6연대에 입대했던 전홍철(全弘哲)도 선후로 10종대 제30사단, 제47군 전포(戰砲)대대 등으로 개칭된 인민해방군의 부대에서 복역하며 미구에는 엉뚱하게도 인민군의 제7사단 산하 부대의 소대장으로 등장하고 있었다.

특수한 신분의 이런 군인은 복수의 인민군 사단에서 엄청난 군체(群體)를 이루고 있었다.

견장을 칼로 긁어 지운 인민군 형님

"옆구리에 권총을 차고 왔던데요, 인민군의 복장을 하고 있었지요."

김무웅(金武雄) 옹의 기억에 총알처럼 박혀있는 사촌형님의 마지막 모습이었다.

김무웅 옹의 사촌형 김범식(金范植)은 북한으로 가기 전에 친지 방문차로 연길(延吉)의 삼촌을 찾았다. 집에 들어선 김범식은 안전을 기해 책상위에 권총을 꺼내놓고 탄환을 뽑았다. 여섯 살의 어린 김무웅은 그만 겁에 질려 허겁지겁 밖으로 뛰쳐나갔다고 한다.

"훗날 집에 기념으로 남긴 사진을 보니 견장을 칼로 쭉쭉 긁어놓았던데요."

견장에 새긴 별들은 가로세로 흩어졌으며 형체를 찾아보기 힘들었다. 정말이지 사촌형은 비밀리의 출국을 앞두고 그의 북한 인민군에서의 계급을 주변에 그토록 알리기 싫었을까….

김범식은 동북군정대학 학원생이었다. 동북군정대학은 '8·15' 광복 후 동북의 군대와 지방 간부를 훈련, 양성하기 위해 설립한 중국공산당의 군사정치학교이다. 이런 학교는 동북만 아니라 대륙의 여러 지역에 분포하고 있었다.

1947년 8월, 동북국(東北局)은 동북군정대학 동만분교(東滿分校) 100명의 학원생과 간부를 차출하여 북한을 지원했다. 김범식은 그 지원명단에 오른 일원이었던 것이다. 참고로 동북국은 1945년 9월에 설립된 기구로 중국공산당 중앙을 전권 대표하여 동북의 모든 공산당 기구와 당원의 활동을 영도했다.

동북군정대학 학원생 김범식. 칼로 그어놓아서 인민군 상위 계급장의 별이 잘 보이지 않는다.

중국에서 북한에 나간 조선인 무장력은 단지 이뿐만이 아니다. 1945년 '8 · 15' 광복을 전후하여 김일성을 대표로 하는 동북항일연군의 조선인 대부분은 북한으로 돌아갔으며 1948년 한반도 북부에서 '조선민주주의인민공화국'을 창설하였다. 대륙의 국공내전 기간 동안, 북한은 동북에서 고전하고 있는 중국 공산당에게 물자와 교통, 인원의 국경경유 등에 편리를 제공하였다. 북한은 동북에서 중국 공산당의 보이지 않는 후방이 되고 있었다. 훗날 공산당도 북한에 병력 등의 측면에서 많은 지지를 준다. 김범식이 인민군의 복장을 입던 1947년, 길동(吉東) 경비여단 2개 대대의 1,200명 조선인 군인이 북한으로 '송환'되고 있었다. 이전 연변군분구 사령원 김광협(金光俠), 이전 연변행정전원공서(專員公署) 전원(專員) 임춘추(林春秋) 등 조선인 장령과 간부가 귀국할 때 또 일부 조선인 군인이 그들을 수행했다. 1948년 2월 8일 창설된 북한 인민군에는 강 이쪽의 중국에서 건너간 조선인이 적지 않았던 것이다.

한반도의 정세가 갈수록 긴장되면서 중국공산당 부대에서 현역군인 등 중국 조선인들이 상부의 명령과 배치에 의해 북한에 대량 진출하여 인민군을 지원했다.

이때 조선인 장병은 주로 중국공산당의 동북 여러 부대에 집중되어 있었다. 조선인이 주축을 이룬 제4야전군의 제166사단과 제164사단, 제156사단 466연대는 훗날 각기 북한 인민군 제6사단과 제5사단, 제12사단의 30연대로 탈바꿈을 한다. 기타 부대에 소속되어 있던 조선인 군인도 적지 않게 국경을 넘으며, 북한 인민군의 기타 보병사단과 603기계화연대, 제105탱크사단 등을 편성하거나 이에 배속되었다. 구술과 논문, 군사(軍史) 등 여러 자료들을 종합해 보면 북한에 귀환한 조선인 군인은 약 5만 명으로 집계되고 있다.

이성조 등은 1950년 4월 25일 대륙 중부의 하남성(河南省) 정주(鄭州)에서 북한 인민군에 직접 편입되었으며 5월 입북하여 인민군 제18연대를 편성했다. 전우 권태순이 그의 자필 증언에서 이렇게 밝히고 있다. 제18연대는 편성 후 황해도 송림에서 훈련, 정비했으며 이 기간 권태순은 이성조와 함께 일요일이면 시내에 들어가 국수를 사먹고 영화를 보았다고 회억한다.

革命犧牲軍人家屬光榮紀念證

字第 16355 號

查 [illegible] 同志在革命鬥爭中光榮犧牲，豐功偉蹟永垂不朽，其家屬當受社會上之尊崇。除依中央人民政府「革命軍人犧牲病故褒卹暫行條例」發給卹金外，并發給此證以資紀念。

主席 毛澤東

一九[illegible]年 月 日

中華人民共和國中央人民政府之印

永垂不朽

▲ 인민군 신분으로 사망한 김범식. 중국정부로부터 혁명군인 열사증을 받았다.

이 무렵 제4야전군의 다른 부대도 휴양과 정비를 위해 남쪽에서 기차에 탑승하여 정주로 달리고 있었다. 제40군도 그 중의 하나였다. 제40군은 대륙의 남단까지 짓쳐나가 해남도(海南島)의 해방작전에 참가했다. 그런데 산하 통신반(通信班) 분대장 강신철(姜信哲) 옹은 기타 부대원들과 마찬가지로 부대의 북행 노정이 갑자기 변동될 줄은 사전에 전혀 감지하지 못했다고 한다.

"우리를 실은 기차는 정주를 그냥 지나치고 직접 안동(安東)으로 간 거지요."

강신철 옹의 말이다.

안동은 압록강 기슭에 있는 지금의 단동(丹東)을 말한다. 이윽고 중국인민해방군은 안동에서 국경을 건너며 '중국인민지원군'이라고 하는 다른 이름으로 강 저쪽에 출현하게 되는 것이다.

신분이 바뀐 이방의 전사

강신철 옹이 소속한 제40군은 1950년 10월 19일 밤 비밀리에 압록강을 건넜다. 강 저쪽의 북한 땅을 밟은 '중국인민지원군'의 제1진 부대였다. 25일, 지원군 제40군은 평안북도 운산에서 전투를 벌이며 '항미원조'의 첫 총성을 울린다. 나중에 이날은 '중국인민지원군 조선참전 기념의 날'이 된다.

공교롭게도 강신철 옹도 이성조처럼 길림성의 지방부대에 입대했다고 한다. 이 부대는 이성조가 입대한 유수현보안단이 아니라 유하현대대였으며 뒤이어 동북야전군 3종대 제9사단, 중국인민해방군 제40군 제120사단 등으로 개칭된다.

이야기의 순서가 여기서 또 바뀌는 것 같다. 강신철 옹의 참군을 앞두고 집에서는 실랑이가 한참 벌어졌다고 한다. 부모는 외아들인 강신철 옹의 참군을 극구 막아 나섰던 것이다.

"새파랗게 젊은 놈이 어찌 땅에 엎디어 흙만 파겠습니까?"

강신철 옹은 그때 그 생각을 이렇게 말하고 있었다.

당시 강신철 옹이 살고 있던 길림성 유하현 일대에는 조선인들이 대량 집거하고 있었다. 일찍부터 많은 독립운동 인물과 단체가 활약하고 있었으며 또 반일독립운동의 근거지로 되고 있었다. 혁명성과 반항성이 남달리 강했던 것. 현지의 조선인들은 그들이 이국땅에서 해방 후 토지개혁의 혜택으로 새로 얻은 터전을 지키기 위해 중국공산당의 무장력에 대거 가입하고 있었으며 전선지원에 적극 나서고 있었다.

"또래의 의용군 전사들이 총칼을 메고 씩씩하게 행진하는데요, 그걸 보면서 도저히 앉아있을 수 없었지요."

강신철 옹은 그가 시초에 운수대원의 신분으로 몸을 담은 3종대 제9사단에는 의용군처럼 조선인은 많지 않았으며 산하의 여러 부대에 산재했다고 말한다. 그리하여 이성조나 정홍철처럼 해방군 군복을 벗고 북한 인민군 군복을 바꿔 입지 않게 되었던 것이다.

여기에서 또 설명을 하고 건너가야 할 것 같다. 강신철 옹이 마냥 입에 담고 있는 의용군은 전칭이 조선의용군이며 그 전신은 1938년 대륙 중부의 호북성(湖北省) 한구(漢口)에서 창설된 반일독립단체인 조선의용대이다. 1942년 7월, 조선의용대의 주력은 화북(華北)조선독립동맹이 지도하는 조선의용군으로 개편되었다. 조선의용군은 화북 지역의 곳곳에서 팔로군에 소속되어 활동했다.

1945년 8월 15일, 일본이 투항을 선포하자 조선의용군은 팔로군 주덕

(朱德) 총사령관의 명령에 따라 동북에 진출했다. 11월, 요녕성(遼寧省) 심양(沈陽) 근교의 조선인학교인 오가황(吳家荒)소학교에서 회의를 열고 일부 간부를 제외한 모두가 중국에 남아 중국인민해방투쟁에 참가한다고 선포했다.

조선의용군은 동북 땅에 거주하는 100여 만 명의 조선인을 기반으로 군대를 확대하기로 하고 1지대가 2지대, 3지대가 4지대, 5지대가 6지대를 담당, 확충하기로 계획하고 있었다. 조선의용군 부대의 번호가 특이하게도 1지대, 3지대, 5지대라는 홀수로만 세상에 나타나게 된 궁극적인 원인이다. 그러나 중국인민해방군의 편제규정에 따르면서 원 계획의 번호를 사용할 수 없게 되었다. 미구에 남만의 1지대와 북만의 3지대, 동만(연변)의 5지대는 개칭을 거듭하면서 각기 제4야전군의 조선인 부대인 166사단과 164사단 그리고 156사단의 제466연대 등으로 발전, 개칭했다. 와중에 의용군 5지대가 동만으로 향발하던 도중 길림에서 30여 명이 선발되어 새로 성립된 7지대는 164사단의 제491연대로 발전, 개칭한다.

어찌되었거나 조선인 부대의 모태였던 옛 이름 '조선의용군'은 조선인의 집단기억에 뿌리를 깊숙이 내리고 있었던 것이다.

궁극적으로 강신철 옹의 머리에 각인된 기억은 이 옛 이름만 아니었다. 잇따라 북한에서 맞닥뜨린 참혹한 장면은 피가 얼룩진 그림이 되어 시도 때도 없이 눈앞에 늘 떠오르고 있었다.

"네이팜탄에 면바로 맞은 소가 몸통에 불이 달렸는데요, 가죽이 벗겨진 채로 천방지축 뛰어다니는 겁니다."

어느 한번은 전장에서 전황(戰況)을 살피는데 골짜기 너머에서 총알이 불쑥 날아왔다고 한다. 바로 그의 옆에 서 있던 참모가 눈으로 총알이 관통하여 즉사했다. 강신철 옹의 말을 빈다면 그 자신은 정말로 손바닥의 명줄이 아주 길었던 것 같다.

인민군에 편입된 김문필(金文弼) 옹도 전쟁의 행운아였다. 인민군의 최남단의 전선인 낙동강 유역까지 내려갔고 이때 다리에 상처를 입기까지 했다. 이 때문에 대전의 전선병원에 입원해 있다가 미군의 인천상륙으로 퇴로가 막혀 하마터면 38선 저쪽에 무리에서 외로이 동떨어질 뻔했다. 금강산의 산발을 타고 겨우 북쪽으로 도주하기에 성공했다고 한다.

기실 김문필 옹도 강신철 옹처럼 군에 입대한 처음에는 비슷한 경력을 겪는다.

중국의 혁명군인 열사증명서를 받은 북한 인민군 전사

김문필 옹은 연변에서 구간대(區干隊)에 참가, 뒤이어 7종대 제20사단, 제44군 제131사단 포병중대에서 복역했다. 그 역시 지방부대에 입대한 후 정규군에 편입되며 요심, 평진 전역을 거친 후 대륙 남부로 진군, 휴양과 정비를 위해 정주로 갔던 것이다.

김문필 옹이 복역한 부대가 정주에 도착한 것은 1950년 초반이었다. 이때부터 김문필 옹은 강신철 옹과 전혀 다른 경력을 쌓는다. 정주의 주둔지에 문득 북한 인민군 군관이 나타나서 조선인만 따로 차출하더라고 한다.

"우린 정주에서 화물차에 앉았을 때는 북쪽의 흑룡강성(黑龍江省)에 농사 지원을 가는 줄로 알았지요."

미구에 기차에서 내려 보니 벌써 압록강 저쪽에 있었다. 그 날짜가 1950년 3월 17일이라고 김문필 옹이 기억하고 있었다. 그가 편입된 부대는 북한 인민군 제105탱크사단이었다.

1950년 6월 28일, 제105탱크사단은 38선을 돌파한 지 불과 3일 만에 서울 시내 한복판에 돌입했다. 이때 탱크사단의 탱크와 함께 제4보병사단의 제18연대 보병이 서울에 맨 처음 진입했다. 박씨의 외삼촌 이성조가 소속한 부대는 바로 이 유명한 보병연대였다. 제18연대는 나중에 기타 몇몇 부대와 더불어 북한 최고인민회의로부터 '근위'의 영예칭호를 받는다.

당시 서울 북쪽의 유일한 외곽도로였던 미아리 고개는 서울의 마지막 방어선이었다. 북한 인민군과 한국군의 전쟁 초기 제일 치열한 공방전은 이곳에서 벌어졌다.

이성조는 '미아리 고개'에서 벌어진 전투를 지칭하는 서울의 '북산전투'에서 희생되었다고 전우 권태순이 증언했다. 이성조의 사망통지서는 웬일인지 중국의 가족에게 전달되지 않았다. 1963년, 이성조의 가족은 이성조의 행방을 문의하기 위해 북한 인민군과 중국인민해방군의 총정치부에 각기 서한을 보낸다. 이 서한은 나중에 중국정부의 '혁명군인 기념증(열사증)'으로 가족에게 돌아왔다.

뒷이야기이지만, 중국에서 참전한 조선인 장병 가운데서 약 30%가 희생되고 20%가 포로가 되었다는 불완전한 집계가 있다.

사실상 인민군에 편입된 김범식도 마치 허공으로 날려간 연처럼 종적이 묘연했다. 이 때문에 김무웅 옹의 부친은 1962년에 직접 평양을 다녀왔다고 한다. 인민군 희생자의 명단에서 조카 김범식의 이름을 찾았고, 그가 전쟁에서 희생되었다는 증명서를 받고 돌아왔다.

"사촌형도 서울을 수복하는 전투에서 희생되었다고 하지요."

김무웅 옹이 그때 전해들은 그의 부친의 말을 이렇게 전한다.

서울을 수복한 후 제105탱크사단은 부산을 향해 파죽지세로 내달렸다. 그래서 미구에 '근위서울－유경수(柳京洙) 105탱크사단'이라는 영예칭호를 받는다. 김문필 옹도 전쟁이 한창이던 1952년에 상부로부터 '근위 성원'임을 증명하는 서류를 받는다.(이 증명서류에서 사단장은 전문섭으로 되어 있다. 전문섭은 6·25전쟁이 발발할 무렵 연대장으로 있었으며 김문필 옹의 직속상관이었다.)

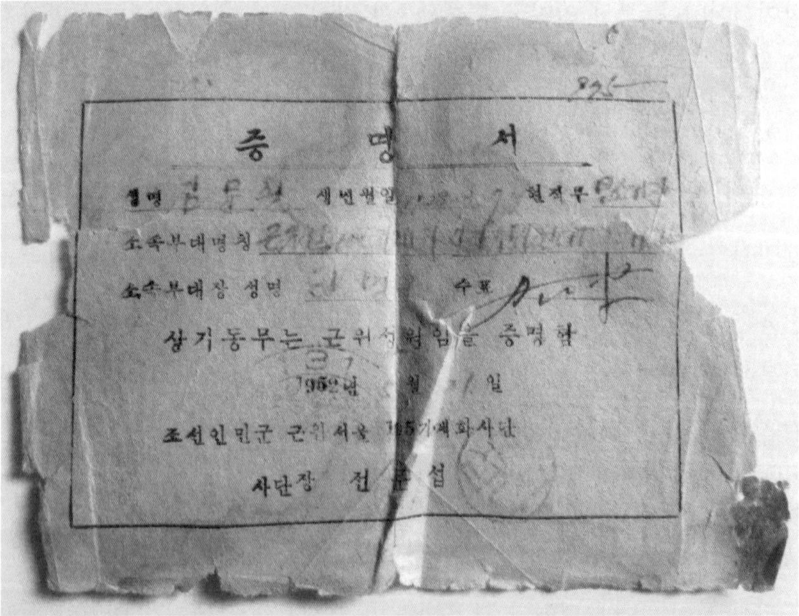
증 명 서

성명　생년월일　현직무

소속부대명칭

소속부대장 성명　수표

상기동무는 근위성원임을 증명함

1952년 월 일

조선인민군 근위서울 105기계화사단

사단장 전문섭

김문필 옹의 근위 성원 신분을 밝힌 증명서. 이때의 사단장은 전문섭으로 되어 있다.

정말로 소설 같은 이야기가 있었다. 김문필 옹의 부친 김철운(金鐵雲)은 동북항일연군의 비밀정보원이었다. 김철운의 정보를 받은 동북항일연군의 조선인부대는 1940년 3월 중국과 북한 국경 부근의 홍기하(紅旗河) 기슭에 매복하고 일본토벌군을 성공적으로 습격한다. 미구에 김철운의 신분을 해명하고자 이 내막을 쪽지에 적은 후 봇나무 껍질에 말아서 김철운의 무덤에 숨긴 주인공은 그때 항일연군 조선인부대에서 전사로 있었던 유경수 등이었다.

김문필 옹은 훗날 105탱크사단의 '모범군인'이 되어 있었다. 사단장 유경수는 하급 군관인 김문필 옹을 집에 데려다 밥을 먹이는 등 극진한 사랑을 보였다고 한다. 그러나 유경수가 김철운의 무덤에 묻은 쪽지는 반세기가 지난 2000년에 비로소 우연히 발견되며 유경수와 김철운의 옛 인연은 끝내 소설 같은 그런 극적인 결말로 이어지지 못했다.

김문필 옹은 1956년 인민군에서 제대한 후 두만강 기슭에 있는 연변 개산툰(開山屯)에 돌아왔다. 조모와 모친이 모두 개산툰에 살고 있다는 이유가 유일했다. 그해 김문필 옹은 중국인민해방군 제대군인증명서를 받는다. 김문필 옹처럼 전쟁이 끝난 후 1957년까지 육속 중국에 돌아와서 정착한 조선인 장병은 입북했던 조선인 장병의 약 20%를 차지하는 것으로 알려지고 있다. 또 30%의 조선인 장병은 최종적으로 북한 현지에 남았다고 한다.

잠깐, 이름을 잘못 적었다. 이때는 중국에 있는 조선인 장병을 응당 조선족 장병이라고 불러야 한다. 1952년, '연변조선민족자치구'가 창립되고 뒤미처 '연변조선족자치주'로 변경되면서 중국에 살고 있는 우리 겨레는 '조선민족'의 '민'자가 생략된 '조선족'이라는 이름으로 세상에 등장하고 있기 때문이다.

솔직히 '조선족' 아닌 '조선인'은 '8・15' 광복 후 대륙에서 갈수록 어울리지 않는 칭호가 되고 있었다. 이름을 밝히기 꺼려하는 한 사학자는 단 한마디로 문제점을 콕 짚고 있었다.

"조선인이라고 하면 아무래도 민족 이름이라기보다 외국인을 지칭하게 되겠죠?"

결국 이 껄끄러운 문제는 엉뚱한 곳에서 '시한폭탄'처럼 터지고 있었다.

국경 너머 저쪽의 옛 이야기

1946년 2월 3일, 길림성 통화(通化)에서 일본 군인들이 폭동을 일으켰다. 국민당과 이미 투항한 일본 군인들과 결탁하여 도발한 피비린내 나는 폭동이었다. 이때 통화에 주둔하고 있던 조선의용군 제1지대가 폭동을 평정하는 전투에 적극적으로 개입하며, 형제 부대와 함께 폭동군 3천여 명을 사살 및 포로로 삼아 종국적으로 일본 군인들의 폭동을 진압한다.

광복 후 조선인 부대와 일본군의 피의 대결은 미묘한 파장을 낳고 있었다. 실제로 조선의용군은 더는 독립을 위한 무장대오가 아니었으며 또 외국인 신분의 국제의용군이 아니라 중국공산당이 영도하는 무장대오가 되어 국공내전의 신생역량으로 등장하고 있었다.

2월 23일, 조선의용군 제1지대는 동북국의 결정에 의해 동북민주연군

요녕군구 이홍광(李紅光)지대로 개칭된다. 여기서 한마디 덧붙인다면 이홍광은 동만과 남만 항일투쟁사에 혁혁한 기여를 한 선열이다. 이에 앞서 1945년 11월, 흑룡강성 하얼빈(哈爾濱) 근처에서 설립된 제3지대는 1945년 11월에 동북민주연군 송강(松江)군구 제8연대로 편성되며 나중에 제4야전군의 164사단으로 개칭된다. 1945년 말 연길에 도착한 제5지대는 이미 조직된 지방부대와 함께 길동군구 제15연대와 제16연대로 편성된다. 이 중 제15연대가 나중에 제4야전군 156사단 제466연대로 개칭되며 제16연대는 이후 제4야전군 47군 제141사단에 배속된다.

따져보면 서철 옹도 실은 조선의용군 출신이라고 할 수 있다. 1947년, 그가 군정학교에 입학할 때 이 군정학교는 이홍광지대의 이름을 이어 개칭된 독립 4사단의 소속이었다. 독립 4사단의 원류는 바로 조선의용군 제1지대인 것이다.

독립 4사단은 훗날 또 제4야전군의 제166사단으로 개칭, 종국적으로는 북한 인민군에 편입되어 인민군 제6사단으로 개칭되었다. 그러나 서철 옹은 일찌감치 동북군구 본부에 전근되면서 북한 인민군을 지척에서 비켜갔다.

그렇다고 인민군과 닿을 듯 말 듯 했던 인연은 이로써 끝나지 않았다. 1953년, 지원군 제66군 정치부 간사로 있던 서철 옹 등 지원군 장병 13명은 인민군 정전담판대표단에 파견되었다. 인민군 담판대표단은 조선말과 글을 숙지한 지원군 군인을 필요로 하고 있었던 것이다.

어느 날 인민군 군관이 일부러 서철 옹을 대표단의 요원인 김일 상장의 집무실로 직접 안내했다.

"이봐, 우리한테 오게. 그럼 먼저 소좌 계급을 주고 또 공부하러 보내겠어."

김일 상장은 만나자마자 이렇게 서철 옹에게 선물 보따리를 풀어놓았다.

개성에서 조선 담판대표단에 참가한 서철 옹.
뒷줄 가운데 사람이 서철 옹이며 오른쪽 첫 번째 사람이 조선 담판대표단 김일 상장의 비서이다.

김일 상장은 서철 옹의 조선인 신분을 들어서 미리 알고 있었다. 그는 그 자리에서 서철 옹을 앞으로 북한의 외교부나 대외무역부 같은 '노란 자위'의 부문에 배치를 하겠다고 승낙했다. 서철 옹은 인사치레로 머리를 끄덕였을 뿐 가타부타 대답을 하지 않았다. 그런데 그가 나중에 이 일을 회보하자 제66군 정치부 주임은 화를 버럭 내더라고 한다.

"뭐야? 그치들은 (우리의) 좋은 사람은 다 데려가겠다는 건가?"

군 정치부는 서철 옹에게 이튿날로 당장 귀국할 것을 명령했다. 그래서 서철 옹은 군복을 벗고 예전에 근무했던 요녕성 안동의 정부 부문으로 돌아갔다. 그가 중국 공안부의 고위간부가 된 것은 훗날의 이야기이다.

강신철 옹은 정전 후 소속 부대를 따라 정상적으로 귀환했으며 심양군구 산하의 군사체육훈련대에 편입되었다. 그의 군 경력은 군공메달과 더불어 이에 걸 맞는 평가를 받고 있었다. 강신철 옹은 지난 세기 70년대 초 연변조선족자치주 공안국 부국장으로 있기도 했다.

비록 이국 전장의 불바다를 어깨 겯고 함께 헤쳐 나왔지만 전우들의 핏빛의 기억이 모두 유종의 미로 이어진 것은 아니었다. 국경의 다른 쪽에서 피를 흘린 '의용군'과 '인민군' 출신의 경력은 중국에서 한동안 군 경력으로 공식 승인을 받지 못했다. 대륙에서 정치운동이 일어날 때면 오히려 흠이 되었다.

이에 따라 지난날의 경력을 기억의 저편에 파묻고자 하는 사람이 적지 않았다. 전홍철은 1954년에 작성한 '귀향 군인등록문서'에 그가 인민군에서 복역한 경력을 적었다가 일부러 줄을 그어 지우기까지 한다. 그래서 전홍철의 등록문서에는 포연이 자욱한 1950년 한 해가 탄흔처럼 흉물스럽게 남아 있다.

중국에서 해방군 경력과 상응한 '인민군'의 대우는 개혁, 개방 이후 비로소 정책적으로 응분한 혜택을 받게 되었다.

그럴지라도 수십 년이나 쌓인 유감이 깡그리 말소된 게 아니다. 와중에 박씨에게는 얼마 전부터 한 올의 희망이 불씨처럼 살아나고 있었다.

중국인민지원군의 유해가 이데올로기의 깊은 골짜기를 넘어 드디어 국경 너머 저쪽의 한국에서 송환되고 있다는 것. 이역에서 떠돌던 외로운 넋이 거의 70년 만에 마침내 슬픈 귀향을 하고 있었다.

"무주(無主)의 어느 유해의 임자는 혹시 우리의 그분이 아닐까…?"

제2부

대륙을 뒤흔든 조선족,
그들은 누구인가

조선족은

한마디로 조선민족(한민족) 혈통의

중국 공민을 지칭하는 용어이다.

공식적으로 약 150년의 이주역사를 갖고 있지만,

사실 조선족이라는 이 이름으로 불린 시간은 그리 길지 않다.

1952년, 중국 동북의 한 귀퉁이에

'연변조선민족자치구'가 창립되며

뒤미처 '연변조선족자치주'로 변경되면서

중국에 살고 있는 우리 겨레는

'조선민족'의 '민'자가 생략된

'조선족'이라는 이름으로 세상에 등장하게 된 것이다.

인간의 '천리안'을 만드는 조선족 원사

10여 년 전이었다. 그때 '신주(神舟)'호라고 명명한 무인우주비행선이 연이어 발사에 성공하고 있었다. 그는 인터뷰 도중에 제5호 비행선부터 인간이 탑승한다고 얼결에 발설했다가 금방 후회했다. 그때만 해도 이 사실은 대외에 아직 누설할 수 없는 기밀이었던 것이다.

그때 강경산(姜景山)을 제외하고도 복수의 조선족 과학자가 우주비행선 연구와 제작 분야에 종사하고 있었다. 와중에 특별히 강경산을 인터뷰 대상으로 삼은 것은 그가 공화국 창건 이후 처음인 조선족 원사였기 때문이다.

1999년, 강경산은 중국공정원(工程院) 원사(院士)가 되었다. 중국공정원은 중국 공정기술계에서 최고의 영예성, 자문성 학술기구이며 공정원의 원사는 정부에서 설립한 종신적인 최고의 학술영예 칭호이다.

로켓 제조 현장에 있는 강경산

강경산이 중국과학원 공간센터 소장이라는 새로운 신분으로 등장하게 된 건 훗날의 이야기이다.

우주비행선은 종합국력의 상징이요, 첨단기술의 집합체이다. 인터뷰하는 도중에 보위부문의 요원이 인터뷰 장소에 불쑥 나타나 깜짝 놀랐던 기억이 생생하다. 국가의 핵심 연구부문에서 근무하고 있는 강경산에게는 엄수해야 할 기밀이 많았던 것 같았다.

강경산이 공정원 원사로 선정된 것은 중국 공간과학과 응용분야의 발전에 기여한 공로 때문이다. 강경산은 중국에서 마이크로파 원격탐지 기술의 주요 창시자이다. 마이크로파 원격탐지 기술이라는 이 생경한 이 단어는 고대 신화에 나오는 '천리안(千里眼)'이라고 비유하면 쉽게 이해할 수 있을 듯하다.

실제로 마이크로파 원격탐지기술의 발전과 응용은 인간에게 '천리안'의 시대를 열어주고 있다.

상아는 아직도 달에서 춤을 추고 있을까

인공위성에 설치된 마이크로파 원격탐지 의기를 통해 인간은 홍수와 화재, 지진, 대기오염 등 지구의 여러 가지 현상들을 탐측할 수 있으며 땅속에 깊이 숨어있는 광맥도 탐측이 가능해졌다.

그러나 적어도 70년 전만 해도 인간에게는 아직 머나먼 꿈이었다.

지난 세기 40년대, 어린 강경산의 눈앞에 펼쳐진 것은 꿈이라기보다 환상의 세계였다. 어둔 장막이 내리면 희부연 달이 찢어진 창호지 구멍으로 빠끔히 머리를 들이밀었다. 잠을 이루기 힘든 긴긴 밤을 달랜 것은 재미나는 옛날이야기였다.

"셋째 형은 정말로 옛말 주머니를 달고 있은 것 같았습니다." 강경산의 이렇게 그때 그 시절을 회억하고 있었다.

셋째 형은 공부를 잘해서 동네방네에 소문이 난 꼬마 '수재'였다. 나중에 당시에는 흔치 않았던 대학생이 되었다고 한다. 책을 많이 읽었던 형은 옛날이야기를 할라치면 끝이 없었다. 후예(後羿)가 태양을 쏘던 이야기, 상아(嫦娥)가 달에 날아오르던 이야기…. 두 번 세 번 들어도 전혀 싫증이 나지 않았다.

"정말 저 달 속에서 상아가 긴 소매 자락을 너울거리며 춤을 추고 있을까?"

가난한 집의 밤은 유달리 길었다. 돈 한 푼이라도 아끼려면 일찌감치 불을 꺼야 했던 것. 하늘의 둥근 달은 시골집에 내려 앉아 홀연히 오색 무지개를 떠올리고 있었다.

막내 강경산이 다섯 살 나던 해 아버지가 세상을 뜨면서 다섯 자식을 먹여 살리는 짐은 어머니의 가냘픈 어깨에 실렸다. 어머니는 여름이면 해란강(海蘭江)의 강바닥에서 남정들처럼 자갈을 메고 다녔고, 겨울이면 언 손을 입김으로 호호 불어가며 두부를 팔았다.

그러나 모친은 한 푼 두 푼 어렵게 모은 돈으로 다섯 남매를 모두 학교에 보냈다. "굶어 죽더라도 자식을 공부시켜야 한다"는 집념을 갖고 있었던 것이다.

가난한 집안의 자식들은 일찍 철이 들기 마련이다. 어린 강경산은 학교에서 귀가하면 책가방을 내려놓고 어머니의 일손을 거들었다. 자갈을 줍느라 고사리 손이 거칠어졌고 석탄을 담느라 깜둥이가 되었다. 그러면서도 짬만 있으면 책을 손에 들었다고 한다. 해마다 학급에서 성적 순위 1, 2등은 미리 점찍어 놓을 정도였다.

1952년, 연변 용정의 중학교를 졸업한 강경산은 뛰어난 성적으로 추천을 받아 길림시(吉林市)로 간다. 그런데 길림시에서는 고중 입학시험이 이미 완료된 상태였고, 시험을 다시 보려고 하니 절차상 까다로움이 많았다.

이때 길림고등학교를 다니고 있던 셋째 형은 강경산의 일생에서 일약 전환점이 되는 권고를 한다.

"북경으로 가보렴, 큰 고장일수록 배울 기회도 더 많은 거야."

강경산은 다른 두 학생과 함께 북경행을 단행한다. 그러나 북경행 역시 한걸음 늦었다. 공립중학교는 학생모집이 끝난 상태였다. 그렇다고 그냥 돌아설 수 없었다. 강경산 일행은 사립중학교인 대동(大同)중학교(지금의 북경 제24중학교)의 문을 두드렸다.

그들은 종이에 한자(漢字)를 적어가며 총장에게 안타까움을 호소했다. 중국말에는 반벙어리나 다름없는 그들의 유일한 선택이었다.

"허, 정말 보통내기가 아닌데."

총장은 이 애송이들의 학구열에 혀를 끌끌 차더란다.

"그럼 수준이 어느 정도인지 시험을 볼까?"

일행 세 명 중에서 두 명에게 합격 판정이 나왔다. 개학까지 불과 보름 정도 남아있는 시점이었다. 그건 그렇다 치고 방학이라서 학교식당은 문을 닫은 채였다. 선배 학우들이 한둘씩 침실을 찾아와서 꼬깃꼬깃한 지전을 내놓았고 또 빵을 사주기도 했다. 그러나 십시일반으로는 역부족이었다. 아침을 에우면 점심끼니가 걱정이었다. 나중에 북경 민정국에서 고아원에 가서 밥을 먹도록 배려했다. 개학부터는 또 생활 보조금을 달마다 7원 50전씩 내주었다.

일단 눈썹에 달린 불은 끈 셈이었다. 보조금은 식비로도 빠듯했으니 옷을 사거나 북경 나들이를 다닌다는 건 동화에서나 생길 이야기였다.

'동화'의 세계에 들어설 수 있는 유일한 희망은 공부에 있었다. 강경산은 새벽이면 제일 먼저 침대에서 일어났고 저녁이면 제일 늦게 잠자리에 들었다. 3년 후 그가 대동중학교에서 소련유학 자격시험에 합격한 최종 2명 중 한 명이 된 것은 단순한 우연이 아니었다.

이때 강경산은 유학생 학과 지원란에 주저 없이 '무선전(無線電)' 세 글자를 기입한다. 사실상 그때까지만 해도 무선전은 잘 알려지지 않는 학과였다. 눈에 보이지 않는 먼 곳까지 닿을 수 있다는 무선전의 신비한 힘에 끌렸다고 강경산이 말하고 있었다.

어릴 때 시골의 초가에서 셋째 형과 나눴다는 대화가 귓가에 다시 울리는 듯했다.

"달나라에 정말 나무랑 토끼랑 있는 거야?"

"달에 올라가 보면 직접 눈으로 보고 알 수 있겠지. 그럴 날이 올 거야."

달에 오를 '사다리'는 어디에 있을까

소련 예비유학생들은 북경언어대학에서 1년 동안 러시아말 공부를 했다. 그러나 그것으로는 태반은 부족했다. 귀에 들리는 건 온통 "귀신이 씻나락 까먹는 소리"였다. 소련에 간 후 강경산은 만사를 제쳐놓고 '러시아말의 세계'에 빠져 들어갔다.

"말도 마요, 다들 남몰래 저를 '마른 빵'이라고 불렀다고 해요."

소련 유학의 초기에 얻은 강경산의 별명이었다. '마른 빵'처럼 건조하고 딱딱한 사람이라는 것이다. 하긴 짬만 있으면 단어노트를 뒤적이는 그는 별다른 재미라곤 모르는 것 같았다. 아침 4시면 벌써 눈을 비비고 일어나서 단어를 외웠다고 한다.

덕분에 강경산은 불과 반년 만에 언어장벽을 넘어섰다. 말이 통하니 마당이 커졌다. 금세 학교 무대에서 제일 활약을 하는 사람으로 변신했다. 또 학과성적까지 뛰어나서 중국학생회 회장을 맡기에 이른다.

1962년, 강경산은 귀국한 후 중국과학원 지구물리연구소에 배치되었다. 얼마 후 그는 나중에 중국에서 첫 인조지구위성을 발사한 부문인 581조에 편입되며 이때부터 항공우주 과학연구의 생애를 시작하게 된다.

위성연구는 중국에서 지난 세기 60년대 초부터 본격적으로 시작되었다. 581조가 담당한 연구과제는 로켓의 위치확정 문제였다. 로켓을 규정한 위치로 발사하는 게 관건인 기술이었고, 또 위성을 규정한 궤도에 올려 보내는 게 관건인 기술이었다. 이때 강경산의 연구과제는 위성추적을 위한 위성의 신호발사 부분이었다. 신호의 오작동으로 추적이 불가능해지면 위성은 우주공간에서 떠도는 정체불명의 운석이나 다름없다.

강경산은 프로젝트를 담당한 팀장이었다. 그는 팀원들과 함께 반복적으로 논증하고 실험을 거쳐 마침내 제반 과업을 성공적으로 수행한다.

이 무렵 강경산은 과학연구의 행로에서 '로켓'처럼 승승장구를 거듭하고 있었다. 그런데 문득 이상한 '전파'에 추적당해 엉뚱한 '위치'에 떨어진다. 극좌운동인 '문화대혁명'이 발발하자 소련 유학생이었던 경력으로 인해 '간첩'이라는 혐의를 받고 감방에 수감되는 것이다.

1년의 감방생활을 마감하게 된 것은 결국 그의 학술능력 때문이었다. 그때 연구소에 새로운 과제가 제기되었는데, 이 분야에서는 강경산이 단연 1인자였던 것이다. 강경산은 전문요원의 감시를 받으면서 실험대에 다시 섰다. 1968년 초, 오랜 간부를 해방하는 정책을 실행할 때 불과 30대의 강경산도 그들과 함께 풀려날 수 있은 것은 그가 대체 불가능한 유능한 과학자였기 때문이다.

학술회의에서 연설하고 있는 강경산 원사

이듬해인 1969년, 강경산은 대륙 오지의 종남산(終南山) 연구기지로 내려갔다. 범이 새끼를 친다는 험한 산속의 기지였다. 눈을 뜨면 보이는 게 산이요, 수림이었다. "굴을 깊게 파고 식량을 널리 비축해야 한다"는 그 시기의 지침으로 이뤄진 비밀기지였던 것이다.

생활은 다시 10년, 20년 전으로 돌아가고 있었다. 채소는 1주일에 고작 한 번씩 배당 받았고 구멍탄은 석탄가루를 받아서 직접 만들어야 했다.

"어쩌다가 사탕을 사주면 애들은 최고의 사치품으로 간주했어요."

솔직히 처자식에게는 몹시 미안했지만, 강경산에게는 또 일종의 행운이었다. 학자로서 생명과 같은 연구의 기회를 다시 얻게 되었기 때문이었다.

기지에는 논문과 문헌 등 외국 자료들이 적지 않게 비치되어 있었다. 그 시기 민간에서는 눈 씻고 볼 수 없는 풍경이었다. 강경산은 날마다 자료와 서적의 수풀에 묻혀 살다시피 했다. 마침내 첩첩한 산속에 숨어 있던 '기화요초(琪花瑤草)'를 발견하게 된다. 바로 마이크로파 원격탐지 기술이었다. 기존의 광학의기는 밤이나 구름이 낀 날에는 '소경'이 되는 치명적인 약점을 갖고 있었다. 하지만 마이크로파 원격탐지 기술은 이런 부족한 점을 보완할 수 있었다.

강경산은 중국에서 마이크로파 원격탐지 기술을 발전시킬 구상을 최초로 제기, 뒤미처 영향력 있는 논문과 저서를 연이어 발표했다. 1975년, 강경산은 뜻밖에도 전학삼(錢學森)의 친필서한을 받는다. 전학삼은 중국 '항공우주의 창시자'라고 불리는 등 과학계의 거두이다. 전학삼은 '독창적인 성과'라고 강경산의 마이크로파 원격탐지기술 관련 논문을 높이 평가하고 있었다.

거장의 안목은 중국을 벗어나 세계로 뻗어나가고 있었다. 전학삼은 이론체계를 더 성숙하게 만들려면 학문을 더 깊이 닦아야 한다고 권유한다. 1979년, 북경에 돌아온 강경산은 이내 미국 캔사스대학 원격탐지 실험실에 가서 3년간 연수를 진행한다. 이때 그는 마이크로파 원격탐지 창시자인 R.K. 모르 교수와 합작하여 새로운 원리인 '원격탐지 지물(地物) 마이크로파 전매(介電) 특성 현장측량 방법'을 제기했다. 이 방법은 국제 북극빙천 탐측에 실제 사용되어 중대한 성과를 올리는 등 그 정확성과

타당성을 현시했다. 세계 마이크로파 원격탐지 기술의 역사에 화려한 한 페이지를 장식한 것이다.

'천리안'은 결코 '천신(天神)'의 전유물이 아니었다.

'천리안'을 만드는 사람

약 10년 동안 지속된 강경산의 연구는 1980년대에 드디어 빛을 보게 되었다. 원격탐지 기술이 1985년 고공비행기에 설치되었고 그 이듬해 동정호(洞廷湖) 홍수피해 때 직접 사용되었다. 동정호는 중국 최대의 하류인 장강(長江) 유역에 있는 거대한 호수이다. 예전에는 큰물이 지면 상황파악을 위해 요원들이 직접 나갔다. 배를 타고 현지에 가야 했는데, 원시자료 수집에 48시간 정도 소요되었다. 게다가 또 언제쯤 터질지 모를 홍수 등 잇따르는 위험을 감수해야 했다. 그러나 마이크로파 원격탐지 기술은 48시간이 아닌 4시간 만에 사무실에서 현지상황의 영상자료 수집을 가능하게 만들어 주었다.

1992년부터는 새로운 기술을 도입, 불과 3초 만에 관련 자료수치를 수집할 수 있게 했다. 정부 행정수반은 북경에서 직접 현지상황을 실시간으로 파악하고 결책을 제정할 수 있게 되었다.

현재 중국에서 해마다 홍수, 지진, 삼림화재 등 자연재해로 입는 피해는 인민폐로 1,800억 원에 달한다는 집계가 있다. 마이크로파 원격탐지 기술의 이용은 이런 재해손실의 10%를 줄일 수 있게 했다는 평을 받고 있다.

자연재해를 실시간으로 감시하는 마이크로파 정보의 "비행기-위성-지면" 실시간 전송시스템은 1996년 '863계획'(국가난관공략계획)10년 총화 때 중국에서 국제적으로 앞선 10대 기술의 하나로 선정되었다. 마이크로파 원격탐지 분야에서 강경산은 어느덧 세인이 주목하는 인물로 부상하고 있었다.

강경산은 '신주' 4호의 주요한 부하(負荷)-다양한 모의 마이크로파 원격탐지 시스템의 주임설계사를 담당하는 등 조직자와 영도자가 되어 중국 유인항공우주공정 응용계통의 구축과 발전을 추진한 사람으로 평가되고 있다. 상기 시스템은 2002년 12월 발사에 성공했으며 대량의 데이터를 수집하여 중국 항공우주의 마이크로파 원격탐지에 '제로 돌파'를 기록했다.

정말이지 과학의 발전은 '로켓' 엔진을 달고 있는 게 아닐지 한다. 세상의 변화는 너무나 빨리 일어나고 있으니 말이다. 인터뷰를 하던 10여년 전 중국의 마이크로파 원격탐지 기술의 위성 접목은 앞날이 요원한 일로 간주되고 있었다. 위성은 비행기와는 달리 로켓을 발사할 때 생기는 떨림 상태, 우주공간의 급격한 온도 차이 등을 극복해야 한다. 이런 열악한 환경에서 마이크로파 원격탐지 설비의 안정된 운행을 보장하는 것은 하루 이틀 사이에 쉽게 해결할 수 있는 문제가 아니었다.

그때 강경산은 이런 문제들을 꼭 해결할 수 있다고 하면서 한 과학자의 자신감을 드러내고 있었다.

"우리의 기술은 세계적으로 한손으로 꼽을 수 있고 아시아에서는 첫자리를 차지하고 있습니다."

그로부터 불과 수년 후인 2011년 8월 16일, 해양2호 위성이 성공적으로 발사되었다. 이 해양 동력탐지 위성은 중국이 미국과 유럽에 이어 세 번째로 종합적인 마이크로파 원격탐지를 독립적으로 완성하는 나라가 되었다는 것을 의미한다.

2004년부터 시작된 일명 '상아(嫦娥)공정'의 달 탐사 공정도 계속되고 있으며 개가를 울리고 있다. 와중에 강경산은 달 탐사 공정의 주요한 추진자이고 달 탐사 공정 기획의 주요한 참여자이며 또한 달 궤도선의 탐측 공정의 주요한 조직자와 영도자로 등장하고 있다.

동화에서 선녀를 만나던 시골 어린이는 어느덧 동화의 주인공으로 탈바꿈하고 있는 것이다.

조선족 원사
김홍광의 숨은 '전설'

과학자 하면 누구라도 대뜸 '괴짜'라는 단어를 머리에 떠올리기 십상이다. 기발한 상상력과 엉뚱한 행동, 이상한 성미 등등. 깡마른 체구에 머리를 헝클어뜨린 천재 과학자 아인슈타인이 바로 그 상징적인 인물이다.

그러나 김홍광(金紅光)은 기자가 연구소에 가면서 머리에 그려보았던 그런 '괴짜'의 과학자가 아니었다. 인터뷰 도중 그는 자주 일어나 스스럼없이 좌중에 차를 따랐고 일행과 이웃처럼 허물없이 담소를 나눴다. 거짓말 하나 없이 '동네 아저씨'와 같은 그런 풋풋한 사람이었다.

김홍광은 중국과학원의 원사(院士)이다. 2013년 중국과학원 원사 선거에서 중국 국적의 과학자 53명, 외국 국적의 과학자 9명이 새롭게 선출되었고, 이 가운데서 조선족으로는 그가 뽑혔다. 과학원의 조선족 원사로는 지금까지 그가 유일하다.

김홍광 원사

"'십년을 두고 칼 한 자루를 간다'는 말이 있지요? 하지만 과학자는 10년이 아니라 20년이라도 '칼 한 자루'를 갈지 못할 수 있습니다."

김홍광은 학문연구의 어려움을 이렇게 요약해서 말한다.

그는 '과학자'를 망망한 바다 위에 떠 있는 쪽배로 비유했다. 바다 위에서 노를 아무리 저어도 쪽배가 언제 섬의 대안에 도착할지 모른다는 것. 뱃사공의 노력은 큰 대가를 지불했는데도 불구하고 혹여 무위로 돌아갈 수 있다는 얘기였다.

"8시간, 16시간의 노동은 선형적이지만, 과학연구는 비선형적이기 때문입니다. 제가 보건대는 8, 90%의 과학자들이 별로 성과를 거두지 못해요."

비선형은 변화에 대한 결과가 예측불가능하게 증폭되는 것을 말한다.

비선형계에서는 미세한 변화가 계속 증폭되어 엄청난 결과를 초래할 수 있다. 이와 같은 변화에는 섬처럼 언제 나타날지 모를 "기회"가 숨어있다. 이 기회는 또 바다처럼 주변의 '환경'과 관련된다.

산이 높아야 골이 깊다

"환경이 잘 갖춰져야 학문연구에서 돌파구가 생길 기회가 많지요."

김홍광은 그가 학문연구라는 '바다'에서 목표물인 '섬'을 빠르게 만날 수 있던 행운아라고 말한다.

그는 지방의 대학을 졸업한 후 곧바로 중국과학원에 배치를 받았다. 김홍광은 과학원이라는 이 '거인의 정원'에서 근무하면서 많은 소중한 경험을 했다. 이에 따라 김홍광은 날이 갈수록 자신의 지식의 한계를 절감하게 되며 얼마 후 자진하여 과학원에서 석사과정을 밟는다. 이때 그의 지도를 담당한 교수는 채예현(蔡睿賢, 1934~)으로 중국과학원 공정열물리연구소 원사 두 명 중의 한 사람이었다. 채여현 교수는 복잡한 총에너지시스템을 분석하는 비교법을 창립했고, 이로써 각종 총에너지시스템의 간명한 정성(定性)법칙을 총화하여, 정확한 평가기준을 강조하는 열역학 분석학설 시스템을 구축하였다. 김홍광은 에너지학계의 이 유명한 학자의 곁에서 열역학의 정수를 습득할 수 있었다.

'거인의 정원'에는 걸음마다 행운이 따르고 있었다. 한때 연구소에서는 하늘의 항공엔진을 화학공장의 동력원으로 연구, 개발한 적이 있다. 오중화(吳仲華, 1917~1992) 교수가 직접 이 프로젝트를 추진하였다. 오중화 교수는 공정열물리학의 창시자로 날개바퀴의 3원 유동이론을 만든 과학자이다. 김홍광은 오중화 교수의 프로젝트에 직접 참여하여 거인의 구상과 연구, 개발의 전 과정을 눈으로 익히고 몸으로 겪을 수 있는 절호의 기회를 가졌다.

1991년, 김홍광은 유엔개발계획국의 파견으로 일본 도쿄공업대학에 간다. 도쿄공업대학은 공정기술과 자연과학연구를 위주로 하는 세계 일류의 대학이다. 이때 김홍광은 그의 전문인 열 물리가 아니라 전혀 다른 학과인 화학환경을 전공으로 선택했다고 한다.

"온도나 압력의 물리반응에 질적 변화라는 화학반응을 가미한 거지요."

연구의 융합반응 다시 말해서 다른 학문분야를 서로 융합시키는 작업이었다. 현재의 많은 학문분야는 제각기 많은 연구들이 수행되었고 나름대로 많은 발전을 이룩했다. 그러나 인제는 하나의 학문분야에서 독자적인 연구를 벗어나 다른 학문분야의 융합을 통한 연구가 필요한 시점이라는 것이다.

이때 그의 지도교수는 이시다(石田) 교수로, 세계적인 석학이었다. 말 그대로 김홍광의 세계에는 거장들이 마치 기다렸다는 듯 연이어 나타나고 있었다. 이에 따라 그의 눈앞에는 또 다른 세상이 화려한 그림처럼 하나 둘 펼쳐지고 있었다.

드디어 김홍광의 세계에서도 전설 같은 '기적'이 일어난다.

훗날 김홍광은 이산화탄소 포집에 관한 화학사슬의 연소 동력 시스템을 발명했다. 그는 연소 초기단계에 이산화탄소를 회수할 수 있는 새로운 경로의 제3세대 에너지환경 동력시스템을 제기했던 것이다. 국제적으로 처음 발견한 새로운 화학환경 현상이었다. 이 때문에 유엔 정부간 기후변화전문위원회(IPCC)는 이산화탄소 포집과 매몰 보고서(2005)에 "김홍광 등은 화학사슬 연소의 연구에서 중대한 기여를 했다"고 특별히 이름을 거명하여 언급했다.

현재 김홍광은 미국과 일본에 전매특허 2종, 국가 발명전매특허 26종을 보유하고 있으며 학술논문 206편, 학술저서 3부를 발표했다. 이런 공로로 국가자연과학 2등상, 중국과학원 자연과학 2등상, 석유공업부 과학기술진보 1등상 등을 받았다.

무지개에는 색조가 없었다

기자단의 일행 중 누군가 진부하지만 빠뜨릴 수 없는 물음을 꺼냈다.

"원사님의 어릴 때의 꿈은 무엇이었죠?"

그런데 김홍광의 대답은 일행의 기대를 한참이나 빗나가고 있었다.

"꿈이라니요? 그때는 먹고 사는 자체가 꿈이었습니다."

사실상 김홍광은 어릴 때 공부를 남달리 즐겼다. 진짜 신이 들린 것처럼 공부 자체가 재미있었다고 한다. 물이 낮은 데로 흐르듯 공부 성적은 또래에서 언제나 앞자리였다. 남다른 흥미라고 할까, 중학교 때에는 물리실험에 흠뻑 빠져들기도 했다.

"용돈을 모아서 부품을 산 적 있습니다. 그걸 일일이 조립했지요."

구들에 뒹굴고 있던 부품들이 한데 묶여 반도체를 만들어냈다. 일명 '김홍광표'의 제품이었다. 이 엉성한 제품이 백화점의 반도체와 마찬가지로 아름다운 음악소리를 낸다는 게 그렇게 신기할 수 없었다.

현장에서 동료들과 열띤 토론을 하고 있는 김홍광 원사(왼쪽 첫 번째 사람)

그러나 이런 반도체 조립품은 더는 엄두를 내지 못할 사치품이 되었다. 김홍광이 13세 되던 해 의사였던 모친이 페니실린 과민으로 불시에 사망했다. 그때 위로 누나 하나, 아래로 동생 둘이 있었다. 식구가 올망졸망한 집안에는 갑자기 어둔 그늘이 드리웠다. 부친은 구들이 꺼지도록 한숨을 푹푹 내쉬었다. 부친도 김홍광이 18살 나던 해 저 세상으로 훌쩍 떠나 버렸다.

졸지에 양친을 모두 여읜 집안에는 크고 작은 아이들만 남았다. 장자인 김홍광은 어린 나이에 세대주가 되었다. 그는 교과서 과목이 아닌 크고 작은 가사를 직접 일일이 챙겨야 했다. 그는 새벽이면 눈을 잡아 뜯으면서 일어나 밥을 짓고 어린 두 동생의 도시락을 챙겼다. 누나는 간호사로 근무했는데 직업상 늘 야근을 서야 했던 탓이다.

그런 지긋지긋한 기억에 남는 하나의 '행복'이 있었다. 김홍광은 1975년 중학교를 졸업한 후 장춘 현지에 쉽게 남을 수 있었다. 그때 지식청년이라고 하면 모두 하향 즉 농촌으로 내려갔다. 하향 지식청년은 1950년대부터 70년대 말까지 중국에서 자원 혹은 부득불 도시에서 농촌에 내려가 농민이 된 청년들을 말한다.

"집에 동생들을 돌볼 사람이 없잖아요? 그 덕분에 농민이 아니라 노동자가 된 겁니다."

김홍광은 전기수리공으로 있으면서 아슬아슬한 전신주에 기어올랐고 두메산골의 골짜기도 후비고 다녔다. 일찌감치 사회에 뛰어들었지만 가난한 살림은 그냥 펴질 줄 몰랐다. 월 노임이 불과 22원 정도였다. 그야말로 한 달을 살면 다음의 한 달을 근심하는 암울한 나날이 지속되었다.

1977년, '문화대혁명'의 충격으로 10년 동안 중단되었던 대학입시제도가 회복되었다. 중국은 이로부터 지식을 존중하고 인재를 존중하는 봄날을 맞이했다. 공부 밑천이 두둑했던 김홍광은 선뜻 대학입시에 도전장을 내밀었다. 그때는 4, 50명의 수험생 가운데서 겨우 하나 꼴로 대학생이 나오고 있었다.

김홍광은 이듬해 동북전력대학에 입학하는 쾌거를 올린다. 말 그대로 바늘구멍을 빠져나온 것.

"그때는 문과 성적이 너무 떨어져서 더 좋은 대학으로 가지 못했어요."

김홍광은 이렇게 그동안 드러내지 않았던 비사를 밝힌다. 그의 화학

성적은 2점 모자라는 만점으로, 수학과 물리, 화학 성적은 크게 뛰어났다고 한다. 그런데 어문과 정치 성적이 이런저런 원인으로 합격선에도 이르지 못해 발목을 잡았다.

그때 김홍광이 재고 끝에 지망 지원란에 써 넣은 것은 실용학문인 '열에너지의 동력'이었다. 솔직히 생계를 해결할 직업이 첫째가는 고민이었으며 먼 훗날 과학자로 거듭날 수 있으리라곤 아예 꿈에도 생각하지 못했다.

어쨌거나 깊고 긴 터널의 저쪽에서 드디어 가느다란 빛줄기가 나타나고 있었다.

시냇물은 어디로 흘러갈까

대학에 입학할 때 김홍광의 성적은 학급에서 꽁무니에 머물러 있었다. 그러나 그의 성적은 1학년 때부터 금세 상승선을 그었고 대학기간 계속 고공행진을 했다. 학급 '학습위원'의 이름은 당연히 김홍광의 차지였다. 그에게 반한 학교 지도부는 김홍광을 반 강제적으로 학교에 남기려고 했다.

실은 그 시절 대학교에 교원으로 남는 것은 흔치 않은 혜택이었다.

이때 중국과학원 장춘(長春) 분원(分院)에서 특별모집을 왔다. 알고 보니 모집자 명단에는 북경대학이나 청화대학 등 유명대학 졸업생들이 적지 않았다. 그러나 동력부문의 전공자는 단 하나도 없었다.

김홍광에게는 고개 너머 높은 산이 나서고 있었고, 또 그만이 활보할 수 있는 길이 보이고 있었다.

“제가 능력을 마음껏 발휘할 수 있는 무대라고 생각되었습니다. 그래서 학교에 남는 것을 포기하고 과학원을 선택했어요.”

김홍광은 과학자에게 환경이 잘 갖춰져야 하지만 목표 역시 필수적이라고 거듭 말한다. 예전에 그는 일본에 갔을 때 큰 충격을 받았다. 일본의 많은 동업자들은 국제적으로 선두에 있는 프로젝트를 연구하고 있었다. 그러나 조선족 학자들을 비롯한 중국학자들은 거개 기업에서 후원하는 프로젝트에 매달려 있었다고 한다.

“그들이 생계 때문에 기업의 프로젝트에 몰두해야 하는 게 정말 아쉬웠습니다.”

그때 김홍광은 유엔 개발계획국 방문학자의 신분이었기 때문에 대우가 상당히 좋았다고 한다. 그는 또 도쿄공업대학에서 선후로 보조연구원, 부교수로 있으면서 두둑한 노임을 받았다. 이와 함께 박사공부를 동반하면서 국제 전연적인 연구 과제를 내놓아 일본 문부성의 장학금을 받을 수 있었다.

“뒷근심이 없었기 때문에 오로지 과제의 연구에만 몰두할 수 있었지요.”

솔직히 김홍광이 들려준 진실한 이야기는 주변에서 들어본 적 있는 그런 평범한 이야기의 연속이었다. 바로 시초의 작고 하찮은 이 이야기들이 한데 모여 나중에 ‘원사’라는 과학계의 하나의 전설을 만들었던 것이다.

“시냇물이 모여 강을 이루고, 강이 모여 바다가 된다”는 옛말을 새삼스럽게 상기시키는 대목이다.

'바이러스'에 잠식된 조선족 원사

"저의 생일이 레닌의 탄생일보다 단 하루가 빨라요. 양력으로 4월 21일이거든요."

김녕일(金寧一)은 이렇게 그의 이름에 담긴 비화를 이야기한다.

이 간발의 차이 때문에 그는 레닌(列寧)과 서로 같은 날에 만나지 못했다고 한다. 레닌은 러시아공산당의 수령으로, 세계 공산주의자들이 추앙하는 위대한 도사다. 나중에 부친은 '레닌'의 이름에서 한 글자를 따고 또 하루라는 의미의 하나 '일(一)'을 보태여 아들의 이름을 지었다.

'녕일(寧一)', 조선족치곤 어딘가 희소한 이 이름은 그렇게 만들어졌다.

한겨울이지만 따뜻한 햇살이 차창으로 흘러들고 있었다. 북경 서쪽 변두리의 호텔에서 만난 김녕일은 인제 60대에 접어드는 원숙한 학자였다. 회의 참석차로 북경에 잠깐 들린 그는 시도 때도 없는 전화벨 소리에 자주 인터뷰를 끊어야 했다. 그 무슨 프로젝트요, 논문 심사요 하는 단어들이 대화에서 심심치 않게 튀어나오고 있었다.

김녕일은 중국인민해방군 군사의학과학원의 바이러스학 연구원이자 전문가이요, 박사 지도교수이다. 논문 400여 편, 양성한 석·박사 300여 명 그리고 완료된 연구과제만 해도 67건…. 이런 따분한 숫자로만도 그가 눈코 뜰 새 없이 다망한 이유를 알 것 같다. 얼마 전 중국공정원 원사(院士)로 선정되면서 그는 더구나 바삐 돌아치는 듯했다. 원사는 국가에서 설립한 과학기술 영역의 최고의 학술칭호로 종신영예이다.

잠깐, 어느 작명원(作名院)의 도인이 이 기회를 빌어서 "사주팔자는 선천 운명이요, 이름은 후천 운명이요" 하고 성명학(姓名學)을 운운할 법하다. 기실 김녕일의 청년 시절의 '하향' 경력이나 훗날의 학문을 닦던 과정은 그의 이름과 한데 잇기 어렵다.

어찌하거나 김녕일 본인은 원사의 월계관을 머리에 얹게 된 영예를 제일 먼저 부모에게 돌리고 있었다. 연구실에서 살다시피 하는 김녕일을 대신하여 부모는 그의 딸 둘을 도맡다시피 키우는 등 후원을 아끼지 않았다. 현재 큰딸은 국내의 명문대학에서 박사과정을 밟고 있고 작은 딸은 대학입시를 앞두고 있단다.

"부모님이 뒤에서 항상 말없이 밀어줬기 때문에 오늘의 제가 있게 된 거지요."

김녕일은 관절통 때문에 늘 고생하는 어머니를 이야기하다말고 울컥한 듯 잠시 말을 멈춘다.

자식을 위한 부모의 사랑은 누구라고 해서 다르지 않다. 실제로 아들의 이름에 담은 부모의 사랑의 소원은 '바이러스'처럼 줄곧 김녕일을 잠식하고 있었다. 원사라는 이 화려한 '피라미드'는 실은 이런 '바이러스'와 엮인 이야기로 쌓이고 있었다.

연구실 서재에서 기념사진을 남긴 김녕일

바이러스 1

1990년, 김녕일은 일본 교토대학 바이러스연구소에 가서 에이즈 백신 공동연구를 진행했다. 우두(牛痘)에서 추출한 바이러스에 에이즈의 유전자를 넣어 만든 바이러스로 에이즈의 예방이 가능한가를 검증하는 프로젝트였다. 이에 앞서 일본의 박사 두 명이 이 과제를 연구했지만 이렇다할 성과를 내지 못했다.

김녕일은 그때의 프로젝트에서 대두한 문제점을 한마디로 콕 집어내고 있었다. "백신을 만들 때 외래의 바이러스 유전자가 들어가면 어떻게 높은 효율로 그걸 발현할 수 있겠는가 하는 문제가 걸려 있었습니다."

바이러스는 자아 증식이 가능한 세포와 달리 숙주의 존재가 필요하다. 숙주의 세포 표면에 붙어 바이러스의 유전자를 주입하고 세포소기관을 이용하여 새로운 바이러스를 복제하며, 복제된 이 바이러스가 다시 세포 밖으로 나오는 순환을 반복한다. 이때 백신의 역할은 바이러스 자체를 죽이는 것이 아니라, 바이러스가 세포 속에 들어가지 못하게 하거나 바이러스가 밖으로 빠져나오지 못하도록 세포막에서 그 어떤 메커니즘을 가지는 것이다.

김녕일은 일찍 1985년부터 새로운 백신 개발에 종사하면서 유전자와 관련한 각종 소프트웨어의 배합 기술을 습득하고 있었다. 그가 일본에서 공동연구 프로그램에 참여할 수 있던 것도 실은 논문에 드러난 그의 이런 연구 수준이 작용하고 있었다. 나중에 김녕일은 HIV-1, HIV-2의 유전자를 이용하여 다종 구조단백질, 면역조절 단백질을 대량 발현시키는 데 성공한다. HIV는 에이즈를 일으키는 원인 바이러스를 말하며, 에이즈는 HIV에 감염되어 면역세포가 파괴되면서 면역기능이 떨어짐으로써 생기는 후천성 면역결핍 증후군(AIDS)을 말한다.

교토대학 바이러스연구소는 이듬해 곧바로 김녕일을 일본 문부성 교수로 초빙했다. 초빙학자로부터 초빙교수로 변신하는 순간이었다. 이때 김녕일은 연구소에서 석사와 박사 각기 한 명을 지도한다. 공동 프로그램이 끝날 무렵 연구소는 김녕일을 수석과학자로 초빙할 의향을 밝혔다.

연구소 소장과 동일한 수준의 노임을 지불하고 주택을 무상 제공하는 등 현혹될 만한 대우가 잇따랐다.

“그런데 하고 싶은 연구에 몰두하는 데는 아무래도 제한이 있었지요.”

김녕일은 나중에 일본 체류를 포기한 원인을 이렇게 한마디로 일축하고 있었다.

“프로젝트는 연구자가 선정하는 게 아니라 연구소나 회사의 몫이었습니다.”

그의 말에 따른다면 성공을 위해서는 한계적인 시간과 정력을 여러 곳에 투자하기보다는 자기가 하고 싶은 어느 한곳에 전념해야 한다는 것이었다.

솔직히 김녕일 본인의 이야기라기보다 그의 부친 이야기의 복제판으로 들리고 있었다. 부친 김광우(金光宇)는 연변대학 제1기 물리학과 졸업생으로 통화에서 물리교원으로 있었다. 그는 1950년대 통화시 교육국의 공무원으로 취임할 기회가 있었지만, 학생들에게 물리를 가르치는 게 최대의 낙이라고 하면서 일언지하로 이 청구를 거절했다고 한다. 눈앞의 작은 재미와 이익을 포기하고 자신이 하고 싶은 일에 전념하다보면 자신의 가치관을 확립하고 보람을 느낄 수 있다는 것이었다.

부친의 이런 가치관은 ‘바이러스’처럼 아들에게 ‘전염’되지 않았을지 한다. 김녕일은 일본행을 계기로 또 한국 서울대학교 유전공학연구소에 가서 에이즈 백신 공동연구를 진행했다. 그러나 최종적인 귀소(歸巢)는 나중에 그가 ‘원사’로 성장할 환경을 만들어준 군사의학과학원 군사수의연구소이었다.

정말이지 바이러스는 마땅한 숙주가 없이는 생존, 증식할 수 없는 존재라는 말의 의미를 되새기게 하는 대목이다.

바이러스 2

1982년 김녕일은 연변농학원을 졸업한 후 학교에 조교로 남았다. 대학생이라고 해도 어깨를 으쓱하던 그 시절 대학교 교사는 더구나 선망의 대상이었다. 그런데 김녕일은 불과 반년 만에 사표를 내고 군사수의대학의 석사과정을 밟는다.

사실상 학문에 대한 열망은 그가 일찍 하향생활을 할 때부터 벌써 시작되고 있었다.

1974년 7월, 김녕일은 중학교를 졸업하자 그때 그 시절의 여느 졸업생처럼 농촌으로 내려갔다. 그는 길림성(吉林省) 중부 통화(通化) 부근의 여러 마을을 전전하면서 하향생활을 했다. 산에 다락 밭을 만들고 평야에 관개수로를 만드는 등 따분하고 힘든 '재교육' 생활이 날마다 반복되었다.

"강냉이밥을 대짜의 큰 그릇으로 먹어도 맨날 배가 고팠어요."

허기에 시달리던 기억은 김녕일의 하향생활에서 지울 수 없는 상처로 남아 있었다.

쇳덩이도 삼키면 녹일 수 있다고 하는 열혈의 젊은 시절이었다. 배가 고파도 정말 고팠다. 먹을 수 있는 거라면 날벌레라도 집어먹고 싶었다. 그러나 그보다 더 심한 배고픔은 창자가 아닌 머리를 아프게 갉고 있었다.

"앞으로 도대체 무엇을 해야 할지를 심각하게 고민하게 되었어요."

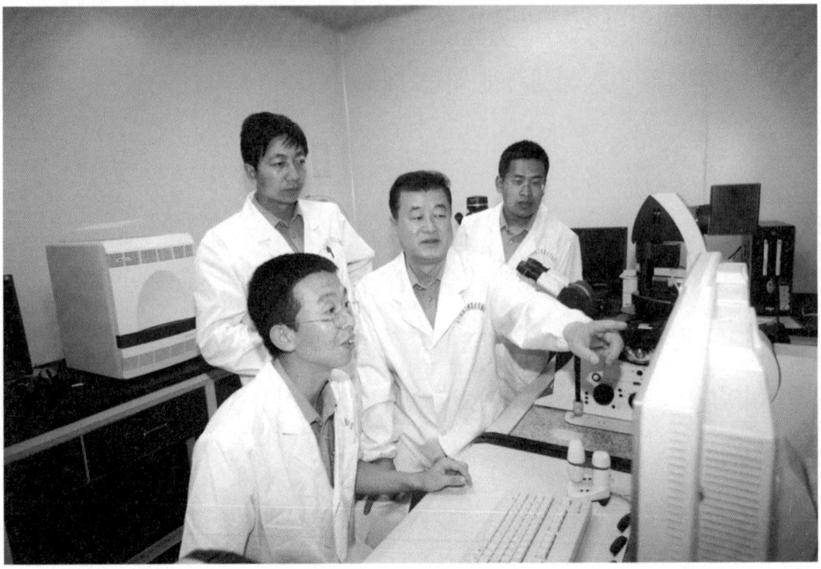

연구원들과 함께 있는 김녕일

무연한 옥수수의 '수풀'에서 앞날은 한 치 앞도 보이지 않고 있었다. 단순 노동이 지속되는 다락 밭에 미래를 묻고 관개수로에 미래를 흘러 보내기에는 젊은 나이가 너무나도 억울했고 또 답답해서 병이 날 지경이었다.

김녕일은 저녁이면 등잔불 아래에서 『모택동(毛澤東) 선집』과 『마르크스-엥겔스 선집』, 『레닌 선집』, 『반듀링론』 등 서적을 탐독했다. 그 시절 제일 쉽게 접할 수 있던 이런 사회과학 서적은 궁극적으로 그에게 자연과학 연구의 길로 나아갈 방향을 찾는 계기로 되었다.

이때부터 김녕일은 향후의 진로에 하나의 깃발을 뚜렷하게 세우고 있었다.

“그 무슨 결론에는 근거가 있어야 하고 증거가 있어야 합니다. 자연과학은 바로 근거와 증거로 문제를 설명하고 있지요.”

1977년, 무려 10년 동안 중단되었던 전국 대학입학 통일시험이 시작되었다. 김녕일은 대학 지원란에 청화대학과 길림대학 등 명문대학을 기입했다. 일찍이 중학교 때 공부를 잘하기로 정평이 나 있던 그였다. 그런데 동물 ‘바이러스’와 떨어뜨릴 수 없는 인연을 맺고 있었던가, 종국적으로 그는 연변농학원 수의(獸醫)학과에 입학하게 된다.

대학생활은 김녕일의 최종 목적지가 아니었다. 그러나 ‘재교육’의 현장인 옥수수 밭에서 그가 정할 수 있던 목표는 한정될 수밖에 없었다.

“그때 유감스러웠다면 시초의 목표를 대학으로 정한 거지요. 목표가 너무 낮았습니다.”

김녕일은 석·박사의 2차적인 강화훈련이 그의 인생에 아주 큰 영향을 미쳤다고 말한다. 석사과정을 밟으면서 바이러스학 영역에 몰입, 미생물 영역에서 전염병과 면역을 결합한 연구를 하겠다는 생각을 갖게 되었다. 그러나 석사학위의 과정으로서는 학문연구의 한계를 느끼게 되었다. 그래서 이어 물이 높은 데서 낮은 데로 흐르듯 자연스럽게 박사과정을 밟게 되었다는 것이다.

“성공을 위해서는 목표를 확실하게 세우고, 또 이에 도달하기 위해서는 강화 과정으로 자체 수준을 높여야 해요.”

새로운 바이러스가 자기집체의 메커니즘에 의해 서로 집합되어 성숙되듯이 김녕일은 어느덧 바이러스학과 인수(人獸) 공환(共患)의 병원체(病原體) 분야에서 이름난 학자, 전문가로 발돋움하고 있었다.

바이러스 3

세계 3대 과학저널인 '네이처(Nature)', '사이언스(Science)', '셀(Cell)'에 자신의 논문을 싣는 것은 모든 과학자들의 하나같은 목표이다. 김녕일은 상기 과학저널에 모두 유수의 논문을 게재하면서 업계의 주목을 받는 인물로 부상했다. 지난 32년 동안 그는 18종 바이러스의 특성과 면역 기능 등을 연구했으며 3종 바이러스 단백질발현 벡터 계통의 플랫폼을 구축했다. 김녕일이 만든 이런 플랫폼은 국내외에서 모두 업계 최초로 평가되고 있다.

"과학연구의 길에서 미세한 변화라도 놓치지 말아야 하지요."

김녕일은 후학들에게 그의 성공의 경험을 이렇게 밝히고 있었다.

과학연구는 갈수록 여러 학과의 교차와 융합 작업을 필요로 하고 있다. 실제로 김녕일은 생물학과 유전공학, 분자물리학 등 다양한 학과를 섭렵하고 있었다. 작은 변화가 누적되면 나중에 시너지를 일으켜 큰 변화를 가져올 수 있다는 게 그의 일가견이었다. 아주 작은 개념 하나가 결과적으로 큰 성과를 만들 수 있다는 것이다.

1998년부터 김녕일은 동물의 유전자 기능과 관련하여 연구를 진행하게 되었다. 이 과정에서 암세포에는 영향을 주지만 정상세포에는 영향이 없는 유전자를 발견했다고 한다. 암치료 연구에서 획기적인 계기가 될 수 있는 이 프로젝트는 수천만 원의 자금이 투입, 현재진행형이라고 한다.

"남이 생각하지 못하는 걸 생각해야 하고 남이 뭔가 할 때는 그 일을 끝내야 하지요. 또 남이 걸을 때는 뛰어야 합니다."

김녕일은 1년 365일을 거의 모두 실험실에서 보낸다고 한다. 그에게 출장은 곧 휴식이었다. 아직도 거의 날마다 자정이 넘도록 공부를 한다고 한다. 관련 여러 학과의 최신 정보와 연구 성과는 그가 결탐을 하는 내용으로 되고 있었다.

원사가 아닌 지난날 대학입시를 준비하던 학생의 모습이 그림자처럼 비껴오고 있었다. 레닌의 출생일보다 하루 빠른 지난날의 '유감'도 이름처럼 그냥 사라지지 않고 있는 듯했다. 김녕일의 만족 없는 학문에서의 또 하나의 '유감'은 그가 생활신조처럼 간주하는 좌우명에서 그대로 드러나고 있었다.

"(겸허한 사람이라면) 알아도 모르는 척하고, 잘나도 못난 척하고, 있어도 없는 척해야 합니다."

기실 원사를 신청할 때 그는 이미 발표한 690여 편의 논문을 줄여서 400여 편으로 기입했다고 한다. 논문 숫자가 너무 많으면 오히려 떠들썩하게 제 자랑을 늘어놓는 것 같아서 그랬단다. 남을 돕는 것도 마찬가지, 현재 그가 음으로 양으로 자금후원을 하고 있는 학생들만 해도 20여 명 된다고 한다.

김녕일은 말과 행동으로 그의 생활신조를 지켰고 또 이 생활신조로 남을 대했으며 학생들을 가르치고 있었다.

원사는 공식적인 정년퇴직이 70세이다. 김녕일은 나중에 퇴직하게 되면 학문에서 대를 이을 더 많은 후학을 양성하고 싶다고 말한다. 기력이 다할 때까지 학문 연구의 '굴레'를 달갑게 쓰고 있겠다는 것.

그러고 보면 김녕일은 학문이라는 '바이러스'에 여러 가지로 깊숙이 잠식된 원사였다. 정말이지 이 '바이러스'에 감염된 '거인'에게 어떤 '백신'인들 유효할까…?

‘비행기의 혼’으로 날아오른 별

장군은 2015년 10월 지병으로 북경에서 사망했다. 동포 언론에서는 일제히 “하늘에서 별이 떨어졌다”는 내용의 추모 기사를 실었다. 실은 장군의 혼령이 그가 사랑하던 비행기를 타고 ‘하늘의 별’로 올라갔다는 표현을 써야 했다는 후문이다.

필자가 취재차로 장군을 마지막으로 지척에서 만난 것은 10년 전 그의 저택에서였다.

하늘에서 날던 장군은 흥미롭게도 그의 집을 땅에 꼭 붙여 놓고 있었다. 하늘과 가까운 높은 아파트가 아니라 ‘땅 집’으로 일컫는 단층집이었다.

중국 인민해방군의 육군과 공군에는 소장, 중장, 상장 등 금별을 달고 있는 조선족 군인이 10여 명 된다. 와중에 일개 군구(軍區)가 아닌 현역

군종(軍種)의 부사령관으로 있은 장성은 중장 이영태(李永泰)가 유일하다. 그는 부사령관으로 11년 있으면서 공군 지도부 3기를 겪었다.

북경 도심의 공군 울안(大院)에 이르렀을 때 이영태의 비서인 대좌가 나와서 마중을 했다. 군종마다 각자 북경에서 자기의 울안을 갖고 있는 것은 해방군의 하나의 특색으로 되어 있다.

취재에 허락된 시간은 불과 1시간 반 정도였다. 이 짧은 시간에 들은 이야기를 글로 만들어 전한다.

병원의 간호사가 비행기 조종사로 된 이야기

이영태는 1930년대 중반 그가 나서 자란 고향 요녕성(遼寧省)을 떠나 길림성(吉林省) 통화(通化) 지역으로 이주했다.

"살림이 어려워서 혹시나 해서 다른 고장으로 자리를 뜬 거지요."

이영태의 어린 기억에 담긴 그 나날들은 너무 고달팠다.

이주한 얼마 후 이영태의 집에 갑자기 화재가 났다. 달구지에 실어온 가장집물은 일조일석에 한 무지의 잿더미가 되었다. 온 집안이 바깥에 나앉게 되었다. 이역의 고달프고 힘든 생활에 기탁했던 한 올의 희망마저 재가 되어 버렸다.

그때가 1939년의 추운 겨울이었다. 이영태가 10대의 나이에 접어들던 때였다.

"소학교를 중퇴하고 살림을 도와야 했습니다. 입에 풀칠이라도 해야 했으니까요."

이영태는 학교의 문턱에 발을 들여놓은 3년 만에 부득불 책가방을 내려놓았다. 지인의 소개를 받아 통화현 병원에서 허드렛일을 도왔다.

아침이면 별을 이고 일어나 복도와 사무실 청소를 했고, 이어 하루 종일 의사와 간호사의 잔심부름을 했다. 밤늦게 일이 끝나면 온몸이 파김치가 되어 옷을 벗을 새도 없이 곤드라지곤 했다.

그래도 욕지거리와 손찌검은 그림자처럼 그의 왜소한 몸을 졸졸 따라다녔다.

어느 날 저녁이었다. 지친 몸을 끌고 가까스로 침실에 돌아간 이영태는 곧바로 죽은 듯 잠의 나락에 빠졌다. 갑자기 꿈의 세계에 벼락이 지동치고 있었다. 실은 문짝이 떨어지도록 울리는 문을 걷어차는 소리였다. 눈꺼풀을 억지로 밀어올리고 허겁지겁 문을 열었다. 짝 하고 뺨을 치는 소리와 함께 눈에 번개가 일어났다.

"이 자식, 귀가 멀었느냐? 일부러 늦장을 부리긴?"

"……."

일본인 의사였다. 심부름을 시킬 일이 있어서 찾아왔는데, 잠에 곯아떨어진 이영태가 문을 늦게 열었던 것이다. 어린 이영태는 땅에 떨어진 정신을 한참 만에 겨우 주어서 올릴 수 있었다. 정말 억울했지만 하소연할 데가 없었다. 나라를 잃고 일제의 치하에서 사는 서러움을 어린 몸으로 느끼는 순간이었다.

'8·15' 광복 직후인 1945년 10월, 이영태는 동북민주연군에 가입했다. 병원 경력을 갖고 있던 이영태는 요동군구 위생부로 전근되었다. 이영태는 동북에서 전투가 제일 치열하고 어렵던 시기 군구의 표창을 수차례나 받았다. 그는 어느덧 어린 청소부로부터 전쟁의 시련을 겪은 직업군인이 되어 있었다.

1949년 8월, 중국 공군학교가 육군 부대에서 비행사를 모집했다. 이영태는 신체검사와 문화시험을 통과하고 항공제4학교에 입학했다. 공화국 제1진의 예비 비행사가 된 것이다.

마치 이때를 기다리기라도 한 듯 뒤미처 이상한 별명이 이영태의 뒤를 따라왔다.

"이 사람은 날 때부터 비행기의 혼을 타고 났나 봐!"

'6·25' 전쟁에서 얻은 별명 '공중탱크'

항공학교는 이름처럼 하늘의 '천서(天書)'를 읽는 학교였다. 공기동력, 비행원리, 비행기의 구조, 기상학, 통신학…. 소학교도 채 마치지 못한 이영태에게 하나하나 모두가 난해한 '천서'로 다가오고 있었다.

기실 항공학교에서 미래 공군의 선두주자는 이때부터 본색을 드러낸다.

이영태는 항공학교에서 언제나 제일 먼저 일어나서 제일 늦게 잠자리에 드는 학원생이었다. 일부 학원생은 그의 뒤를 따르다가 나중에 하나 같이 손을 들었다.

"이 사람은 비행기를 몰기 전에 비행기에 미쳤다니까."

항공학교에서 이영태는 대장과 공산당 지부 서기를 담임했다. 졸업할 때 이영태는 1등공과 2등공을 각기 1차씩 기입했다. 항공학교가 양성한 비행사 가운데서 그는 단연 손꼽히는 인물이었다.

1950년 6월 25일, 한반도에서 끝끝내 전쟁이 터졌다. 이에 따라 항공학교에서는 학제를 대폭 줄였다. 예정된 비행사의 비행시간 1백 시간도 62시간으로 줄었다. 그해 10월 이영태는 중국인민해방군 공군 제4사단의 12연대 제1대대 대대장으로 임명되었다.

1951년 1월, 중국인민해방군 공군은 '항미원조(抗美援朝)'에 투입되며 미구에 중국 공군 사상 첫 공중전을 기록한다.

이때 중국 공군 비행사는 평균 비행시간이 겨우 2백 시간 정도였고 또 제트전투기의 비행시간은 20시간 정도에 불과했다. 그러나 이 애송이 비행사의 '적수'는 2차 세계대전의 세계를 겪었고 또 '세계 공군의 강군'이라고 불리는 미국 공군의 베테랑 비행사였다.

1951년 9월 25일, 이날은 이영태의 군 경력에 지울 수 없는 기억이 된다.

"그날 처음으로 공중전에 참가했지요."

이영태는 담담한 어조로 이렇게 회억하고 있었다.

그날 미군은 112대의 전투기와 폭격기를 출격시켰고, 중국의 '지원군'은 16대의 제트전투기를 발진시켰다는 후문이다. 이영태가 제일 먼저 전투기 중대를 인솔하여 미군의 F-84 폭격기를 공격했다.

6·25 전쟁 때 투입된 전투기는 제1세대 전투기로 대표적인 기종은 소련제 MIG-15와 미국제 F-86 제트전투기였다. 이 전투기는 모두 근거리 격투를 작전방식으로 삼고 있었고 비행사의 비행기술이 격투의 관건이었다.

이날의 공중전에서 이영태의 전투기는 맨 먼저 날개가 명중당했다. 기계부분도 망가져 포는 '벙어리'가 되었다. 또 4대의 F-86 전투기가 그를 목표물로 삼아 날아왔다. 이영태의 일대기를 적은 글들은 모두 이영태의 전투기가 선후로 8대의 F-86 전투기에 의해 포위되고 공격을 받았다고 기록하고 있다.

이영태의 전투기는 드디어 검은 연기를 뿜기 시작했다.

인터뷰 도중에 필자는 의구심을 버릴 수 없었다.

"비행기가 폭발될 위험이 있었겠는데요, 왜서 뛰어내리지 않았지요?"

이영태는 별로 생각지 않고 대답을 잇고 있었다.

"아직 조종이 가능했는데요, 뛰어내리다니 말도 안 되지요. 또 그런 생각을 할 여유가 없었습니다."

이영태는 파손된 비행기의 기수를 아군 비행장으로 돌렸다. 미군 전투기의 포위와 공격을 뚫고 돌아오는 그 길에는 아슬아슬한 순간들이 계속되었다. 드디어 비행기는 아군 비행장에 조마조마하게 바퀴를 내렸다.

정비사들은 비행기를 점검하고 나서 감탄을 금치 못했다. 기적 그 자체였다.

비행기 몸체와 날개, 엔진, 고리날개, 기름통, 바퀴 부분 등 곳곳에 30여 발이 격중되어 무려 56곳이 파손되었다. 조종실 덮개에도 큰 '바람' 구멍이 생겨 있었다. 문자 그대로 만신창이었다.

첫 공중전에서 상대의 전투기를 격추하지 못했지만 비행기가 이륙한 후 이영태가 보인 초인간적인 기질과 뛰어난 비행술은 주변의 갈채를 받았다. '공중탱크'라는 이 별명은 이때부터 이영태의 또 다른 이름이 되었다.

진짜 '공중탱크'였다. 그 후 이영태는 F-86 전투기 4대를 격추하는 등

'탱크'의 본색을 드러낸다. 이로 하여 중국과 북한 공군연합사령부와 정치부로부터 1등공을 받으며 북한 정부에서 수여한 2급 독립훈장과 3급 국기훈장을 수여받았다.

남정북전(南征北戰) 40년의 발자취

1953년 7월, 한국전쟁의 포성이 마침내 멈췄다. 그때부터 장장 40여 년 동안 이영태는 공군부대를 따라 남정북전하면서 중국 대륙의 곳곳에 발자취를 남겼다.

공군 고위급 장령으로 있을 때 이영태는 늘 오지의 변방과 섬에 있는 공군부대를 찾아보았다. 1982년, 이영태는 '세계의 지붕' 티베트에 시찰을 갔으며, 세계적으로 해발고가 제일 높은 칸바레의 레이더 관측소에 올라갔다. 이때 이영태는 64세의 고령이었다. 그는 관측소의 군인들을 위해 특별히 텔레비전 방송을 시청할 수 있도록 구석구석 배려했다. 오로지 하늘 아래 흰 눈을 이웃하여 단조로운 생활을 하고 있던 군인들은 그들의 수장에게 감격해 마지않았다.

그동안 이영태가 작전비행, 전쟁준비연습과 훈련, 특별전용기 관리 등 여러 과업을 수행한 경과를 여기서 글로 일일이 적을 수 없는 것은 유감이다.

그러나 6·25 전쟁 초기의 대대장으로부터 연대장, 사단장, 부군단장, 군구 공군 부사령관, 중국인민해방군 공군 부사령관으로 이어지는 상승 그래프에서 이영태의 화려한 작전수행 과정과 결과를 어느 정도 읽을 수 있지 않을까 한다.

이영태 공군 전 부사령관

1959년 10월 1일, 공화국 창립 10주년을 기념하기 위한 첫 열병식(閱兵式)에 공군의 전투기가 '사열 대열'을 지어 천안문 위에 일제히 떴다. 이때 공중 '사열 대열'을 만든 25대의 MIG-19 제트전투기는 이영태가 직접 지휘, 훈련했다. 1984년 공화국 창립 35주년을 기념하기 위한 두 번째 열병식에도 이영태가 공군 사열대오의 지도조장을 담임했다.

"그날 기후조건이 좋지 않아서 가시도가 형편이 없었습니다. 그래도 우리 전투기는 예정된 시간에 순조롭게 천안문을 날아 지났지요."

마치 며칠 전 집안에서 생긴 일상사를 이야기하듯 평온한 어조였다.

MIG-19 제트전투기는 당시 1.3마하의 비행속도를 기록한 초음속 전투기이다. 1초에 음속 340m를 훨씬 능가하는 속도로, 눈 깜짝할 사이에 비행 대열이 사분오열될 수 있다는 얘기이다.

현재로선 비행 성능이나 통신설비가 발달하여 부족한 점을 많이 보완할 수 있었지만 실은 그때 그 시절까지 비행기 군체가 동일한 시간대의 동일한 공중구역에서 동시에 비행하는 것은 넘기 어려운 하나의 과제였다.

1980년대, 국가의 사업 중점은 경제건설로 옮겨갔다. 이영태도 항공차원에서 나라의 경제건설을 지원했다. 1986년, 이영태는 해당 부문과 협조하여 중국연합항공회사를 세워 중국의 민간항공 발전에 기여를 했다.

1993년 12월, 이영태는 48년간의 군인생활을 마치고 전국인민대표대회 상무위원회 위원이라는 직무에서 새로운 정치 여정을 시작했다. 푸른 하늘을 날던 마음은 새로운 '전투기'에서 그대로 나타났다. 제8기, 제9기 전국인민대표대회 상무위원회 위원으로 있으면서 이영태는 선후로 20여 개의 의안을 내놓았다. 그의 제안으로 '중국민용항공법'이 수정, 보충되기도 했다.

두 번째 고향 통화는 이영태의 마음 속 한 귀퉁이에서 떠난 적 없었다. 통화는 푸른 하늘에 날아예는 한 대의 '전투기'였다.

이영태는 고향에 6·25 전쟁 기념물인 제트전투기를 보내 역사현장을 만들도록 했다. 통화현 조선족 중학교와 소학교의 어려운 사정을 접하자 거액의 기부금을 알선하기도 했다. 2004년, 통화현 조선족노인협회가 설립될 때 이영태는 또 협회의 요청을 흔쾌히 받아들여 명예회장을 맡았다.

"조선족 사회를 위해서 힘이 닿는 일들을 하고자 합니다. (기회가 되면) 조선족 지역에 더 많이 내려가서 조사하고 실제 문제를 해당 부문에 반영하고자 합니다."

은퇴하여 하늘에서 내려온 '별' 이영태는 여전히 그가 '조선족'이라는 것을 잊지 않고 있었다.

중국 공군의 살아있는 모범 이광남

지난 세기 80년대에 생긴 이야기이다. 중국에서 만든 어느 한 전투기에 문제가 생겼다. 이륙한 25~30분이 되면 마치 이때를 기다린 듯 전기회로에 갑자기 고장이 나타났다. 정비사와 기계사들이 비행기에 달라붙어 한 달이나 실랑이를 하다가 끝내 물러나 앉았다. 도대체 어떻게 생긴 고장인지 실마리를 잡을 수 없었다.

누군가 제안을 하나 내놓았다.

"이광남(李光男) 분대장을 찾아볼까? 기술이 아주 좋다고 하던데…."

솔직히 다른 중대의 정비사를 청한다는 것은 별로 내키지 않는 일이었다. 그렇다고 다른 뾰족한 수가 없었던 것이다.

드디어 문제의 비행기 앞에 이광남이 나섰다.

비행기를 점검 보수하는 이광남 대좌

소리만 듣고서 엔진 고장을 찾아내는 사람

이광남은 비행기 조작과 정비, 검사 상황을 하나하나 확인했다. 그는 최종 판단 끝에 발전기와 연결된 접선박스를 뜯었다. 기실 이에 앞서 정비사와 기계사들이 살손을 댔던 박스였다.

나무로 만들어진 이 박스 안에는 선 하나가 다른 선 위로 건너가고 있었다.

"저는 이 선이 다른 선들과 합선되어 전기회로에 고장이 생긴 것으로 봅니다."

이광남이 장갑에 묻은 먼지를 털면서 하는 말이었다.

"아니, 그게 고장의 이유가 됩니까?"

사람들은 약속이라도 한 듯 일제히 고개를 저었다. 그동안 전기회로

실험을 여러 번 진행했지만 박스 안에서 합선현상을 전혀 발견하지 못했던 것이다.

이광남은 여러 사람들에게 즉석에서 현장 강의를 했다.

"선과 선 사이에 피복선을 더 대야 합니다. 왜냐하면 박스는 열을 받으면 크기가 줄어드는 재질의 나무로 만들어졌습니다. 그런데 금속은 열을 받으면 늘어나는 성질이라는 걸 다들 잘 아시죠? 전투기가 한동안 비행한 후 열을 받게 된 박스는 줄어들고 이와는 달리 금속선은 늘어나면서 합선현상이 생기는 겁니다. 비행기가 이륙한 후 열의 방산(放散) 조건은 당연히 지상과 다릅니다. 이 때문에 지상의 간단한 실험으로서는 이 현상을 발견할 수 없는 거지요."

알고 보면 '신대륙'을 발견한 모험가 콜럼버스가 달걀을 모로 세웠다는 이야기처럼 그리도 간단한 물리현상이었다.

"이 사람의 눈에는 투시능력이라도 있단 말인가?"

"허 참, 호주머니에 들어있는 물건처럼 쉽게 찾을 수 있던 건데…."

현장에 있던 사람들은 저마다 혀를 내둘렀다. 사실상 이런 일은 이광남에게 부지기수였다. 비행기의 동음만 듣고서도 엔진의 고장을 금방 찾아내는 귀신 같은 정비사였기 때문에 가능한 일이었다.

이 같은 재능은 끈질긴 독학으로 이뤄진 것이다. 1990년 중국은 전국적으로 자습을 통해 인재가 된 모범인물 120명을 선정했는데, 이광남은 공군을 포함한 해방군에서 점수가 제일 높은 것으로 드러났다.

사실 이광남의 어릴 때의 꿈은 비행기와는 전혀 상관없는 소설가가 되는 것이었다. 그러나 '소설가'의 꿈은 극좌 운동인 '문화대혁명'에 의해 산산이 부서졌다. 이광남의 학교 경력은 결국 연변제1중 초중반에서 종지부를 찍었다. 1970년, 이광남은 생각보다 일찍이 선택의 갈림길에 서 있었다.

"그때의 여느 열혈청년처럼 군대에 선뜻 지원했지요."

이광남의 말이다.

이때 이광남은 공군에 입대하게 되었다. 푸른 하늘을 헤엄치던 '소설가'의 꿈은 전투기 '정비사'의 길로 이어지고 있었다.

"어릴 때 고향인 연길(延吉)에 살면서 멀찌감치 처음으로 비행기를 본 적 있지요."

이광남이 살던 동네는 연길 서쪽의 비행장과 이웃하고 있었다. 하늘로 유유히 날아오르던 엄청난 '철새'가 어린 기억에 남긴 것은 경이로움 그 자체였다. 그런데 그토록 대단한 비행기를 인제 내 손으로 만질 수 있다니!

비행기는 첨단과학의 집합체로 여러 가지 학과를 망라한 변연(邊沿)과학이다. 정비사 역시 그만큼 여러 학과를 아우른 학문의 높이를 갖춰야 했다. 이광남은 신병 단기훈련소에 들어갔다. A, B, C부터 다시 외웠고 연필 꽁다리를 들고 함수 그래프를 그렸다. '문화대혁명' 시기 세간에서는 상상할 수 없는 '지식의 오아시스'가 펼쳐지고 있었다.

사실상 이광남은 중학교 때 시절 '사상이 검은 우수생'이라고 그에게 딱지를 붙인 대자보가 학교의 복도에 나붙을 정도로 공부에 열중하고 있었다. 입대할 때에도 책을 한아름 안고 갔던 그였다. 단기훈련소는 실은 '목이 마른 사람이 우물을 만난 격'이었다.

군영은 저녁 9시 되면 어김없이 불을 껐다. 이광남은 병영을 나와 저장실을 찾았다. 대강 가름막을 한 저장실은 잡동사니를 두는 곳이었다. 여름이면 모기가 앵앵거리며 극성을 부렸고 겨울에는 스팀이 없어서 한기가 몰아치는 '냉장고'였다. 전구도 하나만 덩그러니 달려있었다. 그러나 이광남에게는 둘도 없는 복지였다.

무슨 일이나 정치를 앞세우던 그때 그 시절이었다. 기실 기술서적으로 보고 배우는데도 남의 눈을 피해 '지하활동'을 해야 했다. 저장실을 찾는 병사는 간혹 있었지만 모두 '붉은 보서(寶書)'로 간주되고 있던 '모택동(毛澤東) 저작'을 학습하고 있었다. 이광남도 '붉은 보서'를 소지하고 있었다. 그는 '보서' 아래에 기술서적을 숨기고 읽다가는 다른 병사들이 잠자리로 돌아간 밤 11시부터 본격적으로 기술학습에 들어갔다. 날마다 새벽까지 눈을 붙이지 않고 공부했는데, 사연을 모르는 상부에 의해 저작학습을 잘한다고 칭찬을 받았다. 이광남의 독학은 8년 동안 이러한 지하활동 속에서 이뤄지고 있었다.

배움에는 끝이 없는 법, 이광남은 이름을 날린 훗날에도 독학의 고삐를 늦추지 않았다. 청화대학 전자학과도 독파했고 전과대학 통신함수 교육을 자청해서 받았다. 독학으로 견실하게 다진 학문의 고임돌은 그를 '피라미드'의 정상으로 오르도록 또 하나의 계단을 놓아주고 있었다.

엔진을 시동하는 장치의 개발로 받은 포상은 '수첩'이었다

1972년, 이광남은 비행기 정비사로 정식 근무하자 자신의 바람대로 엔진 시동장치를 개작하려고 시도했다.

당시 전투기는 소련제가 주종이었다. 소련제 전투기는 엔진이 두 개였는데 하나씩 가동했다. 부대에 엔진 두 개를 동시 가동할 수 있는 시동장치는 단 하나밖에 없었다. 비행기의 엔진 두 개를 가동하려면 하나씩 시동을 걸다보니 그만큼 시간이 더 걸렸다. 비행기 이륙시간이 연장된다는 얘기가 된다.

미구에 이광남은 전우들의 도움을 받아서 뜻하던 시동장치를 만들어냈다. 그는 그 바람으로 주임에게 날듯이 달려가 자랑을 겸해 물어보았다.

"제가 만든 엔진 시동장치인데요, 이걸 비행기에 직접 시험해 볼 수 있겠습니까?"

주임은 깜짝 놀라는 눈치더라고 한다. 하긴 애송이 신병이 전투기의 심장인 엔진 개작을 시도했다는 자체가 '오비삼척(吾鼻三尺)'인 줄 모르는 한심한 발상이었다.

"혹시 공장의 물건을 함부로 내온 게 아니오? 부품을 따로 내준 일도 없는데 말이오."

주임의 의구심이 어린 말이었다.

"뭐 비행기가 장난감인 줄로 아는 거요? 엄숙하게 자아검사를 하시오!"

칭찬 대신 불호령이 떨어졌다. 이때 지도원이 나서지 않았더라면 이광남의 재능은 여기서 요절하고 빛을 보지 못했을 수 있다. "신병들의 열정을 키워줄 대신 꺾어버려서야 되겠느냐" 하는 지도원의 설득에 주임도 마침내 수그러들었다.

이광남 대좌의 사적은 영화로 제작되었다

마침내 비행기 엔진 시동장치 실험이 진행되었다. 분대와 중대, 대대의 간부들이 모두 현장 실험에 출동했다. 현장에는 일촉즉발의 긴장한 분위기가 떠돌고 있었다.

먼저 엔진을 하나씩 시동했다. 예전에 45초 걸리던 시동 시간이 30초로 줄어들고 있었다. '부웅~' 하는 엔진소리를 듣자 비행기에 손때를 묻힌 사람들은 벌써 고개를 끄덕이고 있었다.

기계사는 나중에 입이 함박만 해서 이광남의 어깨를 연신 두드렸다.

"정말 대단해! 이것만 있으면 우리는 마음이 놓을 수 있다니까."

정말 대단했다. 그 시기에는 주변 상황이 복잡했고 따라서 작전상황이 자주 벌어졌다. 엔진 시동장치 시험이 끝난 불과 한 달 후 정찰용 기구

(氣球) 한 대가 대륙 상공으로 침입했다. 이광남이 소속부대 전투기는 명령을 받자 즉각 하늘에 떴다. 이때 전투기는 엔진 시동장치를 이용, 두 엔진을 동시 가동했으며 순식간에 하늘 위로 날아올랐다.

정찰용 기구를 적시 포착한 전투기는 대뜸 포문을 열었다. 기구는 대륙으로 추락했다.

사단은 비행사와 기계사, 포 관리부문에 공로를 기입했다. 뒤미처 엔진 시동장치는 2개 대대에 보급되었다. 그해 연말, 사단은 이광남에게 기념수첩을 증정했다. 군공 메달이 아닌 이 수첩은 그에게 발급하는 '기술혁신상'이었다.

솔직히 선물로는 보잘 것 없는 이 수첩을 이광남은 보물처럼 지금까지 애지중지 간수하고 있었다.

"저에게 신심을 심어준 기념품입니다. 단지 가치로만 계산할 수 있는 게 아니지요."

비행기 정비사의 꿈은 푸른 하늘에 있었다

언제인가 모 국산 비행기에서 이륙 후 분기관(噴氣管)이 불시에 꺼지는 사고가 발생했다. 설계적인 원인이었다. 동 유형의 비행기에는 운행 금지령이 내려졌다. 이광남은 논증과 실험을 거쳐 이 고장을 근치하는 장치를 만들어냈다. 항공업 부문은 이로 하여 인민폐로 1천만원의 자금을 절약할 수 있게 되었다.

"장치 설계와 제작을 포함해서 장려금이 8백원이었지요. 저는 3백원을 받았구요."

이렇게 그가 군부대에 갖다 준 직접적인 수익은 인민폐 수천만원이라고 헤아려진다. 그러나 이광남 개인이 받은 경제적인 보수는 거의 백지 상태나 다름없었다.

대신 심장병 하나를 더 붙였고 또 하마터면 칠성판에 오를 뻔 했다. 하지만 병상에서 그가 찾은 것은 책이었고, 아내에게 남긴 유일한 유언은 채 끝내지 못한 연구 과제에 대한 자료정리였다. 아내의 말을 빈다면 이광남은 정말로 무슨 귀신이 붙었는지 하늘의 '비행기에 미친 사람'이었다.

군직에서 떠나기까지 이광남은 비행기와 관련한 수십 건의 연구 과제를 완수했다. 평균 해마다 1건 이상을 만들어낸 셈이다. 그동안 이광남은 수천 매 이상의 논문을 발표했으며 만든 책만 해도 7, 8권 된다. 유감스럽게도 그가 성공한 일련의 연구 과제는 기밀보유 사항으로 인해 공개가 불가능하다.

이광남의 출중한 연구 경력을 엿볼 수 있는 부분이 하나 있다. 퇴대한 후 이광남은 민간기술연구에서 두각을 보이고 있다. 에너지를 절약할 수 있는 전등에 관한 주장과 발명은 비행기 정비사로 이름을 날리고 있던 군인이 아니라 한 기술자, 과학자로 재차 언론에 재조명 되게 하고 있다.

거두절미하고, 나중에 고질병이 된 심장병 때문에 지방에 있는 게 무리라고 판단한 공군 해당 부문은 그를 억지로 북경에 전근시켰다. 이광남은 북경에 전근된 지 얼마 후 북경시 인민정치협상회의 위원으로 연속 두 번이나 당선된다.

수도 북경에서 영예의 광환에 둘러싸여 있었고, 또 예전보다 편한 생활을 누리게 되었지만 이광남의 눈앞에는 늘 동북의 모 지역에 있던 근무지가 떠오르고 있었다.

"큰비가 올 때면 비행장의 고인 물에서 종종 물고기가 펄떡거렸지요."

비록 근무지의 환경이 고생스러웠지만 그곳에는 그가 사랑하던 비행기가 있었다. 하늘 위를 나는 비행기의 동음만 들어도 오랜만에 자식을 만난 듯 공연히 흥분하는 이광남, 실로 그에게는 그 누구도 또 그 무엇으로도 비할 수 없는 행복이 있었다.

"우리나라의 비행기에는 모두 제가 해 놓은 것이 하나 정도는 꼭 들어 있어요."

1994년, 인민해방군의 관영신문인 <해방군보>는 공군모범 이광남 대좌의 일기를 실었다. 산 사람의 일상을 담은 일기의 공개는 중국에서 실로 흔치 않는 일이었다.

모택동을 부활시킨 조선족 장군

북경에서 열린 그 서예전에는 퇴역한 장성 여럿이 일시에 등장했다. 웬만한 서예전에서는 좀처럼 볼 수 없는 희귀한 풍속도였다. 그들은 전시된 서예작품을 두고 하나같이 감탄을 금치 못했다.

"정말 그분을 여기서 다시 뵈는 것 같구먼."

진짜 글자마다 내남에게 모두 익숙한 거장의 자취가 비껴 있었다. 자유분방한 글씨는 방불히 하늘의 용이 꿈틀거리며 구름 속에서 기어 나올 듯했고 산속의 호랑이가 어흥 하고 수림에서 뛰어 나올 것만 같았다. 거기에는 분명히 하늘과 땅을 삼킬 듯한 도고한 기품이 파도처럼 용용히 사품을 치고 있었다.

일명 '모씨체의 글씨(毛体字)'였다. 모씨체의 글씨는 모택동(毛澤東)의 글씨체를 이르는 준말이다. 모택동은 공화국의 창시자로서 위대한 정치가,

군사가, 철학자이며 또 공인 받는 20세기 걸출한 시인, 서예가이다.

정작 서예전에 전시된 모씨체 작품의 주인은 모택동이 아니었다. 모택동을 이번 서예전에 부활시킨 것은 조선족 장군 허용규(許龍奎)였다.

장군의 새로운 장정

허용규가 서예와 인연을 맺은 것은 약 20년 전의 일이다. 아니, 벌써 70여 년 전의 어린 시절부터 시작되었을지 모른다. 그의 부친은 붓글씨를 잘 써서 동네방네 소문이 나 있던 사람이었다. 그 무렵 연길 시내의 적지 않은 기관에서는 특별히 부친을 모셔다 기관 간판의 글을 쓰게 했다고 한다.

그럴지라도 퇴역하던 1995년까지 허용규의 집에는 먹이나 붓이 없었다. 문방사보(文房四寶)는 옛말에나 듣던 훈장의 물품이었다. 그는 군복을 벗은 후 오랫동안 본연의 자아를 찾기 힘들었다. 그의 귓가에는 마냥 장갑차의 굉음이 울리고 있었다. 그는 군 복역기간 대부분 전차부대에 몸을 담고 있었던 것이다.

허용규는 고사를 거듭하던 끝에 노인서예통신대학에 입학한다. 마음을 가라앉히고 심성을 닦는 데 서예를 따를 게 없다는 판단이었다.

이때부터 허용규의 앞에는 또 하나의 "군인" 세계가 나타났다. 그러나 허용규는 더는 장군이 아니라 이등병부터 신병 생활을 해야 했다. 처음에는 붓을 따라 비뚤비뚤한 글씨가 선지(宣紙) 위에 기어 나왔다. 신병이 과녁에 연방 헛방을 날리면 그러랴 싶었다. 정말이지 바닥에 구멍이라도 있으면 숨어 들어가고 싶은 심정이었다.

허용규 서예전시회 팸플릿

허용규는 인터뷰 도중에 그가 제일 즐긴다는 모택동의 시 "칠률장성(七律長城)"의 한 구절을 읊었다.

> "紅軍不怕遠征難, 홍군은 원정의 고난 겁내지 않거니
> 万水千山只等閑。 만수천산 넘는 것도 예사로 치네."

산전수전을 겪은 오랜 군인은 '만수천산'을 '예사로운 일'로 간주하고 있었던 것이다.

미구에 책상머리에 비첩이 쌓였고 책상 아래에는 연습지가 무지를 이뤘다. 날마다 따분하고 무료한 일과가 계속되었지만 더는 딱딱한 일상의

반복이 아니었다. 글 속에 지금까지 느끼지 못했던 별다른 재미가 있었고 즐거움이 있었다.

"하루에 서너 시간씩 서재에 박혀서 붓글씨를 연습했습니다."

드디어 낱알이 영글어 가듯 글씨가 서서히 자리를 잡아갔다. 군인시절에 계급장을 올리듯 허용규는 어느덧 명실공한 서예가로 변신을 하고 있었다.

허용규는 처음에 해서(楷書), 예서(隸書), 전서(篆書) 등 다양한 글씨체를 연습했다. 이에 어느 정도 숙달되자 초서(草書)에 몰입했다. 초서는 서예의 대표적인 글씨체였고 또 서예인의 수준을 가장 잘 나타낼 수 있는 글씨체였기 때문이었다. 와중에 선택한 게 바로 모택동의 글씨체인 모씨체였다.

"저희 군인들은 모택동 주석에 대한 감정이 남다릅니다. 그래서 모씨체 글씨를 선택하게 되었지요."

모택동은 청소년시기부터 시와 서예를 몹시 즐겼다고 한다. 전쟁시기에도 그리고 바쁜 업무 가운데도 시종 붓대를 놓지 않았다. 시와 서예는 그의 정신생활의 주요한 내용이었다.

현재 전국적으로 모씨체 서예협회나 연구소(원)가 적지 않다. 그러나 모씨체를 제대로 옮긴 작품은 흔치 않다. 거개 모택동의 친필 글씨체와 비슷했지만 뭔가 부족하다. 그도 그럴 것이 십중팔구는 글씨체의 겉모습만 흉내 내는 데 그치기 때문이다. 솔직히 모씨체의 정수(精髓)를 그대로 싣는다는 건 맨손으로 너럭바위를 옮기는 것보다 더 힘들었다. 허용규의 몇몇 노전우도 모씨체를 연습하다가 도중에 포기했다고 한다.

"모씨체를 잘 쓰려면 미리 모택동 주석의 시를 연구하고 역사배경을 알아야 합니다. 그래야 시에 내재한 뜻을 글씨에 확실하게 전할 수 있지요."

허용규는 일부 난해한 시를 해독하고자 일부러 출판사에 가서 시와 관련한 자료들을 수집했다고 한다. 현재 그가 쓴 모씨체 작품은 모택동의 시와 글씨의 모양 '형(形)' 뿐만 아니라 뜻 '의(意)'까지 핍진하게 살렸다는 평을 받는다.

장군의 장정의 기록

말 그대로 장군의 생애는 "붓을 던지고 종군하다(投筆從軍)"라는 후한서(後漢書) 옛 이야기의 재현이 아닐지 한다.

그는 조선 함경북도 길주 태생이었다. 네 살 때 아버지를 따라 두만강을 건넜고 연변 연길(延吉) 시가지 동쪽의 소영자에 정착했다. 해방을 맞은 지 불과 몇 년 후 한국전쟁이 일어났다. 그때 고중을 다니고 있던 허용규는 16살 나이에 자진하여 중국인민해방군에 입대했던 것이다.

허용규는 선후로 번역훈련대대와 탱크병 훈련기지 등에서 학습과 훈련을 하며 나중에 탱크사단에 배치되며 또 탄원에 의해 최전방 부대에 편입되었다.

"사실 부대에서 번역훈련을 받았지요. 이름이 전사지 총을 쏠 줄도 몰랐습니다."

허용규는 탱크를 올라타기는커녕 포탄을 나르는 등 '허드렛일'을 할 수밖에 없었다. 그러나 그러한 일에서도 허용규의 활약은 눈부셨다. 전쟁이 종식되던 때 허용규는 3등공을 기입했고 조선 군공메달을 받았다. 조선에서 귀국할 때 그의 어깨에는 벌써 중위 계급장이 달려 있었다.

피비린내 나는 전장에서 직업군인으로 성장한 허용규의 가슴속에는 언제인가부터 장군이라는 이름이 뿌리를 깊숙이 내리고 있었다. 그가 좌우명처럼 즐긴다는 모택동의 시 '육반산(六盤山)'의 한 구절이 새삼스런 대목이었다.

"不到長城非好漢. 장성에 이르지 못하면 대장부 아니어라."

일단 시작을 하면 최고를 바라고 뛰는 집념은 그때부터 세상에 또 하나의 '장군'을 잉태하고 있었던것이다.

"장군이 되고 싶지 않은 병사는 훌륭한 군인이 아니지요."

귀국한 얼마 후인 1957년, 허용규는 시험을 거쳐 장갑학교에 입학한다. 학교에서 그의 성적은 당연히 앞자리를 차지했다. 나중에 그는 장갑차 3급 운전수, 무선전신 능수 칭호를 획득, 졸업생 우수학생으로 선정되며 중앙군사위원회 전차병 정치부 간부로 발탁되는 특혜를 받았다.

허용규는 '장군'이라는 이 군인 생애의 최고의 상아탑으로 한걸음 또 한걸음 가까이 다가서고 있었다.

계급장을 바꿔 달 때마다 이에 잇따른 공훈 이야기를 구구절절 옮기는 건 진부하지 않을지 한다. 1995년 퇴역할 때까지 허용규는 선후로 해방군 전차병기술학교, 해방군 전자공정학원, 해방군 총정치부, 해방군 측량학원 등 학교와 부서를 드나들면서 마침내 어깨에 소장 금별을 달기에 이르렀다.

사실 신병으로부터 장군에 이르는 경력 자체가 하나의 '전설'이었다.

장군의 화려한 부활

퇴역 후 새로 시작한 '장정'은 또 '군공메달'을 양산한다. 언제인가부터 허용규의 어깨에는 '금별'이 하나둘 연이어 박히고 있었다.

중국장군서예원 이사, 중국노인서예연구회 연구원, 중국서예가친목회 서예가, 중국서예급별위원회 이사, 중국문인서예가협회 이사….

그동안 허용규는 수백 점의 모씨체 작품을 창작, 그중 1백 미터의 두루마리에 옮긴 141수의 모택동 시사詩詞는 전대미문의 역작으로 전한다.

최근 허용규는 개인서예전을 개최했고 또 개인서예작품집을 2권 출판했다. 그의 작품은 국내외에서 각종 서예전에 참가했으며 그중 수십 점의 작품이 금상을 수상했다. 작품은 미국과 브라질, 한국, 일본, 싱가포르, 말레이시아, 스페인 그리고 대만과 홍콩 등의 나라와 지역에 전시되었고 중국 국가도서관, 모택동기념관 그리고 여러 지방의 서원과 박물관에 소장되었다.

일화가 하나 있다. 모씨체 글씨를 쓰는 행렬은 현재로선 어마어마한 군체를 이룰 정도, 그러나 진짜 군인으로의 서예가 '장군'은 단 2명뿐이라고 한다. 와중에 조선족장군 허용규가 들어있는 것이다. 또 해방군에는 조선족 장군이 약 20명 있으며, 와중에는 서예에 흥미를 갖고 있는 복수의 장군이 있지만, 모씨체 글씨를 쓰는 조선족 장군은 허용규가 유일하다고 한다.

군 복무시절 정이 들었던 탱크 앞에서 남긴 기념사진.

"일부 작품은요, 모택동 주석의 가족들도 소장하고 있습니다."

그들은 마치 옛 친인을 만난듯 허용규의 서예작품에 각별한 친구감을 나타냈다고 한다. 하긴 시공간을 뛰어넘어 눈앞에 재현된 모씨체의 글씨에는 지난날의 모택동 주석의 숨결이 깃들어있음에랴!

또 하나의 장군의 이야기를 엮은 허용규의 모습이 한결 돋보이는 순간이었다.

북경의 경찰군단, 그 속에 있는 조선족들

박성국(朴成國) 씨는 40대의 젊은 형사이지만 마약수사에서는 벌써 10년이라는 오랜 경력을 자랑한다. 개인표창, 개인 3등공, 집체 1등공 등 공로메달만 해도 10여 개 된다. 북경시공안국 마약수사실 정찰대 대장이라는 직위가 바로 그런 화려한 경력을 말해주고 있다.

그는 마약사범들에게는 철면(鐵面)의 무정한 사나이로 통한다. 추호의 인정사정도 없는데서 비롯된 이름이다. 그러나 그에게도 남몰래 애써 숨기는 나약한 부분이 있었다. 바로 조선족 마약사범들을 만날 때가 그러했다.

"필경은 같은 핏줄이라 동정심이 생기는 걸 어쩔 수 없었어요."

박성국 씨는 억지로 웃음을 지어 보이고 있었다.

한번은 연변으로 마약사범을 수사하러 갔는데, 사범의 집은 거미줄이

칠 정도로 가난했다. 늙은 부친이 벌벌 떠는 모습을 보니 공연히 심란했다.

직업 관계로 박성국 씨는 자타를 불문하고 조선족 마약사범은 물론이요, 한국 마약사범을 체포하는 현장에 자주 등장한다. 언제인가 중국 언론에 드물게 보도되었던 북한의 마약사범도 실은 그가 직접 체포했다고 한다.

진짜 한순간이나마 마음에 파문이 일어났다. 더군다나 여자 마약사범을 만나 그녀가 한 번만 용서해 달라고 손이야 발이야 애원을 할 때는 지어 괴롭기까지 했다.

"시초에는 자주 느낌이 이상했는데 지금은 아닙니다. 죄는 지은 대로 가야 하잖아요."

베테랑급 형사인 그에게 인제 마약사범은 단지 마약사범일 따름이다.

마약범죄는 거개 조직범죄이다. 마약사범들은 일단 잡히면 열에 아홉은 형장으로 직행하는 줄 알기 때문에 극단적인 사례를 낳는 경우가 많다. 그래서 박성국 씨는 늘 죽음의 고비를 제집처럼 넘나들어야 했다. 언제인가 그는 마약사범으로 가장하고 혈혈단신으로 마약거래 현장에 들어간 적도 있다. 그의 말을 빈다면 허리에 머리를 차고 들어간 셈이다. 마약사범을 체포할 때 총에 맞을 뻔한 일도 있단다.

또 총에 맞지 않는다고 방심할 수 없었다. 마약사범은 불결한 마약투여 도구를 이용하거나, 난잡한 성 생활 등으로 인해 에이즈에 감염된 사례가 적지 않다. 그들과 대결할 때 자칫 에이즈에 감염될 위험이 항상 그림자처럼 따라다닌다.

이광남 대좌를 모티브로 한 영화제작 기념회에서 만난 북경 조선족경찰 일부

솔직히 키가 1미터 67센티미터인 박성국 씨는 형사치곤 '난쟁이'의 모자를 벗기 힘들다. 그래서 그가 형사라고 하면 머리를 갸웃하는 사람들도 있다. 그 탓일까? 사복차림으로 임무를 수행하다가 주객이 전도되어 엉뚱한 단속을 받은 적도 있다. 현지 보안인원은 '난쟁이' 체구의 그가 경찰인지 뭔지 금방 판단이 서지 않았던 것이다.

"범행 장소로 빨리 쳐들어가야 하겠는데, 외래인원은 꼭 신고해야 한다면서 우리를 막아나서는 거예요."

기실 박성국 씨는 경찰학교 출신이 아니다. 체육대학을 다녔으니 기어이 연관을 지으라고 하면 경찰과 친지관계라고 할 수 있겠다. 유달리 반응이 빨랐던 그는 복싱을 배운지 1년 7개월 만에 54kg 체급에서 성급 1위를 차지하며 성 대표팀과 국가 대표팀의 평가전에서 상대한 국가대표를 단숨에 제압한다. 그리하여 국가 대표팀에 발탁되었고 이어 국가대표팀에서 복싱 감독의 추천을 받아 북경체육대학에 입학했다. 그는 대학기간 공안 부문에서 한국계 미국인 마약사범을 나포하는 과정에 중국 경찰측의 통역을 서면서 북경시공안국의 '포섭' 대상 명단에 편입된다. 결국 복싱, 언어 등 남다른 특기는 우연이 아닌 필연으로 그에게 경찰복을 입게 했다.

박성국 씨는 마약수사계 형사가 되는 순간 마약과 일대 선전포고를 했다고 자부한다. 인생의 좌표계를 마약사범과의 전쟁으로 쭉 그었던 것이다.

현 세계에서 금전의 유혹 때문에 다국적 마약사범은 갈수록 늘어나는 추세를 보이고 있다. 오늘날 중국이 직면한 주요한 마약 진원지는 동남아세아의 '금삼각'과 아프가니스탄을 망라헌다. 이 두 진원지는 북경에도 마찬가지로 피해가 막심하다. 이밖에 대륙의 동북방향으로부터 북경에 밀반입되는 마약도 급격히 성장, 인터뷰를 받은 2002년 한 해에만도 12% 늘어났다는 집계가 발표되었다.

중국에서 마약 복용자는 100여 만 명이라는 방대한 군체(群體)를 이루고 있다. 2002년, 중국에서 수사해 낸 마약범죄안건은 4.5만 건, 체포한 마약사범은 5.8만 명에 달했다. 마약 소비시장을 위축하는 일환으로 2002년 중국은 연 29.8만 명에게 강제적으로 마약을 끊게 했으며, 연 7만 명에게 노동교양을 통해 강제적으로 마약을 끊게 했다.

현재 성급 이상 급별의 공안국에는 모두 강제적으로 마약을 끊게 하는 '마약 복용자 강제치료소(戒毒所)'가 있다. 북경시공안국 마약복용자 강제치료소 역시 이런 차원의 강제치료소이다. 이 강제치료소는 2000년대 초반 새 청사에 이전했다. 깊은 산속에 있던 원래의 청사에 비해 새 강제치료소는 교통이 더 편리하게 되었으며 환경, 관리제도 등 측면에서 국내 선진수준에 이르렀다. 이곳에는 1천개의 침대가 있는데, 건축물, 장소, 시설에서 모두 선진국 마약 복용자 강제치료소의 기준에 이르렀다는 평을 받고 있다.

이성문(李成文) 씨는 9년 전에 북경 중의약대학을 졸업한 후 북경시공안국 마약복용자 강제치료소에서 임상의료 의사로 있는 경관이다. 날마다 동네사람처럼 마약 복용자와 접촉하는 건 그의 일상이다.

그는 마약복용자에 대한 인상을 단 한마디로 일축하고 있었다.

"의기소침하고 또 옷차림이 지저분한 게 마약복용자의 자화상이라고 말할 수 있습니다."

이성문 씨는 그들을 보면 저도 몰래 불쌍하고 마음이 아파진다고 한다. 그들이 하필이면 만인이 저주하는 길을 선택했는가 싶다. 그럴수록 직업을 떠나 마음으로부터 마약극복에 대한 책임감이 짙어진다.

"…금단현상을 해제할 수 있는 약을 만들고 싶어요."

그래서 여가를 틈타서 고대 의학서적을 찾아 마약극복 조제약의 비밀을 탐구하고자 하는 것이 그의 소박한 꿈이라고 한다.

이성문 씨의 말에 따르면 마약치료는 생리적인 마약 탈피, 심리적인 금단현상의 해제, 사회로의 귀환, 이 3개 단계를 거친다고 한다. 강제적인 치료과정은 반년동안 지속된다. 이중 2~3주의 시간을 들여 마약 복용자에게 마약 탈피, 생리적인 금단현상 해제를 하는 외에 또 기타 시간은 기본상 법제, 마약의 피해 등 측면의 교육 그리고 '심리적인 금단현상'에서 벗어나기 위해 경미한 노동을 시킨다고 한다. 강제치료소는 또 재배, 양식 내용의 노동 장소를 만들어 일부 마약 복용자들에게 강제치료소에서 나간 후 생계를 이을 기능을 가르치고 있었다.

중국에서 마약 복용은 아직 범죄로 판정되지 않는다. 단순히 마약을 복용했다면 위법행위로 간주된다. ≪치안처벌관리법≫에 따르면 마약 복용자에 대해 단기 구금이나 벌금을 부과할 수 있다. 마약에 인이 박힌 복용자에 대해 2년 동안 강제 치료를 받게 할 수 있다. 잠성(潛性)의 마약 복용자까지 포함하면 중국의 마약 복용자는 1천만 명에 이른다는 설법이 지배적이다.

이성문 씨는 마약금지는 사회적인 방대한 공정이라고 역점을 두어 말한다.

"마약밀매를 엄격히 타격해야 하거니와 여러 가지 마약극복 형식을 취해야 합니다. 그리고 마약 피해에 대한 홍보를 늘리는 등 해야 할일은 한두 마디로 요약하기 힘들어요."

'마약'은 이상한 연줄이 되어 이성문 씨와 박성국 씨를 굴비처럼 한 줄에 엮어놓았다. 사실 그들은 '마약'과 관련 없이 자주 만나 술잔을 기울이고 있었다. 같은 경찰복을 입은 한 핏줄의 동료라는 의미 때문이다. '마약'처럼 끈끈한 정분은 속일 수 없는 모양이다. 이처럼 자주 만나는 조선족 경찰은 그들 둘뿐이 아니다.

"여럿씩 만나는 경우는 많아요. 그러나 한꺼번에 만나기는 진짜 힘들구요."

어느 해인가 박성국 씨의 주선으로 북경시의 조선족 경찰 10여 명은 어렵사리 만남의 장을 가졌다고 한다. 법원 부문에 있는 조선족도 이에 가세했다. 실제로 그들은 북경시공안국 여러 부처에 모래알처럼 널려 있고, 또 주거지도 북경의 산지사방에 흩어져 있다 보니 전부 만나려면 아닌 게 아니라 바위에 구멍을 뚫는 노력을 해야 한다.

무장경찰부대 군악단. 오른쪽 첫 사람이 군악대 제2대 대장 황기연이다.

북경에서 조선족 경찰은 일찍 지난 세기 80년대에 나타났었다. 지금 북경시공안국에는 정치부, 외사과, 치안처, 파출소 등 여러 부문에 조선족 경관이 약 20명 된다. 박성국 씨나 이성문 씨처럼 대학을 졸업하고 직접 공안국에 배치를 받은 사람이 대부분이며, 일부는 군인에서 제대한 후 직접 공안국에 요원으로 배치되었다. 지금 중국에서 제1류의 경찰을 육성하는 중국공안대학에도 '경찰 후보'인 조선족 학생은 여럿 된다.

와중에서 일부 경찰은 조선족이라는 이름과 관계없이 직업적인 관계로 신분 노출을 무척 꺼린다. 김철(52세, 가명)씨가 바로 그런 사람이다. 제대한 후 공안국에서 소임을 맡은 그는 근무 수칙상 그저 공안국 모 부문의 경찰로 통하는 사람 즉 음지에서 사는 사람이다. 또 일부 사람은 시야비야 하는 구설수에 오르기 싫어 베이징의 조선족무대에 아예 얼굴조차 내밀지 않는다.

"모르는 게 오히려 편안하죠. 뒷말도 없구요."

그러다니 워낙 가뭄에 콩 나듯 드문 조선족 경찰은 베이징에서 더구나 일반에 잘 알려지지 않고 있다. 외계에 그리 익숙하지 않은 존재라는 얘기이다. 그렇다고 그들에게 둘린 화려한 빛 무늬에 색이 바래는 건 아니다.

기왕 말이 났으니 망정이지 천안문 광장의 국기 게양 의식에 등장하는 무장경찰부대 군악대에도 조선족 군인이 여럿 된다. 천안문 광장에서 공화국의 국기가 게양될 때 국가를 연주하는 대오에는 조선족 군인이 서 있다는 얘기이다. 무장경찰부대 군악대는 1, 2팀으로 나뉘는데, 두 팀의 중견 직위에는 모두 조선족 군관이 있다.

기실 천안문 광장이나 근처의 인민대회당에서 외국 국가수반을 마중하는 의식에도 예외 없이 조선족 군인이 출현한다. 인민해방군 군악대에도 조선족 군인이 있기 때문이다. 인민해방군의 다른 군종인 해군 군악대에도 조선족 군인이 있다.

옛날부터 군경(軍警)은 한집안이라고 했다. 경관이든지 군인이든지 막론하고 종종 끼리끼리 자리를 함께 가진다. 북경에서 열리는 조선족 행사에서도 사복 차림의 그들을 자주 만날 수 있다. 그러나 불특정한 다수여서 사진 한 장에 그들 전부를 담는다는 건 정말로 '하늘의 별 따기'이다.

그래도 천안문 광장에서 그들을 만나는 일은 심심치 않게 벌어진다. 북경 도심에서 군인이나 경관의 입에서 우리말이 나오는 게 여간 반갑지 않다.

인터뷰를 할 때 누군가 화제로 담았던 이야기가 문득 떠올랐다. 천안문 광장에서 관객이 하나 깜짝 놀라 가로되, "이게 도대체 웬 일이지? 연변 자치주의 조선족 경찰과 군인이 북경에 출장을 온 건가?"

진짜 무대 위의 코미디 같은 장면이다.

모택동의 보건주치의 천련필

마지막으로 만났을 때 천련필(千連弼) 옹은 북경의 305병원의 병상에 누워있었다. 그때가 2005년 여름이니 꼬박 11년 전의 일이다.

중남해(中南海, 청와대 격)의 바로 뒤에 위치한 305병원은 한때 국가 지도자들이 주로 이용하던 특수한 병원이다. 공산당 중앙에서 직접 배려해서 일찍 1969년에 설립한 유명한 병원이다. 공화국 총리 주은래(周恩來)도 임종 전에 이 병원을 사용했다.

천련필 옹은 한때 305병원의 부원장이었다. 세상사(世上事)는 정말 무상(無常)하다. 그가 어찌어찌하여 환자의 신분으로 이 병원에 다시 들어올 줄 누군들 알았으랴!

단독 병동은 10여 평의 크기였지만 침대 하나만 놓여 있었다. 환자인 천련필 옹과 간호인인 사모님 둘만 있기에는 너무나 한적한 공간이었다.

위문차로 병동에 들린 기자는 오랜만의 '방문객'이었다. 예전에 자주 다니던 친척들도 천련필 옹이 이직한 후 발길이 멀어지고 있었다는 후문이다.

세정(世情)의 성쇠(盛衰)와 인정의 반복은 그렇게 코를 찌르는 소독약의 냄새와 더불어 병동에 나타나고 있었다.

그날 노인은 정신상태가 별로 좋지 않았다. 지난날 인터뷰를 받으면서 이름은 '만년필'이 아니고 '천련필'이니 제발 헛갈리지 말라고 농담을 하던 예전의 그 모습이 아니었다. 이날 노인이 처음으로 입 밖에 꺼낸 말은 부탁이었다.

"재들이 주사를 놓지 말게 해주소. 독약을 넣는다니까."

노인의 눈길은 그 무슨 두려움에 젖어 있었고 어딘가 우왕좌왕 흔들리고 있었다.

정말 슬펐다. 노인은 벌써 다른 세계에서 살고 있었다. 천련필 옹은 국가기밀 소유자이다. 중남해에서 20년 동안 근무하면서 모택동(毛澤東) 주석의 보건주치의로 있었고, 그 때문에 보고 듣고 겪은 많은 일들을 영원히 함구해야 했다.

실제로 지난 세기 90년대 천련필 옹을 처음 만나면서 이 때문에 우여곡절을 겪어야 했다. 그가 기자를 만나는 자체를 꺼려했던 것. 지인의 소개와 부탁 때문에 얼결에 취재를 허락했다가 금방 후회했다고 한다. 그래서 취재를 단념하라고 일부러 전화를 꺼놓았다. 나중에 그가 살고 있는 아파트를 지인을 통해 수소문하고 어렵게 찾아갔다. 북경 도심 구역에 위치한 이 17층 아파트에는 모두 중남해에서 근무하던 사람들이 살고 있었다. 뜰에 들어선 후 또 엘리베이터 도우미가 '불청객'의 신분을 미주알고주알 캐묻고 있었다.

천련필 옹은 오랫동안 북경에 살고 있는 3명의 조선족 사람과 왕래가 허락되었다고 한다. 그 중의 한 사람과 취재 등을 통해 개인적으로 인연을 맺고 있은 게 천만 다행이었다.

기실 모든 게 기우(杞憂)였다. 농담을 즐기는 천련필 옹과는 이웃집 할아버지를 만난 듯 금방 대화를 쉽게 나눌 수 있었다. 그러나 천련필 옹은 많은 얘기를 무척 꺼리고 또 아끼고 있었다. 그날 오후 '귀동냥'한 이야기는 수면 아래에 많은 것을 감춘 빙산의 일각이었다.

빨치산의 의사로 이어진 조국에의 실망

"명태가 아니고, 돌이 많이 나던 산골이었지."

천련필 옹의 고향 이야기는 농담에 실려 시작되고 있었다.

천련필 옹은 1924년 함경북도 명천군에서 농사꾼의 아들로 태어났다. 그가 살던 명천군 상가면 연덕동은 '명태'가 나지 않고 돌밭만 널린 험한 산골이었다.

"그저 감자와 보리농사로 풀칠을 면할 수 있는 정도였어."

예로부터 우리 겨레는 "소 팔아 자식 공부"라는 속담을 갖고 있다. 자식이 산골을 벗어나 출세할 수 있도록 부모는 모든 것을 아끼지 않았다. 그러나 가난한 살림 때문에 어린 천련필은 미구에 서울 휘문중학교를 중퇴하기에 이른다.

"이때 물에 빠질 바엔 큰물에 들어서서 놀아야 한다고 생각한 거야."

조선족행사에 참석했던 천련필 옹을 만난 필자(왼쪽 인물이 천련필 옹이다)

고학을 작심한 천련필은 현해탄을 건넌다. 그때가 1938년, 겨우 14살이 되던 해였다.

천련필은 일본에서 보습학교와 영어학교를 마친 후 아버지의 뜻을 받들어 도쿄의과전문학교(지금의 도쿄의학대학)에 지원했다.

"어머니가 인후병으로 고생하다가 돌아가셨지. 그래서 아버지는 당신의 아들이 의사가 되기를 그토록 바란 거야."

종국적으로 대학의 문턱을 넘어섰지만 거기까지는 걸음마다 눈물과 피로 얼룩져 있었다.

천련필은 매일 새벽 3시면 기상해서 우유와 신문 배달에 나섰다. 그러나 여기에서 모은 푼돈으로 학비와 생활비를 대기에는 판판 부족이었다. 더구나 대학입시 공부를 시작한 그는 공부 때문에 부득불 아르바이트

시간도 줄여야 했다.

시험은 눈앞에 박두했고, 아르바이트를 할 여유가 없었다. 허기진 배를 채우기 위해 피라도 팔아야 했다.

"그런데 '조센징(조선인)'이라고 피검사를 할 때 일부러 50 g이나 더 뽑는 거야."

피가 터지도록 울분이 치밀었지만 씹어 삼켜야 했다. 그들과 따진들 무슨 소용이 있으랴! 실은 신문과 우유 배달비 인상을 두고 파업을 벌였다가 결국 일자리만 빼앗긴 그들 '조센징'이었다.

나라를 잃은 설움은 이역에서 홀로 떠도는 어린 가슴에 깊은 상처를 남겼다.

1945년 5월, 천련필은 마침내 도쿄의과대학 졸업장을 받게 되었다. 이때 전쟁의 패배를 앞둔 일본은 대규모 징병을 단행하고 있었다. 의술을 배운 20대의 젊은이 천련필은 당연히 징병대상 1호 인물이었다.

"고학 8년으로 바꿔온 의술이 아닌가, 나라를 빼앗은 그놈들에게 고이 갖다 바칠 수는 없었어."

천련필은 급급히 귀국선에 올랐다. 부산에서 하루 묵고 서울에 올라갔다. 서울시 종로 탑골공원에서 기념촬영을 하는데, 정오의 사이렌 소리에 맞춰 시민들이 행하는 묵념(默念) 의식을 하고 있었다.

"충격을 받았어. 일본에서 하지 않는 묵념 의식을 서울에서 보게 된 거야."

충격적인 일은 또 있었다. 징병 통지서가 그의 뒤를 따라 서울에 도착했던 것이다. 천련필은 곧바로 고향 함경북도로 향하는 열차를 잡아탔다.

그런데 텅텅 빈 집이 그를 기다리고 있었다. 가족은 살길을 찾아 만주 북쪽의 해림(海林)으로 이주했던 것이다. 해림은 조선인 이주민들이 집거한 곳이다. 천련필은 발길은 다시 만주까지 이어졌다.

천련필은 해림에서 '8・15' 광복을 맞이했고 그해 11월 동북민주연군에 가입했다. 군의관으로 근무했다. 그때부터 국공내전의 전장에는 천련필의 왜소한 몸이 나타났다. 그는 '1급 기술능수', '갑급 사업모범'이라는 칭호를 받았고 불과 몇 년 후 북경으로 진출할 때는 좌급 군의로 진급해 있었다.

공화국이 창립된 두 달 후 천련필은 중남해로 소환되었다. 천련필이 전근 명령을 받은 데는 그가 이에 앞서 수행했던 중남해의 방역임무와 무관하지 않았다. 1949년 봄, 북경에서 을형 유행성 뇌막염이 돌았다. 중남해에서도 다수의 인원이 전염되었다. 와중에 백씨 성의 모택동 주석 비서를 망라하여 5명이나 숨지는 참사가 벌어졌다. 천련필은 중남해 방역작업에 참석, 조사 자료를 바탕으로 여러 제안을 내놓았으며 이 제안은 중남해에 수용되어 즉시 효과를 보았다.

그때 중의학을 하는 의사는 많았지만 천련필처럼 서양의학을 전공한 의사는 드물었다.

매운 음식과 개고기를 즐긴 모택동 주석

모택동 주석을 비롯한 중앙 지도자들의 보위사업은 정치보위와 경호를 맡은 무장보위 그리고 건강을 돌보는 보건보위 등 세 가지로 이뤄지고 있었다. 천련필은 보건보위를 책임진 중앙종대 경위연대 위생대(衛生

隊) 대장으로 임명되었다.

"보건만 아니야, 보건과 경호를 합친 걸 보건보위라고 할까?"

천련필 옹은 이렇게 '보건보위'라는 이 낯선 개념을 해석한다.

그때는 물론 상당 기간 중남해에서는 처방전에도 지도자들의 실명을 밝힐 수 없었다고 한다. 모택동 주석은 101번, 주은래 총리는 107번 하는 식의 부호로 적었다. 의사들이 낸 처방전은 최종적으로 천련필 옹을 거쳐야 사용할 수 있었다.

"'특등 모범'이라는 상장을 받은 것도 이 시기야."

중남해에서는 많은 사람들이 늘 병마에 시달리고 있었다. 전쟁의 특수한 생활환경 때문에 몸에 배인 나쁜 생활습관이 원인이었고 또 의사와 약품이 부족하여 미처 치료를 하지 못한 탓으로 병을 길렀던 것이다.

천련필 옹은 의료인원들과 함께 중남해의 환경위생과 음식위생, 개인위생을 관리했다. 중남해에서 '유령'처럼 떠돌던 학질, 옴 등의 전염병은 드디어 종적을 감췄다.

뒤미처 천련필 옹은 선후하여 중앙경위연대 당위원회 위원, 후근부 부장, 위생과 과장 등 직무를 맡는다. 신뢰가 깊어지는 만큼 과업도 점점 막중했다. 나중에는 모택동 주석과 기타 중앙 지도자들을 상대한 약품관리를 맡았으며 또 모택동 주석의 건강을 직접 관리하는 과업이 늘어났다.

"모(택동)주석의 보건주치의를 하는 건 그리 어려운 게 아니었어."

천련필 옹은 그때 갖고 갔던 호기심을 한마디로 풀어버리고 있었다.

"그분은 큰 병으로 앓는 일이 없었어. 또 특별하거나 까다로운 요구가 없었거든."

모택동 주석은 183cm의 장신에 87kg의 건장한 체구였다. 잠깐, 항간에는 모택동 주석의 키에 대해 이런저런 추측이 있다. 그러나 그의 건강을 직접 관리한 천련필 옹의 구술이라면 신빙성이 제일 크지 않을지 한다.

"모(택동)주석은 대체로 아주 건강했어. 70세의 고령에도 장강을 헤엄칠 정도였으니까."

모택동 주석은 술은 전혀 마시지 않았다고 한다. 외국 지도자를 접대할 때도 과일즙을 마셨다. 대신 담배를 하루에 50대 이상 태우는 지독한 애연가였다. 말년에 기관지 천식과 폐기종으로 고생하게 된 연유가 바로 여기에 있었다.

모택동 주석의 식사메뉴는 끼니마다 잡곡으로 만든 음식 한 가지(一粗), 입쌀이나 밀가루로 만든 음식 한 가지(一細), 생선이나 육류로 만든 음식 한 가지(一暈), 야채로 만든 음식 한 가지(一素), 국 한 가지(一湯)이었다고 한다.

입쌀은 북경 옥천산(玉泉山)의 정수(淨水)로 재배한 경서미(京西米)를 먹었는데, 1년에 50kg짜리 가마니 두 개 정도면 충분했다고 한다. 현미만 먹었으며 씹지 않아도 소화가 잘 되도록 쪄서 먹은 게 약간 특이했다.

"믿기질 않지? 우리 조선족하고 비슷한 음식습관을 갖고 계셨어."

천련필 옹이 밝히는 비사(秘事) 같은 이야기였다.

그의 말에 따르면 거의 일주일에 한 번씩 개고기 요리가 모택동 주석의 '수라상'에 올랐다고 한다. 늙은 개의 고기는 위산의 과도한 분비를 자극한다고 해서 광동(廣東) 일대에서 사육하는 발바리를 선택, 그것도 3,

4kg짜리로 골라서 내장과 머리를 제외한 부분을 쪄서 요리를 만들었다고 한다. 끼니마다 고추를 빼놓지 않고 요리마다 고추를 넣어 매콤한 맛을 즐긴 것도 조선족의 전통적인 음식습관과 비슷했다. 실은 매운 음식을 즐기는 호남(湖南) 사람들의 습관이었다.

모택동 주석은 저녁 7시에 기상하여 세수나 목욕 대신 증기로 소독한 수건으로 몸을 닦고 집무를 시작했다. 일을 마치면 곧바로 독서를 했다고 한다. 책을 남달리 좋아해서 집무실은 물론 잠을 자는 침대에도 책을 쌓았고 지어 화장실에도 책을 비치했다. 보통 아침 6, 7시에 일을 마쳤으며 낮에 별다른 일이 없으면 수면을 취했다.

현란한 광채에 둘러싸여 있는 위인은 기실 한 인간의 평범한 일상을 보내고 있었다. 중남해에서 천련필 옹은 이 위인의 참모습을 눈으로 직접 볼 수 있었다.

끊어진 손가락을 잇는 신기한 비방

그때 그 시절 많은 조선족 인물처럼 천련필 옹 역시 '조선족'이라는 이름 하나 때문에 한동안 비운의 경력을 겪어야 했다.

1969년, 천련필 옹은 가족을 데리고 일주일 내로 북경을 떠나 지방으로 가라고 하는 전근령을 받았다. 정상적인 조직 절차도 없는 전근이었다. 이맘때 중국과 북한 관계가 악화되면서 그 불티가 천련필 옹에게도 날아왔던 것이다.

그로부터 10년간 천련필 옹은 대륙 중부의 하남성(河南省) 정주(鄭州)에 있는 해방군 153병원 부원장으로 있으면서 정배 아닌 정배살이를 했다.

"'정배살이'가 기회가 된 거야. 중남해에 그냥 있었으면 민간 비방을 얻기 힘들어."

천련필 옹은 소탈하게 웃고 있었다.

권력의 중심인 중남해에서 무상함을 읽었던가. 천련필 옹은 정배살이를 또 다른 기회로 삼고 있었다. 역고문(易古文)을 읽었고 동의학 수련을 했으며 비방을 갖고 있는 민간 명의들을 찾아 험한 산발을 탔다.

천련필 옹은 그 한 사람의 작업에 그치지 않았다. 병원 직원들을 데리고 많은 연구대상에서 성과를 냈다. 그의 관여하에 병원은 그 시절에는 드물게 50여 편의 의학논문을 발표했고 약효가 좋은 유수의 약을 만들어냈다. 은행나무 잎을 주원료로 만든 고혈압 치료약과 목화껍데기로 만든 기관지염 치료약은 국내 약학 부문에서 높은 평가를 받았다.

"끊어진 손가락을 잇는 약도 이때 발견하고 만들어낸 거야."

대별산(大別山) 지역의 깊은 산중에 들어가서 천련필 옹이 직접 발굴한 비방 약이었다. 비방 약을 토대로 삼아 정주시 해방군 153병원은 나중에 단지재식과(斷指再植科)를 설립하기에 이른다. 이 특이한 기술은 현재 153병원의 유명한 '상표'가 되어 전국에 소문이 나 있다.

1979년, 천련필 옹은 등소평(登小平)의 직접적인 배려를 받아 북경에 돌아왔다. 중앙 지도자들을 상대하는 305병원 부원장으로 안치되었다.

이때 천련필 옹은 일찍 1960년 무렵부터 시작했던 비방 연구에 다시 몰입했다. 와중에 중국 고대의 처방전을 연구, 정리하면서 장수와 관련한 논문 10여 편을 국내외 학술지에 발표했다. 1985년 경, 「비대증의 한방치료」라는 이름을 단 논문이 완성되었다. 후한(後漢) 시대의 『상한론(傷

寒論)』 등 고대 의서와 명·청(明·淸) 황제와 황후의 비대증 치료과정을 연구한 성과를 토대로 저술한 논문이었다. 논문은 비대증을 지방 축적과 수분 침체, 내분비 문란으로 나누고 비대증의 발생원인과 그 유형에 따른 치료법을 천명했다.

비대증 치료를 전문적으로 연구한 성과물인 이 비방은 훗날 한 재미 동포사업가에 의해 천연효소 식료품으로 개발되어 서방세계에 알려졌다. 이 천연효소의 식료품은 백두산 지역의 10여 종 약재로 만들어졌는데, 1990년대 160여 개 나라가 미국 뉴욕비대증연구센터에 보낸 보건품(保健品) 가운데서 단연 첫 자리를 차지했다. 나중에 미국과 일본, 스페인, 러시아, 독일, 영국 등 60여 개 나라에 팔리는 호황을 누렸다.

천련필 옹은 이 비방을 돈 한 푼 받지 않고 연변지역의 모 제약공장에 제공했다. 자신은 조선족이며, 그래서 조선족의 사업에 일조하고 싶다는 것. 그래서 은퇴한 후 연변조선족자치주에 민족의학연구소 고문 등 직무를 흔쾌히 맡았다.

인터뷰가 끝날 무렵 창턱 위의 화분에 겨끔내기로 자라던 화초가 잠깐 화제에 올랐었다. 기실 화분에 심은 건 관상용 '화초'가 아니라 약초였다. 손가락 길이만큼 자랐던 이 약초가 특별히 인상에 남았다. 천련필 옹이 귀중한 난을 다루듯 수건으로 먼지를 조심스레 닦고 있었던 것. 남방 출장을 다녀오는 지인에게 부탁해서 힘들게 얻은 약초라고 했다.

지금 기억하건대 천련필 옹은 이 약초를 '약파'라는 의미의 '사계총(四季蔥)'이라고 부르고 있던 것 같다.

"이걸 넣어서 조합하려는 비방이 하나 있어. 어서 실험하고 싶은데 빨리 자라줘야 하지."

그때까지만 해도 천련필 옹은 비방을 무수히 만들고 있던 '황궁'의 '어의'였으며, 침대 위에 누워서 누가 '독약'을 넣을까봐 전전긍긍하는 병약한 환자가 아니었다.

김일성의 복무원이었던 이옥성

정말로 비디오의 재생 버튼을 누른 것 같다. 모택동(毛澤東)의 보건주치의 천련필 옹의 취재 때 겪었던 일화가 그녀를 만날 때에도 반복되고 있었다.

그녀는 1990년 은퇴한 후 자의든 타의든 조약돌에 묻힌 옥돌처럼 소리 없이 평범한 삶을 살고 있었다. 취재를 받던 그때까지 외신기자는 물론이요, 내신기자의 인터뷰마저 단 한 번 허락하지 않았다고 한다.

그녀의 여동생을 통해 주소를 얻고 무작정 북경-심양(沈陽)행 기차에 오른 후 비로소 그녀의 단독 인터뷰를 승낙 받을 수 있었다.

"인제 취재를 거절하자고 하자니… 내가 너무 매정한 사람이 되어버리네요." 전화 저쪽에서 그녀의 긴 한숨이 바람처럼 실려 올 듯했다.

그렇게 심양 근교의 자택에서 어렵게 만난 이옥성(李玉星)은 눈언저리에 주름이 자옥한 작달막한 체구의 노인이었다. 솔직히 동북 땅의 어디서나 쉽게 만날 수 있는 조선족 할머니의 그런 평범한 모습이었다.

그러나 그녀는 분명 수십여 년 전 중국 정치 소용돌이의 복판이었던 중남해(中南海)를 제집처럼 드나들면서 정계의 거물인 모택동, 유소기(劉少奇), 주덕(朱德) 등을 일상으로 지척에서 마주했던 여인이다. 그때 그의 신분은 북경 인민대회당의 직원이었고, 복무원 조장을 맡고 있었다. 참고로 인민대회당은 한국의 국회의사당 맞잡이인 전국인민대표대회 개회장소이다.

필경 그녀가 보고 듣고 겪은 많은 일 자체는 기밀 유지를 요구하고 있었다. 그러나 심양에서 이옥성을 만났을 그 무렵 대부분은 벌써 기밀시효가 만료된 상태였다. 왜 취재를 그토록 꺼리는가 하는 물음에 반식경이 지나도록 잠자코 있었다.

나중에 이옥성은 치약을 짜내듯 힘들게 한마디를 하고 있었다.

"…그때 그 일을 다시 머리에 떠올리고 싶지 않아요."

이옥성의 끔찍스럽게 아픈 기억은 한때 즐겁고 자랑스러웠던 기억을 모두 묻어버리고 있었던 것이다.

여성 복무원의 중남해의 '비밀과업'

이옥성이 중남해의 문턱을 넘게 된 것은 1959년 무렵이었다. 그때 이옥성은 인민대회당 복무원(服務員)으로 배치를 받고 있었다. 복무원은 통상 중국에서 봉사기구의 직원을 지칭하는 이름이다.

"그때 한 주일에 두 번씩 중남해에 들어갔어요."

인민대회당 앞에서 모택동저작을 들고
기념사진을 남긴 이옥성

이옥성은 이렇게 회억했다.

비밀이었다. 대외는 물론 인민대회당 내부에도 명단을 공개하지 않았다. 8백 명의 복무원 가운데서 최종 중남해로 항발하는 사람은 남녀 도합 7, 8명에 불과했다.

동일한 인원이 선택될지라도 인민대회당은 번마다 엄격한 심사를 했다. 과에서 먼저 이름을 올려 보낸 후 최종선정을 거치고 나중에 국장의 비준을 받으면 오후 4시쯤 본인에게 통지가 내려왔다. 그러면 대회당 북문이거나 동문에 따로 집합하여 바로 대회당 북쪽에 있는 중남해로 출발했다.

"그때는 과업을 수행한다고 했지요. 가장 절친한 친구에게도 누설할 수 없었습니다."

이때 특별히 선정된 복무원들은 모택동, 유소기, 주덕 이 중국 정계 '삼두마차(三頭馬車)'의 활동장소에 참가했던 것이다. 이 과업은 인민대회당에 내린 정치임무였고 또 절대적인 비밀로 되어 있었다.

당시 모택동과 유소기, 주덕 등은 모두 고래희(古來稀)의 노인이었다. 다망한 집무와 행사의 여가에 피곤한 몸을 풀어야 했지만, 고령의 나이 때문에 격렬한 체력운동은 금물이었다. 그래서 영화감상으로 머리를 쉬거나 춤, 탁구 등으로 가볍게 몸을 움직였다. 이옥성 등은 경호원, 보건의사들과 더불어 거물들과 함께 그런 시간을 보냈다.

"우리를 선택한 건 주요하게 비밀을 유지할 수 있었고 안전하기 때문이었습니다."

실제로 이옥성 등은 북경 인민대회당에 들어올 때 이미 특별한 심사과정을 거친 사람들이었다. 인민대회당의 준공을 몇 달 앞둔 1959년 5월, 국무원은 각 성에 내려가서 복무원을 모집했다. 말이 모집이지 실은 소속 부문에서 추천하고 상부에서 심사, 결정하는 절차를 밟고 있었다.

이때 전국적으로 8백 명이 최종 선정되었다. 이들이 바로 인민대회당의 제1진 복무원이었다. 와중에는 연변에서 선발된 이옥성 등 3명의 조선족 여성이 들어있었다. 그때 이옥성은 아직 사회에 발을 내딛지 못한 연변건축공정학교 1학년 학생이었다.

"우린 모두 중국말을 잘 하지 못했지요."

이옥성은 그때 그 일이 화제에 오르자 오랜만에 웃음을 지었다.

조선족 처녀들이 특별히 선정된 것은 곧 공화국 창립 10주년 기념행사에 참가하는 북한 대표단의 접대 등 특수한 수요를 감안한 걸로 보고 있다. 이옥성 등이 북한 대표단 접대장소에 자주 등장하였다는 후문이다.

북경 인민대회당은 전인대 회의 장소일 뿐만 아니라 전인대 상무위원회 사무장소이고 또 중요한 국가연회 장소이다.

아무튼 복무원 채용에 까다로운 심사절차를 거치는 자체가 전례 없는 기문이었다.

"제가 여러 고비를 쉽게 넘을 수 있던 건 가정배경이 큰 뒷심이 된 것 같습니다." 이옥성은 그녀가 최종 선정된 것은 단순히 우연이 아니라고 말하고 있었다.

이옥성 본인은 공산당 후비 역량인 공청단(共靑團)의 단원이었고 부친은 공산당원, 할아버지는 항일열사였다. 말 그대로 조손 3대가 일색으로 '새빨간' 집안이었다.

예비 복무원들은 국무원 숙소에 행장을 풀고 약 반년 동안 전문훈련을 받았다. 군대보다 더 엄하고 긴장된 일상생활은 이때부터 드디어 막을 열었다.

"출근시간이 따로 없었어요, 대회당에서 할 일이 언제라고 약속된 게 없었으니까요."

어쩌다가 청가를 한 번 맡으려고 해도 비준 절차가 까다로웠다. 또 연락 가능한 전화번호나 주소를 꼭 기록해야 했다. 행사가 없는 날에는 학습과 회의가 이어졌다. 지도자들과 가진 접촉, 외국 귀빈들의 행사 시간,

장소 등등 모두 기밀사항으로 간주되고 있었다.

"연애를 하고 결혼을 하려고 해도 심사를 받아야 했어요."

이옥성의 회억에는 그때 그 시절의 긴장한 분위기가 흠씬 묻어나고 있었다.

이때 대상자의 이름과 신분, 직장 등을 낱낱이 상부에 보고해야 했다. 정말이지 복무원인지 아니면 비밀요원인지 헛갈리고 있었다.

최고위층을 상대로 빗장 걸린 일상

얼마 후 '흰 깃발'을 드는 사람이 나타났다. 연변의 김씨와 안씨 처녀도 자청하여 인민대회당을 떠났다. 복무원으로 있는 게 적성에 맞지 않았던 것. 인민대회당에 들어선지 불과 1년 만에 생긴 일이었다. 또 복잡한 사회관계 등을 이유로 인민대회당 관리국에서 일부러 해고한 사람들도 적지 않았다고 한다.

이옥성은 조선족 복무원으로는 홀로 인민대회당에 남았다. 그녀는 해마다 인민대회당 모범인물로 선거되었고 몇 해 후에는 또 60여 명 복무원을 통솔하는 조장으로 발탁되었다. 그녀의 근무지는 인민대회당 3층이었다. 인민대회당 1층과 2층은 대형 행사를 위주로 진행하는 장소이고, 3층은 총리나 대통령 급별의 행사를 위주로 진행하고 있었다.

그러나 접대 급별이 높은 만큼 책임이 막중했다.

"연회에서 하나의 실수도 허용하지 않았어요. 나라를 대표하는 장소가 아닙니까?"

이옥성의 몸에 배인 책임감은 지금도 여전하다고 한다. 인터뷰를 현장에 있던 남편이 아내를 '고집불통'이라고 하면서 한마디 끼어들었다. 버스에서 깜박 잊어버리고 내리게 되면 기어코 버스를 따라가서 표를 끊는 '미욱한 성미'라는 것이다.

중남해를 드나들면서 이옥성에게는 지울 수 없는 '유감'이 하나 생겼다. 키가 1미터 50센티미터를 조금 넘는 '난쟁이'라서 구척장신의 모택동 주석과 춤을 춰볼 기회를 몇 번 얻지 못했던 것이다.

"주석님의 보폭이 너무 컸거든요. 키가 작은 저는 미처 따라서기 힘들었습니다."

함께 손을 잡고 춤을 췄던 모택동 주석은 위인이기에 앞서 인자한 노인의 모습이었다고 이옥성은 거듭 말하고 있었다. 언제인가 신발 끈이 풀어진 걸 보고 대신 매어드리려고 하자 손을 내저으며 기어이 신발에 자기 손을 대더라고 한다. 거쿨진 몸집 때문에 힘겹게 허리를 숙인 그의 모습에서 이옥성은 뭉클한 그 무엇을 느꼈다.

그때의 그 감동을 어망결에 발설했다가 비밀누설로 점 찍혀 고생한 것은 훗날의 이야기이다.

중남해를 자주 드나든 덕분에 주덕 전인대 위원장은 이옥성의 이름까지 기억하고 있었다. 이옥성은 그와 함께 나란히 앉아서 오랫동안 환담을 나누기도 했다. 외계와 접촉이 제한된 '삼두마차'는 그들과의 모임을 사회조사를 진행하는 또 하나의 경로로 삼고 있었다.

"눈과 귀는 열고 있을 수 있었지만, 입은 자물쇠를 걸고 있어야 했어요."

그들의 철칙처럼 지켜야 할 수칙이었다. 그래서 모택동 주석이 기실

'말리화(茉莉花)' 등 중국 민요보다 서양음악을 즐겼으며 탱고 등 사교춤에 능했다는 사실은 지금도 세간에 잘 알려져 있지 않다.

솔직히 비밀수칙과의 생활에 젖은 사람이어서 응답 하나를 듣는 게 극난이었다.

인터뷰 도중에 내외의 정계 인물과 관련해서 특별히 일문일답을 했고, 이어 보충 질문을 해서 글에 따로 주석을 달았다.

"정계 지도자 가운데서 제일 인상 깊은 사람이 있었다면 어느 분입니까?"

"주은래 총리였지요, 늘 우리에게 얼음과자 등을 사주었습니다. 그것도 사비를 털어서 말입니다."

대회당에서 만나는 정계 거물은 한둘이 아니었고, 또 자주 만날 수 있었다. 그러나 와중에 사비를 털어서 복무원에게 음식을 사준 인물은 주은래 총리가 유일했다고 한다.

"그럼 이와는 달리 거부감이 있는 인물은 없었어요?"

"제일 이상한 지도자는 임표(林彪, 국가 부주석)이었습니다. 저는 대회당에서 10년 정도 근무했지만 몇 번 만나지 못했습니다."

임표는 1971년 군사정변에서 실패하자 외국으로 도주하려고 했던 인물이다. 그가 탑승한 비행기는 몽골의 사막에서 추락했으며 탑승자 전원이 사망했다.

이옥성은 '문화대혁명'이 일어난 1960년대 중반 비로소 임표를 만났다고 한다. 솔직히 아주 드문 행운이었다. 임표가 가족동반으로 대회당에 나왔는데, 마침 그날 이옥성은 당번을 맡고 있었다. 이날 임표는 이옥성을 비롯한 당직자들에게 모택동 주석의 초상배지와 저작을 아름이나 기념으로 주고 갔다. 초상배지와 저작을 기념으로 준 지도자는 임표가 유일했다고 한다.

"조선(북한)의 김일성 주석도 만난 적 있겠네요?"

"연회석에서 여러 번 뵈었는데요, 그분이 공식적으로 혹은 비밀리에 중국을 방문했을 때였지요."

여기에서 약간 애기가 길어졌다. 언제인가 김일성이 중국을 방문했을 때 남방의 운남성(雲南省)에서 인민대회당에 개고기가 위탁 배송되었으며, 김일성 주석을 위한 연회석에 개고기 요리가 특식으로 올랐다고 한다. 김일성 주석은 중국 방문 때 간혹 인민대회당의 소극장에서 공연을 관람했는데, 이때면 이옥성이 직접 찻물을 김일성 주석의 찻잔에 부었다. 그러나 대회당의 엄한 기율 때문에 감히 김일성 주석에게 말 한마디도 건네지 못했다고 한다.

사실상 김일성 주석과의 이런 유별난 인연은 대회당에 방금 배치되었던 그 무렵으로 거슬러 올라가고 있었다. 그때 행사를 배치하는 회의 도중에 김일성 주석이 연회에 참가하게 된다는 소식을 '귀동냥' 했다고 한다. 이옥성은 김씨 성의 친구와 함께 연회 대청으로 통하는 복도에 숨어서 김일성이라는 이 거물을 눈으로 직접 견증하려 했다. 그러다가 보위 요원들에게 들켜서 쫓겨났고 혼쭐이 쑥 빠지도록 한바탕 욕을 얻어먹었다는 것이다.

유감은 또 하나 있었다. 이옥성은 인민대회당 근무 경력에서 국가수반들과 함께 찍은 기념사진을 '문화대혁명' 때 전부 소각했다고 한다. 사진 때문에 예측할 수 없는 액운이 발등에 떨어질까 두려웠던 것이다.

그럴지라도 그녀를 겨냥한 비운의 화살은 도무지 피할 길이 없었다.

솜바지 속에 숨긴 '암호쪽지'의 뼈아픈 기억

언제부터였는지 딱히 모른다. 이옥성에게 '협애한 민족주의자'라는 꼬리표가 졸졸 붙어 다니고 있었다. 이옥성을 찾아다닌 지인들이 말짱 조선족이었고 또 그녀가 고국의 간행물인 북한 신문을 주문한 것이 빌미였다.

기실 '마른 하늘에 날벼락이 칠 일'이었다. 수도 북경에 있으니 고향 사람들이 일부러 그녀를 찾아왔고, 시집을 가지 않은 처녀라 조선족 총각들이 꽃 본 나비처럼 찾아들었다.

"'인민일보'와 '노동신문'을 비교하면 모르는 단어를 금방 알 수 있었어요."

그때 중국 '인민일보'의 사설은 이튿날로 북한 '노동신문'에 번역되어 실리고 있었다. '노동신문'은 '인민일보'와 더불어 이옥성에게 중국말을 배우는 교과서가 되고 있었던 것이다.

변명은 오히려 의심을 더할 뿐이었다. 1968년 10월, 이옥성은 인민대회당 남쪽 근처의 전문(前門) 거리에 설립한 학습반에 들어간다. 말이 학습반이지 담에 철조망을 두른 그곳은 구치소였다.

'엎친 데 덮친 격'이었다. 이옥성은 이번에는 또 '간첩혐의'를 받게 된다. 대회당을 떠났던 김씨 친구가 그에게 솜바지를 보내면서 바지에 우리글의 쪽지 한 장을 넣었던 것이다.

쪽지 내용은 기실 아주 간단했다. "옥성아, 너의 허리둘레를 몰라서 단추를 달지 못했구나. 옷을 받은 다음 연락을 주렴."

학습반 전체가 발칵 뒤집어졌다. 중국인 간부치곤 도무지 읽고 해독할 수 없는 '암호쪽지'였던 것이다. 간부들은 아예 이옥성에게 있던 우리글로 된 책들을 한 권도 남기지 않고 전부 몰수했다. 그들은 또 이옥성을 찾았던 조선족들을 한 사람도 빼놓지 않고 뒷조사를 하는 영악스러움을 보였다.

미구에 이옥성은 강서성(江西省) 진현(進縣)의 '5·7'간부학교 농장으로 노동교양을 내려갔다. '5·7'간부학교는 '문화대혁명' 기간 모택동 주석의 '5·7' 지시를 실행하고자 간부들에게 농촌에서 농민들의 교육을 받게 하기 위해 만든 장소이다.

진현의 농장은 유소기의 부인 왕광미(王光美)도 '유배' 되는 등 나중에 동네방네 소문을 놓은 농장이다. 이옥성은 나중에 이곳에서 결혼등록을 했다. 대회당의 복무원 시절 만났던 주씨 성의 총각이었다. 이때 주씨 총각도 북경에서 대륙 오지의 섬서성(陝西省) 서안(西安)으로 '유배'돼 있었다.

결혼 얼마 후 이옥성은 임신했다. 늦깎이 결혼인지라 응당 기뻐해야 했지만 근심이 더 컸다. 노동교양을 하고 있는 상황인지라 날마다 예외 없이 중노동에 부대껴야 했던 것이다.

"집을 지을 때면 백여 근씩 되는 시멘트 포대를 남정들처럼 메고 다녀야 했지요."

체중이 고작 48kg 정도밖에 되지 않았고 더구나 달이 차기 시작한 임신부에게 일장 고역이 아닐 수 없었다.

가족과 더불어 한때를 즐기는 이옥성,
뒷줄 오른쪽 인물이 말레이시아 나뚜상을 받은 딸 주청령이다.

노동교양을 하는 '죄인'들은 날마다 군부대처럼 대열을 지어 다녔다. 이옥성은 앞사람을 따르느라고 늘 달음박질을 해야 했다. 허벅다리와 불룩한 배가 서로 부딪치면서 딱딱 입맞춤을 했다. 정말 고통스러웠다. 또 임신기라서 식욕이 부쩍 당겼지만 집체식당에서 구미에 따라 먹을 수 없었다. 그렇다고 노동교양을 받는 '죄인'이 딴 솥의 밥을 먹을 수 없는 일이었다.

결국 이옥성은 조산을 했다.

"출산한 딸애를 보니 뼈와 가죽 밖에 없었습니다. 울음소리도 겨우 내던데요."

이옥성은 목이 메는지 잠깐 뜸을 두고 있었다.

애기는 근처의 농가에 맡겼고 보육비로 돈을 주었다. 날마다 일이 끝난 어둔 저녁 혼자서 밭두렁을 걸어 농가에 갔다. 뱀이 많아서 막대기로 두렁에 무성한 풀을 치면서 걸었다. 딸은 모기에게 뜯기고 배고 고파서 울다 못해 늘 목이 쉬어 있었다.

그런 딸을 만나면 이옥성은 젖을 먹이기 전부터 눈물이 주룩주룩 흘렀다.

"'고생 끝에 낙'이라고 하잖아요? 아이들이 잘 되니 그 고달픔이 저절로 잊힙니다."

그때 어렵게 낳아 길렀던 큰딸은 합자회사에서 중견 간부로 있고 둘째 딸은 말레이시아의 '나뚜' 상을 받는 등 유명한 경제인이 되어 있었다. 잠깐, 그러고 보니 모녀를 함께 책 하나에 올리게 되었다. 이 둘째 딸은 소개할 만한 경제계 인물로 이 책의 마지막 부분에 등장한다.

이야기가 또 다른 데로 흘렀다. 이날 그녀는 줄곧 빗장을 지르고 있었던 지난날을 처음으로 타인에게 열었다고 한다. 기실 기자의 취재 '강행' 때문이라기보다 남편과 딸들의 설득이 힘을 얻고 있었다. 즐겁든지 아니면 고통스럽든지 막론하고 역사의 한 부분인 옛 경력을 감출 필요가 없다는 것. 격변의 그 시절을 살아온 이옥성의 애환의 한 장은 그렇게 마침내 세상에 빛을 보게 된 것이다.

'태양신'의 이름을 찾는 의사

도통 믿기 어려운 그림이 눈앞에 펼쳐지고 있었다. 여인의 왼쪽 옆구리를 찔러 들어간 은빛의 침은 그의 오른쪽 옆구리로 비죽이 나오고 있었다. 침의 길이가 무려 60cm나 된다는 얘기가 실감이 가는 대목이었다.

솔직히 방금까지 허풍을 치는 의사가 아닌가 하고 의심했다고 말하니 장헌규는 그런 말을 많이 들었다는 듯 무덤덤한 표정이다.

"저는 아직도 감히 이 침을 놓지 못하고 있습니다. 잘못 찌르면 장기를 다칠 수 있으니까요."

침구를 배우고 있던 김씨 성의 수강자가 침묵하는 스승이 못마땅한 듯 이렇게 우리의 대화에 끼어들었다.

정골(整骨) 센터에는 한순간 한약재의 은은한 냄새와 더불어 웃음소리가 울려 퍼졌다. 연길 시가지 남쪽에 자리 잡은 장헌규의 이 센터에는 명문대의 의학교수와 현지 병원의 의사도 자청해서 그의 독특한 침구(鍼灸)를 배우고 있었다.

장헌규의 신기(神技)에 가까운 이 침은 일명 '구룡침(九龍針)'으로 특허를 취득, 현재로서는 중국 대륙에서 실제 사용되고 있는 제일 긴 침으로 알려져 있다.

사실 검처럼 기다란 이런 침은 '망침(芒針)'이라는 이름으로 중국에서 옛날부터 전승되고 있다. 망침은 특제한 긴 침으로 통상 가늘고 탄성이 있는 불수강 철사로 만든다. 그 모양새가 흡사 보리 수염 같다고 해서 망침이라고 불린다. 망침은 중국 고대 아홉 침의 하나인 '장침(長針)'이 발전한 것으로, 그 길이가 5치, 7치, 10치, 15치 등으로 부동하다. 임상에는 일반적으로 5~8치의 침이 많이 사용되며 8치 이상의 침은 화석처럼 아주 희소하다.

장헌규는 지난날 부친이 마을에서 이웃의 병을 보면서 이따금 놓던 장침이 바로 8치(24cm)였다고 말한다. 그러나 이 침은 망침이 아니라 조선반도의 옛 조상으로부터 장장 몇십 대를 이어 받은 전통의술이었다.

용의 뼈를 잠근 사람

어느 날 왕실의 누군가가 야외에서 수렵을 하다가 낙마를 했다. 측근이 부축을 하려고 하자 왕족은 단박 숨이 넘어가는 소리를 질렀다. 허리뼈가 삐끗 어긋났던 것이다. 다들 어쩔 바를 몰라 발을 동동 굴렀다. 누군가 마침 부근 마을에 신의(神醫)로 불리는 장씨 성의 의사가 있다고 말했다. 이윽고 장씨 의사가 부름을 받고 천방지축 달려왔다. 그는 왕족의 허리에 기다란 침 몇 대를 꽂아 넣더니 지압으로 척추를 이곳저곳 눌렀다. 통증은 금세 바람처럼 사라졌고 왕족은 다시 말 잔등에 올라탔다. 왕족은 대단히 기뻐하며 의사에게 이 신기한 의술의 이름을 물었다. 이때 장씨 의사는 그동안 갈고 닦은 기지를 빛낸다. 왕족의 용골(龍骨)을 이어 맞췄다는 의미로 용(龍)자를 넣어 '쇄룡골(鎖龍骨)'이라고 멋진 이름을 지어 올렸던 것이다. 그때부터 '쇄룡골'이라는 이 치료법의 이름은 동네방네 널리 전해졌다.

연변조의분회 성립대회 대회장에 있는 장헌규 회장(가운데 사람)

이 일화는 조선 세조(世祖, 1417~1468) 때 생겼다고 장씨 가문에 전한다. 훗날 장헌규는 이 '쇄룡골'의 이름 의미를 보다 잘 전달하기 위해 '쇄룡정골(鎖龍正骨)'이라는 이름으로 특허를 출원했다. 중국말 '정골(正骨)'은 바로 우리말 한자의 '정골(整骨)'이라는 뜻이다.

각설하고, '쇄룡골'의 치료법에 나오는 '장침'이 도대체 얼마나 길었는지는 현재로선 잘 알 수 없다. 다만 장헌규의 조부 때에 이르러 후손에게 물려준 제일 긴 장침이 8치였다는 것만은 확실하다.

침은 조선민족 의술의 정수이지만, 희소한 의술인 장침을 놓는 사람은 아주 적다. 인체의 수백 개의 혈위(穴位)는 그렇다 치고 어려운 해부학을 손금 보듯 습득해야 하기 때문이다. 또 침을 놓을 때는 손가락의 힘과 손목의 힘을 이용하여 장침을 누르고 비비며 살갗에 번개같이 뚫어 넣어야 하는데 웬만한 의사는 아예 엄두조차 내기 힘들다.

실제로 장헌규는 가문에서 전하는 의술을 배우다가 도중에 포기한 적이 있다고 한다. 1983년, 장헌규는 군부대에서 퇴역하고 고향마을에 돌아와 호미를 잡고 있었다. 의술은 땅을 떠나 천하를 주름잡고 싶은 그에게 지팡이나 다름없었다.

"그런데 부친의 말씀이 귀에 잘 들어오지 않는 겁니다. '쇄룡골'이라는 게 뭔지 딱딱하고 재미가 없었어요."

장헌규는 의술이고 뭐고 팽개치고 무작정 산해관 너머 소림사(少林寺)로 떠났다. 워낙 군부대에서 특수요원으로 있었던지라 무술에 남다른 흥미가 있었던 것. 1984년, 장헌규는 소림사에서 스승을 모시고 무술을 배운다. 스승은 또 그에게 정골(整骨)과 침술도 가르쳤다. 정골과 침술은 무술 수련자에게 필수품처럼 되어 있었기 때문이었다. 그 후 장헌규는 또 무당산(武當山)에 올라가 도사를 모시고 주역을 읽으며 태극권을 시작한다.

10년 후 귀가한 장헌규는 언제인가 눈과 마음이 열린 자신을 문득 발견한다.

“1년이 12달이듯 흉추가 12개 마디이며 1년이 24계절로 나뉘듯 늑골이 24개이고 하늘에 태양이 떠있듯 저골(骶骨)이 있으며 달이 떠있듯 꼬리뼈(尾骨)가 있다….”

난해한 범문(梵文)처럼 들리던 ‘쇄룡골’의 구구절절이 말 그대로 뼈 속 깊이에 파고들었다. 부친이 환자의 몸에 찌르는 침의 ‘경로’가 인제 투시라도 하듯 눈앞에 사진처럼 환하게 펼쳐지고 있었다.

“지금은 공해가 많고 또 약을 많이 쓰고 있지 않아요? 그래서 침의 효과가 잘 드러나지 않고 있습니다.”

장헌규는 어느 정도 침술에 숙달하자 침의 효과를 극대화하기 위해 나름대로 침을 놓는 방법을 모색했다.

미구에 몸을 6개의 각도, 3개의 방향으로 찌르는 ‘구룡침’이 그렇게 나왔고 침 3, 5대를 일시에 머리에 연속 찌르는 ‘포마침(跑馬針)’, 젖샘 치료 등을 일원화한 ‘삼합일(三合一)’ 치료법도 그렇게 나왔다. 장헌규는 또 과민성 습진을 치료하기 위해 ‘습침(濕針)’ 치료법을 만들기도 했다.

장헌규의 독특한 침구술로 중국침구지압협회의 이사로 당선되었으며 중화의학전승의 선두주자가 되었다. 얼마 전에는 또 스리랑카 국제의과대학 민족전통의학 박사 칭호를 받았으며 북경중의중약전승학원 객좌교수로 초빙되었다.

고향의 산과 물의 향기를 찾는 사람

센터의 벽 아래에 두꺼비 한 쌍이 웅크리고 있었다. 주먹처럼 툭 튀어나온 눈알이며 꾹 다문 길쭉한 입, 그리고 땅을 짚고선 짤막한 다리….

누가 선물한 나무뿌리 조각인지 진짜 대단한 작품이구나 하는 감탄을 자아내고 있었다.

장헌규는 조각물의 작가가 화제에 오르자 입가에 웃음을 흘렸다.

"뭘요, 제가 언제인가 강가에서 주은 뿌리를 직접 조각한 겁니다."

그러고 보니 센터에는 적지 않은 뿌리조각이 있었다. 조각은 여기저기 자리를 차지하고 의료용품 가운데서 각별한 운치를 자아내고 있었다.

장헌규는 바쁜 일상에서 평정한 마음을 얻기 위해 자주 시골에 내려간다고 한다. 골짜기를 파고 내리는 시냇물은 그동안 쌓였던 번뇌를 깨끗이 씻어주었고, 울울창창한 수풀은 신선한 공기를 꽉 막힌 폐부에 시원하게 불어넣었다.

연길(延吉)의 부르하통하 기슭에 누워있던 나무뿌리가 그렇게 조각품으로 나타났고 왕청(汪淸)의 가야하 기슭에 뒹굴고 있던 돌덩이가 그렇게 고운 무늬의 수석으로 나타났다.

인간의 핏줄처럼 나무의 결이 거미줄처럼 엉켰고 인간의 골격처럼 줄기가 똬리처럼 돌돌 감겨있었다. 장헌규는 혈에 침을 꽂아 경락을 뚫듯 조각칼로 나무를 이리저리 잘라 뿌리의 원형을 드러냈던 것이다. 수석에 피어난 무늬도 그의 손길을 거쳐 초가, 농부의 모습으로 새롭게 나타나고 있었다.

고향의 산과 물의 향기는 뿌리조각과 수석에 한껏 피어오르고 있었다.

"결국 우리가 살고 있는 이 세상의 하늘과 땅, 강, 짐승, 사람…. 모두가 나무뿌리에 녹아있는 것 같아요."

그럴지라도 보는 눈에 따라 보이는 실상도 다를 수밖에 없다. 탁자 부근에 놓은 나무뿌리 조각이 바로 그러했다. 조각물은 분명 하나이지만 왼쪽에서 보면 두루미요, 오른쪽에서 보면 부엉이였고 뒤에서 보면 돌조각을 입에 문 고대 원시인이었다. 한두 발자국 물러서 보면 조각물은 물을 헤가르는 한 척의 용선(龍船)을 방불케 했다.

원리를 깨치면 하나를 안 후 열을 안다고 했다. 정골센터의 벽에 걸려 있는 서예작품도 단연 일품, 이 역시 장헌규의 솜씨라고 한다. 뿌리조각처럼 스승을 모시지 않고 홀로 닦은 기예였다.

"어느 수련이든지 끝이 없어요. '집'에 몸을 가두지 말아야 하는데 그렇게 안 되네요."

장헌규는 공기를 마시듯 자연과 자유롭게 교감을 갖고 싶다고 말한다. 자신의 '도호(道號)'인 장룡비(張龍飛)라는 이름처럼 하늘을 날면서 새롭게 거듭나고 싶다는 것. 그는 현재의 자기는 아직 탈피를 채 하지 못했다고 곱씹어 말한다.

이때 따라 그가 입구에 놓은 나무화석이 새삼스러웠다. 수천 년 동안 땅에 고이 묻혀있던 이 화석은 바로 석탄으로 굳어지기 직전의 양상을 보이고 있었다.

장헌규는 그가 얼마 전부터 비로소 시작한 큰 작업이 있다고 말했다.

"요즘은 조의(朝醫) 쪽으로 많은 생각을 하고 있습니다."

조의는 '조선족의학'이라는 말로, '조선족의사'로도 통한다. 조의는 2, 3년 전 비로소 국가의 인정을 받은 의학유형의 이름이다. 중국에는 장족의학, 몽골의학, 묘족의학 등 여러 소수민족 의학유파가 있다. 장헌규는 현재 연변조의분회 회장 직무를 맡고 있다.

장헌규는 그가 늘 중의(中醫)라고 불리지만 정확한 신분은 바로 '조의'라고 특별히 힘을 주어 말한다.

조의(朝醫)의 모습을 그린 사람

"제가 중국의 스님과 도인에게 의술을 많이 배운 건 사실입니다. 그러나 제가 맥을 이은 것은 분명히 우리가문에서 전하는 전통적인 조선민족 의술입니다."

조부는 조선의 평양에서 원근에 의술로 풍수로 이름난 명의였다. 어느 날 그는 야밤에 솔가 도주하여 연변의 안도로 이주했다. 조부가 연변으로 이주한 데는 그럴만한 사연이 있었다. 조부는 한일합병 후 독립운동에 나선 의병 부상자들을 의술로 치료했고, 일본인들이 함부로 조선의 땅에 길을 내고 터널을 뚫을 때 조선인의 기맥이 끊긴다고 반기를 들고 나섰다. 결국 그 때문에 일본 군경의 감시를 받았고 나중에 일가족을 거느리고 안도 지역에 은거했던 것이다. 그러나 연변이 일본의 치하에 들어간 후 일본군경에게 잡혀가 그길로 실종되었다. 그는 집을 나서기 전에 자식들에게 쇄룡골 의술을 꼭 전승할 것을 신신당부했다고 한다.

그런 가문에서 나서 자란 장헌규는 나이를 먹을수록 조선민족 전통의학에 대한 사랑이 각별하다고 말한다.

"안타깝게도 우리 조선족들은 아직도 조의라는 이름에 대한 관심이 너무 적어요." 장헌규의 말에 따르면 많은 사람들은 아예 '조의'라는 이름조차 모르는 게 현주소이다. 그런데 온라인에는 벌써 누군가 의도적으로 조의라는 이름의 도메인의 등록을 완료한 상태라고 한다.

“이러다간 우리 이름을 우리가 쓰지 못하게 되는 현상이 빚어질 수 있어요.”

장헌규는 얼마 전 서둘러 ‘연변조의’라는 닷컴을 등록했다. 비록 조의라는 이름의 도메인을 전부 등록하지 못했지만, 그래도 조선족의 고향인 ‘연변’ 성씨의 도메인을 만들게 되었다는데 작은 안위를 받을 수 있었다고 한다.

장헌규가 만든 도메인의 메인 페이지에는 태양과 그 속에 있는 조의라는 이름이 나란히 꽃구름처럼 떠있다. 태양신은 조선민족의 주되는 숭배의 신이다. 그러고 보면 장헌규에게 조의는 다름 아닌 태양신의 이름 그 자체로 되고 있었던 것이다.

태양산의
마지막 햇살을 쫓는 무용인

언제인가 귀주성(貴州省) 오지의 시장에서 희한한 사건이 벌어진 적 있다. 무용인 손룡규(孫龍奎)가 '인신매매범'으로 오인되어 하마터면 시골사람들에게 주먹다짐을 받을 뻔 했던 것이다.

"실은 여자애들에게 남다른 감이 잡혔어요. 화려한 옷차림은 물론 손짓 발짓에 유혹되는 무용의 그 뭔가가 있었습니다."

그때 손룡규는 여자애들에게 함께 지프차에 앉아 그들의 사는 마을에 가보자고 청을 했다고 한다. 웬 외지 사나이에게 끌리다시피 차에 앉는 여자애들을 보고 시골사람들은 난리법석을 놓았다. 그가 여자애들을 유괴하는 어수룩한 범행자처럼 비쳤던 것이다. 안내인으로 나섰던 현지 정부부문의 관원이 구구히 해석을 하고나서야 이 '유괴 사건'은 일단락을 지을 수 있었다.

민간무용 수집을 하면서 소수민족들과 함께 기념사진을 남기고 있는 손룡규(오른쪽 두 번째 인물은 그의 아내이다.)

실제로 손룡규는 이런 소설 같은 '사건'을 한두 번만 만든 게 아니다. 민간무용을 수집하러 편벽한 소수민족지역을 다니면서 위험한 경계를 드나들기도 했다.

"협곡에 있는 마을로 가는데요, 산이 너무 험해서 내처 앉은걸음으로 내려갔습니다."

산은 위에 눈이 흰 모자처럼 덮여 있었고 가운데는 누런 흙이 속살을 드러내고 있었으며 기슭에는 푸른 숲이 띠처럼 둘러 있었다. 삼색의 산은 마치 한 점의 그림처럼 아름다웠지만 바깥세상의 사람들에게 쉽사리 문을 열지 않았다. 동행한 여성제자는 무서워서 산을 내려갈 엄두를 내지 못했으며 산정에서 자리를 지켰다. 그는 시간이 오랫동안 흘렀지만 스승이 그냥 감감 무소식이자 혹여 스승이 잘못된 게 아니냐 하고 울음보를 터뜨렸다고 한다.

귀주성 서북부의 문산(汶山) 지역 시골에 다녀오면서 있었던 일화였다.

"그 마을의 사람들은 수목 숭배와 조롱박 숭배를 하고 있었습니다."

그때 손룡규는 마치 모래더미에서 진주를 발견한 듯한 심정이었다고 한다.

"세상과 떨어진 고장일수록 문화와 풍속이 원시적인 상태로 잘 보존되어 있지요."

손룡규는 토착민들의 생활에서 예술의 천성을 읽었고 그걸 다시 무용언어로 만들어 무대에 올렸다. 이런 작품은 나중에 귀주성의 무용콩쿠르에서 선후로 은상, 금상을 수상하며 산에 잡풀처럼 묻혀있던 이름 없는 마을, 나아가 현을 일약 유명한 고장으로 떠오르게 했다.

사실 이런 경력을 만들기에 앞서 손룡규는 진작부터 중국 예술계에서 널리 알려진 유명한 무용인이다. 그는 베이징무용대학 안무학부에서 교원으로 있으면서 일찍 많은 무용작품을 창작, 와중에 그가 창작한 무용 '이즈러진 봄'은 1994년 '중화민족 20세기 무용경전작품'에 선정되었다. 이 행사는 중국문화예술계연합회와 중국무용가협회, 중국무용연구소 등이 공동으로 주최, 중국 무용계에서 최고의 권위를 자랑하고 있다.

무용 작품 〈태양산〉의 한 장면

태양신(太陽神)은 태양의 산에 오른 사람에게 빛의 혜택을 베풀고 있었다.

'태양산'에 늦깎이로 오른 막둥이

예술학교 시험관 앞에는 흙냄새가 풀풀 나는 18살의 시골총각이 우두커니 섰다. 시험관이 노래 한 곡을 주문하자 시골총각의 입에서는 언제인가 마을 놀이터에서 익힌 노랫가락이 흘러나왔다.

"모를 내세, 이 논 저 논에 모를 내세…."

잇따라 터진 시험관의 웃음소리.

"허허 동네 아바이 같구먼요. 춤을 잠깐 춰요."

'아바이'는 '늙은이'를 이르는 함경도의 방언이다.

시골총각은 쑥스럽다는 듯 눈길을 떨어뜨렸다.

"저는 춤을 출줄 모릅니다."

시험관은 서로 뭐라고 수군거리더니 또 주문을 했다.

"그럼 업간체조라도 해보세요."

이윽고 시험관 앞에는 하나 둘 구령을 외치며 팔다리를 기계적으로 움직이는 이상한 화면이 펼쳐졌다.

"그때 저는 그분들이 체육학원 모집을 나왔는가 하고 생각했습니다. 그래서 팔다리에 공연히 힘만 꽉 넣었거든요."

손룡규는 그때의 일을 생각하면 지금도 낯이 간지러워진다고 한다. 그런데 "뜬 소가 울타리를 넘는다"고 할까, 노래와 춤과는 담을 쌓고 지내던 손룡규는 시험관들의 혜안에 잡혀 연변예술학교 무용학부에 입학한다. 체조 동작이라고 해도 무용인의 리듬, 곡선미 등에 대한 이해와 표현은 아무래도 달랐던 것이다.

그때 그 시절에 있을 법한 전설이었다. 손룡규의 무용생애는 그렇게 18살에 갑자기 시작되었다. 시골을 떠난 기쁨은 잠시였다. 예술학교에 들어서던 그날 손룡규는 그만 기절초풍할 지경이었다. 무용연습장에 나타난 학생들은 저마다 일자형으로 다리를 쩍 벌리는가 하면 몸을 활등처럼 뒤로 젖히고 발목을 잡고 있었다.

"어이구, 이건 사람이 아니고 인형 같네요."

그러나 손룡규는 금세 무용이라는 이 미지의 예술에 주술이 걸린 듯 금방 자석처럼 빨려 들어간다. 언어로 표현할 수 없는 것을 무용언어로 표현하면서 내심적인 감각을 생명처럼 무용언어에 불어넣는 무용예술은 그를 보이지 않는 실로 칭칭 휘감고 있었다.

그해 겨울방학 손룡규는 집으로 돌아가지 않았다. 썰렁한 연습장에 홀로 남았다. 난방을 주지 않아서 얼음의 굴 같은 연습장이었지만 춤사위와 함께 땀방울이 뚝뚝 떨어졌다. 하지만 침실로 돌아오면 금방 이가 덜덜 방아를 찧었다. 옷을 꽁꽁 껴입고 잠자리에 들었는데도 한기는 이불귀를 젖히고 새어들었다. 그해 겨울 그의 두 귀가 모두 얼었다. 한쪽 귀를 베개에 대고 녹일 사이면 어느 결에 잠이 깜박 드는데 그 사이에 또 다른 한 귀가 얼어들었던 것이다. 배고픈 고생도 이만저만 아니었다. 아침식사는 옥수수떡, 점심식사는 옥수수 국수, 저녁식사는 옥수수 죽이었다. 목요일 아침에 식탁에 오르는 기름떡과 일요일 아침에 식탁에 오르는 이밥 한 끼는 천하별미였다.

첫 겨울방학이라고 아들의 귀가를 고대하고 있던 부친은 학교를 찾아왔다가 안쓰럽다 못해 눈물을 떨어뜨렸다.

"무용을 늦게 시작했기 때문에 이미 굳어진 몸이잖아요. 남보다 걸음마가 늦었으니 대가를 지불해야지요."

손룡규는 잠을 자기 전에 다리를 끈으로 머리 위의 침대다리에 꽁꽁 동여맸다. 아침에 일어날 때는 다리가 마치 나무토막처럼 뻣뻣해서 침대에서 내려설 수 없을 정도였다. 그러한 집착이 그의 무용재능을 정상급으로 밀어주었다면, 짬짬이 익힌 피아노며 피리 연주는 그의 천부적인 예술재능을 한 귀퉁이나마 빠끔히 열어 보이고 있었다. 이처럼 예술학교에서 갈고 닦은 기량은 그의 몸에서 잠자고 있던 예술세포를 깊은 잠에서 깨어나게 하고 있었다.

'태양산'을 비추는 햇살

지난 세기 70년대, 학교에 무용교원으로 남은 후 화룡에 민간무용 수집차로 갔을 때의 일이었다. 동네의 웬 노인이 무용수집자들의 모임에 찾아와서 수다를 떨었다.

"자네들은 아는가? 칼춤은 말이여, 단을 꺾어야 한다니까."

다들 노인이 술에 취해 횡설수설한다는 눈치였다. 그런데 손룡규의 귀에는 그 말이 우레처럼 들렸다. 단을 꺾는다는 말은 곧바로 칼춤을 출 때 손목을 꺾는다는 말이 아닌가….

"생각해 보면 그때부터 무용에 남다른 느낌을 받고 있던 것 같습니다. 남에게 잘 들리지 않는 무용언어가 쉽게 들리고 있었어요."

어릴 때부터 흙무지에서 뒹굴면서 자랐던 시골생활은 언제인가 전혀 새로운 화면으로 다가오고 있었다. 흥이 나면 논두렁을 가로타고 어깨춤을 들썩이는 고향사람들의 춤가락에서 손룡규는 오락뿐만 아닌 여러 인간상과 그 속의 희로애락을 느낄 수 있었다.

1979년, 손룡규는 북경견학을 하게 된다. 이때 그는 처음으로 발레 '백조의 호수'를 관람하게 된다. '백조의 호수'를 눈으로 접하는 순간 그는 감격을 말로 그려낼 수 없었다고 한다. 무용은 그때부터 더는 직업이 아닌 사랑으로, 그의 분신으로 자리를 잡게 되었다.

이듬해 손룡규는 북경무용대학 학생모집 시험에 응시했다. 공화국 창립 후 처음 전국적으로 모집하는 학생모집이였다. 문화대혁명 10여 년 동안 초야에 묻혀있던 인재들이 저마다 주먹을 부르쥐고 달려왔다. 북경 시험장에만 해도 응시생이 2천여 명으로 합격률이 무려 80대 1에 박근

했다. 손룡규는 시험을 무난히 통과하고 북경무용대학 교육학부 민간무용과에 입학했다.

북경무용대학은 중국 최고의 무용학부이다. 손룡규는 중국 예술계의 거물급 인사인 가작광(柯作光), 오효방(吳曉邦) 등을 모두 스승으로 모시는 행운을 지닐 수 있었다. 이 기간 그는 스승들의 지도하에 민간무용 유산을 정리하고 교과서를 편찬하는 등 작업에 적지 않게 관여했다. 1984년 졸업한 후 손룡규는 북경무용대학의 강단에 올라서게 되었다.

"예전에는 정서적으로 무용을 보았지요. 그때 어떤 주제를 갖고 무용을 만들었다고 하면 이때부터는 무용의 천성을 생각하게 되었습니다."

그동안 쌓아온 생활경험과 지식은 손룡규의 무용창작에 두 날개를 달아주었다. 졸업한 이듬해부터 손룡규는 해마다 시와 성, 전국적인 상을 줄줄이 안아왔다. 무용계의 최고권위의 상인 '연꽃컵(荷花杯)', 예술학교부문의 최고의 상인 '도리컵(桃李杯)'의 수상명단에는 당연히 그의 이름이 연이어 찍혔다.

"무용은 종교와 가까워요. 원시인들의 제사활동 등에서 초기의 무용이 나왔지요."

손룡규는 무용의 진수를 파악하기 위해 고서더미에 묻혔다. 천 년 전의 『시경』, 『도덕경』이 그의 책궤에 꽂혔고 음양팔괘의 『주역』이 그의 손에 들렸다. 그가 집필한 『종교와 무용』, 『무용을 해석하면서 대우(大禹)를 말하다』 등 책과 논문에는 역사의 오랜 흔적이 그대로 묻어나고 있다. 얼마 전 민간무용 수집을 하느라고 사막지대를 헤집고 다녔던 그는 이번에는 또 시집 『춤을 추는 사막의 백양나무』를 출간했다.

그러고 보면 손룡규는 단지 무용인이 아니라 학자이고 시인이었다. 또 안무가들의 관례를 깨고 현대무용과 고전무용, 소수민족 무용 등을 모두 섭렵하고 있다. 그의 이런 독특한 경력과 성과는 무용대학에서 그의 작품전시회를 기획하기에 이르렀다.

2014년 12월, 손룡규의 전반 무용생애의 무용대표작 9편은 '변화 · 원상(圓象)'이라는 제하로 무용대학 전문극장에서 공연되었다. 원상은 "세계와 더불어 하나로 된다"는 의미로, '변화·원상'은 안무가 손룡규가 무용작품에서 추구하고 있는 '세계와 함께 하는 변화'와 '심신 일원화'의 경지를 집약적으로 표현하고 있다.

'태양산'의 마지막 햇살은 어디에

원시상태의 진실한 옛 춤은 거의 전설이 되어가고 있는 것이 현주소이다. 길이 열리고 마을이 개방되면서 옛날의 춤은 이리저리 변형되고 가공이 되어 사람들의 시야에 나타나고 있다.

"그래도 민간무용이 아직까지 원시상태로 보존되어 있는 고장이 있어요."

손룡규가 귓가에 속삭이듯 하는 말이다.

그의 말에 따르면 소수민족이 집거하고 있는 대륙 서남부의 운남(雲南)과 광서(廣西)에는 자연미의 무용이 많지만 오지의 귀주성에는 아직도 원시상태의 춤들이 적지 않다는 것. 배달겨레의 '강강수월래'와 같은 둘레춤은 중국에도 있으며, 이중 제일 잘 보존된 원시상태의 둘레춤은 기실 귀주성에 있다고 한다.

이런 민간무용의 수집은 통상적으로 성과 시, 현의 선전부 등 정부부문을 통한다. 그러나 이때 수집자에게 선을 보이는 무용은 벌써 여기저기 가미된 경우가 다반사이다. 원시상태의 진실한 무용을 발견, 발굴하려면 바깥세상과 떨어진 오지의 마을에 찾아가야 한다는 게 바로 손룡규의 지론이다.

상고시절 태양을 쏘아 떨어뜨렸다는 전설적 영웅 후예(后羿)의 후손도 그렇게 만났다고 한다. 항간에서는 그들을 묘족의 후예라고 일컫지만 그들은 묘족 계열과는 다른 부족이라고 자칭하고 있었다. 이 때문에 여자들의 모자는 빨간색의 둥근 모양을 하고 있으며 거기에 화살모양의 꼬챙이가 꽂혀 있었다. 그들은 길을 막고 술을 먹어야 길손을 마을로 들여보내며, 생황을 불면서 사랑의 뜻을 춤으로 전하는 기이한 풍속의 민족이었다.

그들의 독특한 풍속과 문화를 엮은 무용 '태양산(太陽山)'은 나중에 귀주성 무용콩쿠르에서 금상을 받았으며 뒤이어 전국 연꽃컵 경연에서 창작부문의 금상을 안아왔다.

"어느 원시부락에 갔는데요, 아직도 총기를 소지하고 있는 겁니다."

마을에는 집집마다 총 두세 자루가 있었는데, 어떤 집은 보루처럼 만들고 벽에 총구멍을 벌집처럼 숭숭 뚫어놓고 있었다. 총잡이들은 저마다 1등 명사수였다. 어깨 뒤에 총을 멘 그대로 겨냥도 하지 않고 총을 쏘아 단방에 새를 떨어뜨리더란다….

저택 부근의 찻집에서 전설 같은 이 이야기를 말하는 손룡규는 자못 흥분한 어조였다. 그는 이때만큼은 북경이 아니라 오지의 신비한 태양산에 달려가서 서 있었다. 그는 거기에서 태양산의 원초의 기억을 담은 마지막 햇살을 만나고 있었다.

그림의 저쪽 세계에서 수행하고 있는 기인奇人

노인의 세계는 고작 2, 30평 크기의 작업실이 전부였다. 노인은 날마다 그곳에서 동쪽에 뜨는 해를 맞았고 또 날마다 그곳에서 서쪽에 지는 해를 바랬다. 아니, 언제 해가 뜨는지 또 언제 해가 지는지 별로 관심이 없었다.

노인은 날마다 눈만 뜨면 선지(宣紙)에 쉼 없이 붓을 달렸다. 그림 그리기는 밥을 먹고 잠을 자는 것처럼 노인의 삶의 일상이 되어 있었다.

작업실에는 말 그대로 하나의 세계가 만들어지고 있었다. 아아히 높은 히말리아 산이 있었고 천리 고비사막이 있었으며 뉘엿한 황토고원이 있었다. 벽에 줄느런한 거폭의 그림들은 중국의 대표적인 산과 강, 사막을 재현하고 있었다. 그림에는 '중화강산도(中華江山圖)'라는 제목이 붙어있었다.

화실에서 부인과 함께 있는 김경모 화백

"완성된 그림은 거의 다 궤에 따로 보관하고 있습니다. 그림을 걸어놓을 자리가 너무 부족해서요."

작품은 내년 말까지 완성될 예정이며 최종 2,000m에 이른다고 한다. 정말이지 보지도 듣지도 못했던 희대의 작품이었다.

노인의 작업실에는 시도 때도 없이 소문을 듣고 찾아오는 사람들의 발길이 이어지고 있다. 그들은 뉘라고 할 것 없이 거창한 '중화강산도'의

앞에서 감탄은 물론 무서운 전율을 느낀다. 미상불 그림의 어마어마한 양도 그렇거니와 전문가들을 놀래는 독특한 그림의 세계가 펼쳐지고 있기 때문이다.

“참, 우리 인간이 그림에서 나타낼 수 있는 극치의 미를 보는 것 같아요.”

“그래요, 화단에서 다시는 나오지 못할 작품이 아닐까요?”

정작 그림의 주인인 김경모(金京模)는 도를 닦는 수행자처럼 언제나 고요한 모습이다. 실제로 그는 이 그림을 그리면서 장장 10년을 하루같이 작업실에서 고독한 수행자로 보냈다고 한다.

‘원자탄’을 만든 그림소년

어쩌면 진부한 얘기가 아닐지 한다. 성공한 예술인이라면 응당 그러하듯 김경모 역시 그림을 굉장히 즐겼던 그림소년이었다.

김경모의 말을 그대로 빈다면 그때는 그냥 그림이 좋아서 그림을 그렸다고 한다. 담이나 벽, 문짝 등 그림을 그릴 만한 곳이면 곧바로 화판이 되였고 연필이나 분필 지어 숯도 그림을 그리는 붓이 되었다. 그 시절 그림책에서 접할 수 있었던 군함이며 대포, 병사와 장수 등이 다시 소년의 “화판”에 등장하여 일장 “전투”를 벌였다.

초중에 다닐 무렵 김경모는 동북로신(魯迅)문예학원의 미술반 초선(初選)에 선정되는 기쁨을 부모에게 선물한다. 이 문예학원이 바로 훗날의 유명한 로신미술학원의 전신이다. 그런데 식구들은 이 기쁨을 채 누리기도 전에 한숨을 내쉬어야 했다.

▲ 물욕에 젖은 화백의 모습을 그린 작품

"면접을 가야 했는데요, 도무지 차비를 만들 수 없었습니다."

이때 일반 노동자의 월급은 20~30원, 10원이면 쌀을 80근이나 살 수 있었다. 서발 막대기 휘둘러도 거칠 게 없는 살림형편에서 차비 10원은 아름찬 액수였다. 나중에 김경모는 고중에 입학한 후 이내 학업을 포기하고 직장을 찾기에 이른다. 그때 학교의 추천으로 흑룡강성(黑龍江省)지질국 산하의 흥안령(興安嶺)지질대대에 배치, 이어 감숙성(甘肅省)지질국 산하의 주천(酒泉)지질탐사대 대원으로 전근되었다.

김경모는 입사한 첫날 웃지 못할 일화를 만든다. 화강석의 이야기가 나오자 오히려 화강석이 뭔가 하고 반문했던 것이다. 기실 화강석은 굳어진 모양이 바위나 산봉우리를 이루고 있어서 평소에 흔하게 볼수 있는 암석이다.

그때부터 김경모는 몇 해 동안 짬만 있으면 표본실에서 광물 기초지식을 닦았다. 휴일에도 고향 하얼빈(哈爾濱)에 돌아가지 않았다. 땀의 결실이 있었다. 썩 뒤의 이야기이지만, 그는 지질탐사대에서 지질학과 관련한 저서를 여러 권 펴낸 몇몇 사람의 하나가 되었다. 그래서 지난 세기 80년대 김경모는 감숙성지질국 제1진 공정사의 명단에 이름 세 글자를 당당하게 기록할 수 있었던 것이다.

그러나 지질탐사대에서 김경모가 긍지를 느끼고 있는 성과는 이 일이 아니다. 1955년부터 중국에서는 비밀리에 핵계획을 추진하고 있었다. 원자탄을 만들려면 단연 우라늄이 첫 자리를 차지한다. 이에 따라 지질탐사대의 작업은 우라늄광석을 탐사하는데 주목표를 겨냥하고 있었다.

"극비 작업이라서 탐사대원 1명에 해방군 병사 2명이 근접수행을 했어요.”

그때 탐사작업은 주요하게 지표의 방사성 이상현상을 발견하고 추적 수색을 진행하여 진상을 밝히는 것이었다. 솔직히 끝이 어딘지 보이지 않는 따분한 작업이였다.

행운은 노력하는 사람을 비켜가지 않았다. 김경모가 감숙성 경천현(涇川縣) 일대의 산골에서 사암형(砂巖型) 우라늄광석을 발견했던 것이다. 그때 그 고장의 사람들은 우라늄성분이 들어있는 바위로 담을 쌓고 지어 집을 짓고 있었다. 그곳 사람들은 방사능의 영향을 받아 이름 모를 병을 앓기 일쑤였다. 이 때문에 그들은 수명이 별로 길지 않았지만 무슨 원인인지 잘 모르고 있었다. 각설하고, 김경모의 감숙성 최초의 우라늄광석 발견은 지질국을 들썽하게 만들었다.

1964년 10월 16일, 중국 서부의 고비사막에 솟아오른 버섯구름의 아래에는 그렇게 그림소년이 하나 서있었다.

그림세계에 떠오른 ‘청산의 매’

1979년, 공화국 창립 30주년에 즈음하여 감숙성 정부는 김경모 개인에게 우라늄광석의 발견 공적을 치하하는 표창장을 내렸다. 감숙성 방송과 신문 등 언론매체는 앞다투어 김경모의 사적을 실었다.

이때 언론매체는 하나같이 ‘청산의 매’를 제목으로 만들었다. ‘청산의 매’는 그 무렵 김경모가 연변에서 출간한 장편소설이다. 소설은 지난 세기 60~70년대 러시아와 중국의 분쟁을 배경으로 지질탐사대의 이야기를 주선으로 삼고 있다. 『청산의 매』는 초판인쇄가 무려 6천 권, 그 시절 조선족문단에서 소문난 몇몇 소설의 하나가 되었다. 어쨌거나 중국의 산하를 매처럼 넘나든 탐사대원 김경모에게 '청산의 매'라는 이름이 적격이었던 것이다.

기실 김경모는 예나 제나 다름없이 그냥 선과 색채의 그림세계에서 살고 있었다. 소설의 상상세계도 그의 그림세계의 여정에 잠깐 등장했을 따름이다. 숫자와 화학부호의 논리적 세계는 더구나 멀리 떨어진 다른 세계였다.

"부끄럽지만요, 저는 저의 핸드폰 번호도 제대로 기억을 못해요."

실제상 그가 지금까지 내놓은 지리학 저서도 그림과 한데 이어져 있다. 1983년 그와 동료가 공저로 지질출판사에서 펴낸 학술저서는 『야외지질스케치(野外地質素描)』이며, 1984년 과학출판사에서 출판한 그의 학술저서는 『그림으로 읽는 지모유형(地貌類型圖說)』이다.

"내가 살고 있는 이 나라 이 땅이 어떤 모습인지 그림으로 재현하고 싶었습니다."

가지각색의 지모(地貌)는 모두 그에게 얻기 힘든 그림 소재가 되었다. 김경모는 기차를 타고 집으로 돌아오면서도 내내 화첩을 펼쳐들었다. 황토고원 그리고 고원을 흘러 지나는 황하, 구렁이처럼 산마루를 기어가는 장성…. 차창 밖을 스쳐 지나는 경물 모두가 고스란히 그림으로 남았다. 어느덧 김경모의 그림재간은 동네방네 파다히 전해졌다. 그때 그 시절 주천지역 최대의 모택동 화상(畵像)도 김경모의 작품이었다.

놀랍게도 김경모는 그림세계에서 스승이 없이 독학의 길을 걸어왔다고 한다. 그래서 그는 자기의 그림수준을 가늠하기 위해 일부러 미술전시회에 참석한 적 있다. 아내가 살고 있는 요녕성(遼寧省) 무순(撫順)시에 전근했던 지난 세기 80년대의 일이였다.

"저의 작품이 전시회의 1등과 2등, 3등을 석권한 겁니다. 그때부터 그림에 자신감을 얻었고 더는 전시회에 출품하지 않았습니다."

그때 전시회에 출품한 그림은 유화였고 훗날 그리기 시작한 '중화강산도'는 수묵화였다. 수묵화는 김경모가 지난 세기 90년대부터 시도한 화법이다. 그는 여러가지 착상을 시험하던 끝에 2000년도에 비로소 자신만의 화풍을 찾게 되었다. 그는 이번에는 수묵화 작품의 완성도와 수준을 가늠하기 위해 북경 '인민일보 신주서화원(神州書畵院)'을 찾았다. 그러자 서화원의 원장이 직접 특약화가 초청장을 들고 김경모를 찾아왔더라고 한다.

이때부터 김경모는 작업실에 '은둔'하고 오로지 '중화강산도'를 만드는데 혼신의 힘을 쏟았다.

"'중화강산도'는 단시간의 완성이 절대 불가능한 작품입니다. 이 때문에 잡념이 섞이면 잘 그릴 수 없습니다. 물욕에 젖으면 마음이 들뜨니까요."

은둔자가 빛을 보는 그날은

어쩌면 "은둔자"의 신분이 될 운명이 아닐지 한다. 김경모는 일명 당안(檔案)이라고 하는 개인의 인사 기록부마저 분실했다고 한다. 지난 세기 80년대, 김경모는 요녕성 무순시에 전근한 후 탄광개발을 청부했다. 그런데 얼마 후 정부 부서의 개입으로 계약해지를 당한다. 3년 후 사건이

해결되었지만 이 과정에서 인사 기록부가 어디론가 종적을 감췄던 것이다.

졸지에 직장을 잃은 김경모는 오갈 데 없는 사람이 되었다. 이때 그의 마음에 버팀목이 된 것이 바로 그림이었다. 결국 그림소년으로부터 지질학자, 소설가, 정부관원 등 과정을 거친 후 순수한 화백으로 거듭나고 있었다.

그러나 언제까지 마냥 그림을 그릴 수 있을지 장담할 수 없었다. 월급이나 연금보장이 없는 생활이었기 때문이다.

"마침 구경꾼 가운데서 제가 시작한 '중화강산도'를 보고 지원자가 나서더군요."

김경모가 작업실을 차린 송장(宋庄)은 북경 동쪽 근교의 통주(通州)에 위치한 유명한 화백마을이다. 마을을 찾는 사람들은 거개 예술인이거나 예술에 취미를 갖고 있는 사람들이며, 통상 예술작품 감상수준이 상당히 높다. 와중에 김경모의 그림을 보고나서 지원자로 나선 사람들이 무려 100명을 헤아리고 있단다. 그들은 십시일반으로 지금까지 김경모를 적극적으로 후원하고 있다. 작업실 임대료의 대여, 선지와 물감의 제공은 물론 김경모가 입고 있는 옷도 지원자들이 산 것이라고 한다. 또 김경모의 건강을 염려하여 무료검진을 다녀간 의사도 있었다.

"저분이 남들의 인정을 받고 있다고 생각하니 마음이 기뻐요."

아내 안진영은 인터뷰 도중에 이렇게 그간 가슴에 맺혔던 응어리를 풀어냈다.

"인제야 저분이 하고 있는 작업의 의미를 알 것 같구요. 함께 보람을 느낍니다.”

솔직히 안진영은 그림세계에 파묻혀 살고 있는 남편이 때때로 야속하기도 했단다. 그런 남편 때문에 안진영은 결혼 후 장장 40년 동안 거의 혼자서 가정을 꾸려야 했던 것이다. 실로 성공한 남편의 뒤에는 아내가 서 있다는 속담을 상기하게 했다.

김경모는 두루마리 그림 ‘중화강산도’를 완성하는 대로 전부 사회에 기부할 예정이다. 일부 전문인 지원자들은 벌써 ‘중화강산도’를 영구전시하기 위한 문화광장의 설계와 기획에 들어갔다.

그렇다고 김경모의 그림 작업은 이로써 끝나는 게 아니었다. 그는 얼마 전부터 한반도의 대표적인 풍경을 하나로 집대성한 작품을 계획하고 있다. 백두산과 금강산, 한라산 등 명산을 포함, 최종 80m 길이의 두루마리 그림을 완성하는 것. 한반도의 3천리 강산이 인제 대형 화폭으로 재현되게 되는 것이다.

정말이지 기인(奇人)의 그림세계로의 여행은 끝이 없는 것 같았다.

수중인水中人,
어느 한 화백의 고백

한 사람이 물속에 잠겨 있다. 화면은 온통 분홍색 일색이다. 넥타이와 와이셔츠 차림으로 미뤄 도시인인 듯하다. 그런데 그가 왜서 물에 있는 걸까, 혹여나 물에 빠진 걸까…. 수중인(水中人)의 얼굴에 비낀 공포와 실망, 단호함에서 뭔가의 답을 읽을 것 같기도 한다.

"일부러 물속에 모델을 넣고 그림을 그렸습니다."

화백 박광섭(朴光燮)은 그의 작업실을 가득 채운 분홍색의 수중인(水中人) 그림들을 이렇게 해석했다.

몇 년 전 그는 작업실 뒤쪽의 마당에 각기 2미터 높이와 길이, 너비의 수조(水槽)를 설치했다고 한다. 그전까지는 실내 수영장을 임대해서 사진을 찍고 그림을 그렸단다.

"물밑의 세계는 눈을 뜨기 어렵지요. 그래서 어쩔 바를 모르고 발버둥을 치게 되는 거지요."

박광섭은 지난 세기 70년대 연변 왕청현(汪淸縣)의 대흥구(大興區)에서 태어났다. 그는 일찍 "우리는 공산주의의 후계자라네"라는 우렁찬 노래를 부르면서 인생의 계몽단계에 발을 들여놓았다. 뒤미처 시작된 개혁과 개방은 그에게 전혀 체험하지 못했던 낯선 세계를 펼치고 있었다. 박광섭은 동년배와 더불어 하늘 아래 만화경 같은 삶의 행로에서 방황하고 몸부림을 쳤다.

화백 박광섭

수중인(水中人)은 바로 개체의 생존경험과 사회의 문화형태 사이의 제일 민감한 마찰 부분을 포착, 이런 모순을 물속의 한 장면에 고착시키고 정련(精練)하여 사진처럼 생생하게 나타내고 있는 것이다.

화백이 몸과 마음으로 깨닫고 다시 화필에 담은 '물속의 아름다움'은 금세 사람들의 시선을 사로잡았다. 그의 작품은 '당대유화전시회' 등 중국 대륙의 유수의 전시회는 물론 대만과 한국, 싱가포르 등 지역과 나라의 전시회에 등장했다. 2005년부터 유럽에 진출, 각종 그림전시회에 10여 차례 참가했다. 박광섭의 작품은 세계 정상급 그림의 향연인 스위스 바셀화랑박람회에도 두 번이나 얼굴을 내밀었다.

수중인(水中人), 물에서 헤엄을 치는 사람

어느 날 지인의 안내로 작업실을 구경하러 왔던 한 외국인은 그림을 보자마자 놀란 소리를 하더란다.

"이 화백의 이름이 뭐죠? 중국에서 대단한 화백이 아니예요?"

그는 외국의 그림전시회에서 수중인(水中人) 그림을 보았으며 그때 깊은 인상을 받았다고 한다. 화면을 가득 채운 분홍색은 단일한 색채로 여느 그림보다는 달리 좀처럼 지울 수 없는 강력한 이미지를 풍기고 있었던 것이다.

붉은색은 일명 "중국 색깔"이라는 의미의 '중국홍(中國紅)'이라고 불린다. 박광섭이 어린 시절을 보냈던 '문화대혁명' 시기, 온 중국은 붉은색으로 뒤덮여 있었다고 해도 과언이 아니다. 방방곡곡에서 휘날리는 붉은 깃발, '홍위병(紅衛兵)'의 붉은 완장, '홍소병(紅小兵)'의 붉은 넥타이…. 그 시기를 장식했던 광란의 붉은색이었다. 지난 세기 80년대, 개혁, 개방이 실시되면서 사람들은 비로소 기존 개념의 붉은색 환경에서 차츰 탈피하게 되었다.

박광섭은 그래서 짙은 붉은색이 아닌 옅은 분홍색을 선택하게 되었다고 말한다.

"그런 연장선에서 물을 그리게 되었습니다. 물속에 빠진 사람은 자아의 본성을 참모습 그대로 드러내게 되지요."

박광섭은 약 10년 전부터 '수중인(水中人)' 계열의 그림을 그리기 시작했다. 인생에 대한 그의 사색과 추구는 그림에 그대로 점점이 묻어나고 있었다.

미국 평론가 데비드 깁슨의 박광섭 작품에 대한 평가를 한두 단락 적어본다.

> "사람들은 물이 통제하는 환경에서 생활한다. 물은 그들을 기르고 또 그들을 보호한다. 지어 그들의 움직임을 제한한다. 박광섭의 그림에서 여러 번이나 그림과 연관된 비유가 사용되고 있다."

> "박광섭의 인물화는 그의 예술가로서의 심미와 의식의 추구를 만족시켰을 뿐만 아니라 이런 것들을 훨씬 초월했다. 이 계열은…정신세계와 현실계세 사이에 직접적인 연계를 구축했다."

박광섭의 그림에서 물은 분홍색과 마찬가지로 시대적인 낙인이 찍혀 있었다. 아니, 화백이 그리고자 하는 인물의 환경을 시각적으로 드러내는 무대가 되었다. 박광섭은 그를 포함해 사회의 격변기를 사는 사람들의 진통과 고민, 이상 등을 세부적인 화상(畵像)에 담으려고 했다.

"물속에 둥근 기포가 보이죠? 또 그림은 원형에 들어 있죠? 원형은 자궁, 래원, 시초 등을 의미하고 있습니다."

처음에 박광섭은 물에 잠긴 연꽃 계열의 그림을 그렸다고 한다. 맥없이 시들고 또 일부 찢어진 연꽃은 화판에 떠올라 어디론가 멀어진 아름다움에 깊은 동정을 자아낸다. 여기서 찢어지고 훼손되었다는 의미의 잔(殘)은 참선한다는 의미의 선(禪)과 동음이의어이다. 화백은 이 연꽃을 통해 낡은 사고방식을 깨 버리고 참된 깨달음을 얻고자 하는 마음을 고백하고 있다.

사람은 물속에 잠겨 있었지만 화백의 마음은 결코 물에 갇혀있지 않았던 것이다.

화중인(畵中人), 그림 속의 사람과 함께 사는 사람

박광섭은 어릴 때 그림책에 미치다시피 했다.

"수업시간에는 그림책을 교과서로 가려놓고 보았지요."

실은 책 속의 주인공의 운명에는 별로 관심이 없었다. 인물 자체가 바로 그의 타깃이었다. 용상에 기댄 황제, 말 잔등에 올라탄 장수, 밭머리에 걸터앉은 농부…. 그림책에 나오는 각양각색의 인물은 거의 날마다 그의 연필에 묻혀 공책 위에 비뚤비뚤 옮겨졌다.

소학교 4학년 때 박광섭은 지인의 소개로 연길에 가서 연변예술학교 미술교원을 스승으로 모시고 그림을 배운다. 이때에야 박광섭은 인물을 그리는 데도 인상의 파악, 세부의 기록이 우선한다는 것을 알게 되며 운동감과 명암감, 해부학 등의 회화적 표현기술을 습득하게 된다. 박광섭은 그야말로 물을 만난 고기처럼 신났다. 날마다 반복되는 따분한 선 그리기도 그에게는 도랑에서 물고기를 잡듯 재미있는 일이었다.

그림에 대한 깨달음과 집착은 화판에서 한 점 또 한 점의 그림으로 변신했다.

방학 한 달의 기한이 지나서 작별을 고할 때 스승이 어린 박광섭에게 남긴 부탁은 단 한마디, 장차 꼭 그림을 그리라는 것이었다.

또래 중에서 박광섭의 그림은 물 위에 피어난 한 떨기의 꽃처럼 두드러졌다. 훗날 중학교의 미술교원도 약속이나 한 듯 부친에게 이런 부탁을 남겼다고 한다.

"아버님, 이 애더러 꼭 그림을 그리게 하십시오."

중학교를 졸업할 때 박광섭은 유명한 동북사범대학 미술학부에 지망을 한다. 이때 미술과목의 2천여 명 응시자 가운데서 그는 전문과 성적이 단연 네 번째 순위에 올라 주변의 경탄을 자아냈다. 그러나 미술에만 너무 집착한 탓으로 다른 과목의 성적이 부진해서 미역국을 먹어야 했다. 이듬해 그는 연변예술학교 미술학부에 입학하며 대학을 졸업한 후 또 북경 중앙미술대학 유화 연수반에서 계속 그림기예를 닦는다.

이 무렵 북경 동쪽의 '송씨 마을(宋庄)'에 화백들이 모여 더는 송씨의 마을이 아닌 화백의 마을을 이루고 있었다. 나중에 화백마을에는 화백 등 예술인이 1만여 명 운집하며 또 화랑과 전시실 등이 무려 100여 개 일떠선다. 이름 그대로 화백의 전당으로 둔갑한 것이다. 이에 따라 집값이나 임대비가 천정부지로 솟구친 건 물론이요, 현재로서는 마을에 발을 비집고 들어설 틈도 찾기 어렵다.

박광섭은 화백마을의 초기 입주자이다. 그래서 다들 그를 유복한 화백이라고 말한다. 실은 그가 화백세계의 흐름을 미리 읽을 수 있었기 때문이 아닐지 한다. 아직 남들이 좌표를 잡지 못하고 우왕좌왕할 때 벌써 '송씨 마을'로 발길을 돌렸던 것이다.

"'이 마을은 예술인들끼리 만나서 수시로 교류를 할 수 있는 좋은 장소가 되겠구나' 하는 생각이 들더군요."

이때부터 박광섭은 '송씨 마을'에 작업실이 딸린 집을 마련하고 오로지 그림에 전념하게 되었다. 현재 그는 지인들과 함께 손잡고 '송씨 마을'에 화랑도 운영하고 있다. 그림을 전시하는데 스스로 무대를 마련한 셈이다.

박광섭은 "송씨 마을"의 입적은 그의 그림생애에서 밑그림을 그려준 것과 같다고 말한다.

"'송씨 마을'의 존재적 의미는 돌파와 혁신입니다. 절대 다른 사람의 작품을 모방하지 않지요."

그는 늘 지인들과 함께 모여앉아 그림이야기를 나눈다고 한다. 남의 말에서 독특한 계발을 받기도 하며 아이디어를 주제로 잡아서 함께 전시회를 갖기도 한단다.

쾌적한 환경은 그림 속의 사람들을 언제나 그와 함께 숨을 쉬게 하고 있었다.

무제 50X150cm

무제(無題), 화백의 제목 없는 그림

아직은 남들에게 좀처럼 드러내지 않은 비밀이 있었다. 지난해부터 박광섭은 분홍색의 수중인(水中人) 그림을 한 단락 접고 다른 그림을 그리고 있다.

"전쟁 주제의 그림인데요, 작품이 별로 만족스럽지 않아서 지금까지 밖에 내놓지 않고 있습니다."

백의민족의 역사에 비운의 그림자를 드리운 "조선전쟁"이었다. 지금도 종전이 아니라 정전 상태인 조선반도는 언제 불이 확 붙을지 모르는 "화약통"이다. "조선전쟁"은 과거형이 아니라 여전히 진행형인 것이다. 그러나 당대 미술영역에서 "조선전쟁"을 주제로 삼은 그림은 별로 없다.

박광섭은 "조선전쟁"을 그리기 위해 대량의 문헌자료를 찾아 읽었고 영상자료들을 무더기로 수집했다.

"'조선전쟁' 하나를 놓고 전쟁 당사자인 중국과 조선, 한국, 미국은 서로 다른 시각적인 차이를 보이고 있습니다."

전쟁의 성격을 두고 '항미원조(抗美援朝)', '조국해방', '침략' 등 각이한 주장이 존립하고 있었으며 또 북침이냐, 남침이냐를 두고 시야비야의 논쟁에 휘말려 있었다. 아예 '조선전쟁'이요, '한국전쟁'이요, '6·25전쟁'이요 하는 등 전쟁에 붙인 이름마저 달랐다.

이때 박광섭은 중국인이자 또 조선족인 자기의 정체성에 대해 극심한 고민을 겪게 되었다고 한다. 사실 그림마다 모두 하나같이 제목이 없는 것도 그의 이런 복잡한 심경을 보여주고 있었다.

기왕 말이 나왔으니 말이지 박광섭의 작품은 전쟁그림은 물론 예전의 수중인(水中人) 그림도 제목이 없는 게 특징이다.

"그림을 보는 시각에 따라서 생각이 다를 수 있습니다."

박광섭은 그의 무제의 그림을 이렇게 설명했다.

"좋은 작품이라면 사람들에게 상상의 공간을 남겨주어야 하지 않을까요."

책으로 세상을 찾아가는 사람
전영범

솔직히 그에게 "책을 무엇이라고 생각하는가?"라고 묻고 나서 괜한 질문을 하지 않았나 하는 생각이 갈마들었다. 사찰에 가서 스님에게 뜬금없이 "경문이라는 게 뭔가?" 하고 우문(愚問)을 드린 양상이기 때문이다.

전영범의 인생경력은 말 그대로 순백의 책으로 도배되고 있었다. 대학을 졸업하고 곧 퇴직하게 되는 지금까지 장장 35년 동안 책 하나만 만들었던 것이다. 그의 이런 경력은 업계에서 내노라고 하는 민족출판사에서도 단연 한손에 꼽힌다.

사람들은 흔히 저작등신(著作等身)으로 저술한 서적의 부피를 비유한다. 자기의 키만큼 많은 저술을 한다는 것. 그러나 그에게 도대체 그간 만든 책이 얼마 되는가 하는 물음 역시 우문이 아닐지 싶었다. 이보다 수상작등신(等身)이라는 어휘가 더 타당하고 적절한 표현이기 때문이다. 그가 민족출판사 조문실 주임으로 있는 기간 기획하고 출판한 도서는 400여 종, 그 가운데서 10%를 차지하는 40여 종의 책이 '중국도서상', '중국민족도서상', '동삼성(북경) 조선문도서상' 등 각급 여러 가지 도서대상을 수상했다. 『중국조선족문화사대계』는 단연 중국 도서 중 최고의 대상인 '중국출판 정부상'을 수상하였다.

그러고 보면 전영범은 출판계에서 너나없이 공인하는 '상아탑'을 쌓아 올린 것이다. 그래서 전영범은 2010년 '전국 민족사무위원회 계통의 선진사업인원'으로 선정되었으며 2011년에는 '국무원 정부특별수당금 수혜자'가 되었다. 정부특별수당금은 1990년부터 국무원에서 특출한 기여를 한 전문가, 학자에게 발급하는 특별대우이다. 중국 출판업계에서 정부특별수당금 수혜자는 전영범이 조선족으로는 유일무이하다.

인생이 한 권의 책이라면 전영범은 그야말로 수십 년 페이지의 향기로운 '책'을 쓴 셈이다.

향기를 풍기는 책

좋은 책 한 권을 만드는 과정 역시 한 알의 씨앗처럼 싹을 틔우고 잎사귀를 펼치며 나중에 망울을 터뜨려 향기를 풍기는 성장의 진통을 겪는다.

그의 책궤에 줄느런히 꽂힌 책들은 저마다 많은 이야기들을 간직하고 있었다. 그렇다면 어느 책 어느 페이지를 먼저 펼쳐야 할까…. 전영범은 희비가 엇갈렸다는 그 책의 이야기부터 꺼내는 것이었다.

그때는 중국 대륙에서 한류가 붐을 이루던 지난 세기 90년대였다. 산동 등 연해지역을 고찰하던 전영범은 현지에서 한국어를 공부하는 열기를 체감하게 되였다. 오랜 출판인으로서 그는 대뜸 책『한국어 배우기』를 만들면 잘 팔리겠구나 하는 생각이 들었다.

서점에는 벌써 흥행을 노린 '한국어 배우기' 책자들이 연신 머리를 내밀고 있었다. 그런데 이런 책자들에는 한국어의 토나 철자는 물론 습관용어의 사용에서 틀린 게 적지 않았다. 중문출판사의 한계가 드러나고 있는 부분이었다.

'우리글의 책을 만드는 건 우리 조선족 출판인이 우세한데….'

전영범은 곧바로 대학가의 학자들을 동원하여 교과서『한국어』(1~4권)를 개발한다. 책 원고를 마무리 지을 때는 대학교 개강일이 눈앞에 박두하고 있는 시점이었다. 교과서는 조선문 교열만 통과하고 즉각 인쇄에 들어갔다.

급히 먹는 밥이 체하는 법. 이번에는 교과서에서 한국어가 아닌 중국글에 틀린 곳이 줄줄이 나타났던 것이다. 어림잡아 수십여 곳이나 되였다. 수천 권의 책을 전부 파기해야 했다. 보물덩이처럼 생각했던 도서가 졸지에 애물단지로 전락한 것이다. 전영범은 산더미 같은 책을 종이공장에 파지로 버리면서 하마터면 애들처럼 눈물을 떨어뜨릴 뻔 했다.

우여곡절 끝에 서점에 다시 등장한『한국어』는 드디어 한국어를 공부하는 사람들의 열독서가 되었다. 그때부터『한국어』는 지금까지 무려 23차례나 재판되어 민족출판사 사상 단일 품종의 도서로는 재판 차수가 제일 많은 도서로 되였다. 이에 따라 책은 수입이 짭짤해서 금덩이를 낳는 "황금거위"로 떠올랐다.

전영범

이 책과는 달리 조선족 신진작가들의 작품집 출판은 시초부터 파격적이었다. 그때 문단에서 금방 두각을 내밀 시작한 신진작가들은 작품집을 내려면 적어도 몇 년 씩이나 순서를 기다려야 했다. 그래서 책을 내려고 시도하는 신진작가들에게 헛수고를 하지 말라고 권고하는 사람도 있었다고 한다.

“공연한 걸음을 걷지 말게. ‘민족출판사’는 문턱이 아주 높네.”

그러나 출판사라면 작가들의 아지트는 물론 산원(産院)이 되어야 한다는 게 전영범의 좌우명이었다. 그는 지난 세기 80년대 중반부터 조문실 문예도서조 조장으로 있으면서 중진작가들의 작품집에 모를 박는 한편 신진작가들의 육성에 정력을 기울였다. 그리하여 당시 오랜 작가였던 김철의 시선집, 설인의 시선집은 물론 신진작가였던 김훈과 리광수, 유재순의 단편소설집, 리혜선의 중편소설집이 연이어 출판되었다. 이들 신진작가는 훗날 모두 조선족문단의 중견으로 성장하였다. 그때 내린 결단은 이런 인물들의 샛별 같은 문단등장에 사다리를 놓아주었던 것이다.

책에 깃든 이야기는 너무나 많았다. 책장에서 손에 닿는 대로 뽑아든 대형 화첩 『당대중국조선족』은 그가 편집 작업에 참가하고 편집위원, 북경소조 부조장을 담임했다고 한다. 이 화첩은 중국조선족의 100년 역사를 반영, 중국조선족의 발전사에 대한 권위적인 해독(解讀)이 되었다. 또 그가 기획에 참여하고 심사위원, 원고심열위원을 담임한 『중조대사전』은 더구나 중국과 조선, 중국과 한국 문화교류의 교량이 되었으며 사전류 도서의 권위적인 모델이다.

서고(書庫)에 명물로 오른 이런 책들은 저마다 전영범의 인생경력을

'책'의 향기로운 페이지로 풍미하고 있는 것이다.

세상을 편집하는 책

책은 원예사가 화원의 꽃을 가꾸듯 출판인의 편집, 가공작업을 거쳐야 한다. 따라서 출판인의 시각과 능력의 여하에 따라 책의 모양새가 달라진다.

전영범은 조문실 주임 직무를 맡은 지난 세기 90년대 중반 직원들에게 다소 이색적인 제안을 내놓는다.

"공부를 하세요, 다들 학자나 전문가가 되어야 합니다."

그의 말을 따른다면 출판업계의 경쟁은 결국 인재의 경쟁이라는 것이다. 그는 직원들이 모두 대학 졸업생들이었지만 여기에 연연하지 말고 계속하여 연구생 공부를 하라는 지청구를 입에 달고 다녔다. 직원이 연구생 공부를 하게 되면 부서에서 학비의 일부를 지원했다. 선후하여 4명이 재직 석사과정을 수료하고 석사학위를 받았으며 1명이 박사과정을 수료하고 박사학위를 받았다. 조문실은 이로써 민족출판사에서 석, 박사가 제일 많은 편집실이 되었다. 이처럼 자체적으로 연구생을 육성한 건 전국 출판업계에서 특이한 사례로 꼽힌다.

조문실은 직원들이 지면에 작품을 발표할 경우 편당 인민폐 3백원, 논문은 편당 7백원을 장려했다. 작품이 수상되면 또 그 외의 장려금을 주어 글을 지은 사람을 격려했다. 훗날 이런 장려금 제도는 부서에서 글을 쓰는 게 일상이 되면서 옛말이 되었지만 연구생과정 수료를 격려하는 제도와 마찬가지로 직원들의 실무능력 향상에 명실공히 디딤돌이 되었던 것이다.

"책을 만드는 사람은 먼저 인간이 되어야 합니다."

전영범은 한때 부편심(副編審, 부교수) 직함과 편심 직함을 다른 사람에게 거듭 양보하여 출판사의 미담으로 전해진다.

그가 당지부위원회 서기를 세 번 연임한 기간 조문실 당지부는 무상 헌혈과 재해구지원 등 행사에서 번마다 출중한 모습을 보였으며, 따라서 2005년 국가민족사무위원회 '선진기층당조직'으로 선정되었다.

그러나 세상만사가 순풍에 돛 단 배처럼 그렇게 순조로운 건 아니었다. 한때 조문실은 경제난에 시달렸다. 출판사는 조문실에 해마다 단지 수십만 원의 경비만을 조달하였는데 이 경비에는 조문실 약 20명 직원의 임금과 30여 종 도서의 출판이라는 막중한 과업을 포함하고 있었다.

이때 따라 황홀한 여신은 연이어 세 번이나 나타나 자기의 궁전으로 전영범을 유혹했다. 그것인즉 상부의 부장 비서로 전근하고, 부유한 연해지대의 부현장급 대외무역 간부로 발탁되며, 국가급 여행사의 책임자로 전근하는 것이었다. 와중에는 별장과 승용차를 지급하고 임금을 원래의 10배로 인상하는 혜택까지 들어있었다.

종국적으로 전영범은 그냥 책을 만드는 사람으로 남았다.

"책의 애착이라고 할까요? 제 적성에 제일 맞는 게 도서출판이라고 생각되었습니다."

시장성 도서를 기획하게 된 것도 이 무렵부터라고 한다. 조문실은 조선족 학술계와 문학계, 교육계의 전문가, 학자들을 익숙하게 알고 있는 이점을 이용하여 팔리는 책들을 만드는 데 힘을 쏟았다. 『중국조선족문화사대계총서』(전11권), 『연변아리랑』, 『연변인민항일투쟁사』, 『흑룡강연수현조선족백년사』 등 품위 있고 학술가치가 높은 민족출판사의 조선문도서는 사회적 효과와 경제효과에서 모두 질적인 비전을 가져왔다.

"책을 만드는 사람은 책이 잘 나갈 때 제일 기쁘지요."

침체기에서 벗어나던 그때가 새삼스러운 듯 전영범은 얼굴에 함박꽃과 같은 웃음을 피워 올린다.

마치 꿀벌이 꽃을 떠날 수 없듯 책은 어느덧 그의 전부가 되었던 것이다.

직원들과 함께 진지하게 토론하고 있는 전영범

책의 향기로운 만남

"책이요? 책은 저에게 등대와 같았습니다."

전영범은 책에 대한 물음에 일고(一考)의 머뭇거림도 없이 이렇게 한마디로 대답한다.

그가 고향인 왕청현에서 중학교 2학년에 다닐 무렵 극좌운동인 '문화대혁명'이 일어났다. 난데없는 큰아버지의 역사문제는 그림자처럼 내내 어린 전영범의 뒤를 따라다녔다. 이 때문에 그는 그토록 자랑스러웠던 "홍위병"에서 축출되었고 훗날에는 또 그토록 부러웠던 군대모집에서 제외되어야 했다.

전영범은 본의 아니게 자주 또래의 무리에서 홀로 떨어지게 되였다. 그는 고독을 달래기 위해 도서관에 남몰래 들어가서 늘 독서 삼매경에 빠졌다. 파란 많은 세상에서 한 떨기의 낙엽처럼 정처 없이 헤매는 그에게 책은 유일하게 마음을 의지할 곳으로 되었다. 붉은 깃발과 구호, 수령 초상이 수풀을 이룬 바깥세계와는 전혀 다른 오색의 세계가 그의 눈앞에 펼쳐지고 있었다.

장편소설 『낙타 샹즈』, 『집』, 『지원군의 하루』, 『여량(呂梁)영웅전』, 『연안보위』….

그때 전영범은 처음으로 '민족출판사'라는 이 이름에 매혹되었다고 한다.

"그런 재미있는 책들을 거개 '민족출판사'에서 펴낸 거예요. 그래서 '민족출판사'가 참으로 대단하구나 하고 생각했지요."

1974년, 그는 책과 더 가까이 그리고 더 깊게 다가설 수 있는 기회를 갖게 되였다. 현지에서 추천을 받아 연변대학 어문학부 조선어과에 입학하게 되었던 것이다. 그에게 정말로 오매불망 그리던 '책의 천당'이 나타난 것이다. 비록 그때 "조선어문은 무용지물"이라는 논조가 휩쓸고 있었지만 워낙 글쓰기와 독서를 즐겼던 그는 짬나는 대로 원고지에 자주 볼펜을 긁적거렸다. 그럴지라도 책의 '등대'가 나중에 그를 '민족출판사'라는 옛 꿈속의 대안으로 인도할 줄은 정말 뜻밖이었다.

대학 졸업을 앞둔 어느 날이었다. 학급에는 문득 모범인물의 사적기사를 써내라는 과제가 떨어졌다. 전영범은 평소 책 더미에서 갈고 닦았던 기예를 발휘, 한 편의 기사를 멋지게 엮어냈다. 그런데 그게 바로 북경 민족출판사의 입사 후보들을 선정하기 위한 필기시험이었다. 책과의 끈끈한 인연은 그렇게 연변 오지의 이 시골뜨기를 마침내 수도의 출판사까지 이르게 했던 것이다.

전영범은 그때부터 몇 십 년 동안 책으로 쭉 편집을 해왔던 세계를 퇴직한 후 직접 두발로 뛰고 피부로 느끼고 싶다고 말한다. 그는 바야흐로 책과 또 다른 향기의 만남을 시작하게 되는 것이다.

중국 민족이론과 정책 연구의 대표주자 김병호

일화부터 얘기하자. 언제인가 중국 최대의 포털 사이트인 바이두(百度)에 그의 이름을 검색했더니 웬걸, 북한 중앙통신사 사장으로 나오고 있었다. 한글 이름은 같았지만, 중국 글 이름이 틀려서 나온 황당한 일이었다.

사실상 그렇지 않더라도 김병호(金炳鎬)는 대학가에서 이름난 인물이다. '중국 첫 민족이론 학과의 박사 지도교수', 바이두에서 밝히는 그의 신분이다. 김병호는 중국 민족이론 학과의 대표주자이다. 그는 중앙민족대학의 긍지이요, 전국 민족대학의 영광이다. 참고로 중앙민족대학은 소수민족 고급인재의 요람으로, 중국에서 유일하게 56개 민족 교원과 학생, 직원을 보유하고 있는 대학이다.

중국 국무원 산하에는 특별히 국가민족사무위원회가 설립되어 있다.

중국에서 민족문제의 각별한 비중을 보여주는 것이라고 하겠다. 56개 민족이 살고 있는 다민족 나라이기 때문에 민족이론과 민족정책 연구는 중국사회를 연구하는 데 각별한 의미를 가진다.

중앙민족대학 민족이론과 민족정책연구원 원장 김병호 교수는 이 분야에서 대표적인 인물로 주목을 받고 있다.

공산당의 민족정책을 연구하는 필수서적

1970년 초반에 중앙민족대학 졸업을 앞두고 김병호에게 문득 '복음'이 내린다. 정치학부가 그에게 뜻하지 않은 제의를 해왔던 것이다.

"깜짝 놀랐죠. 저에게 학교 교원으로 남을 의향이 없나 하고 묻던데요."

사실상 김병호는 학업 성적이 남달리 두드러지지 않았다. 또 수더분하고 말수 적은 성격이었다. 정치학부의 수십 명이나 되는 졸업생 군체(群體)에서 표 나는 학생은 아니었다. 그가 늘 도서관에 홀로 있는 모습이 교수들의 눈에 들었다는 후문이다. 남달리 책 읽기를 즐기는 김병호의 고독한 모습에서 앞날의 유명한 학자의 모습을 미리 읽었을까…?

"그때 학교에는 민족이론과 정책을 연구하는 젊은 학자가 없었지요."

극좌운동인 '문화대혁명'을 거치면서 중앙민족대학은 많은 분야에서 학자와 교수의 단층 현상을 빚고 있었다. 민족이론과 정책을 연구하는 학자들은 거의 다 노교수였다. 실제로 그 무렵 후비 역량의 발굴과 훈련은 여러 대학에서 모두 시급한 과제로 인식되고 있었다.

김병호는 행운아였다. 그러나 '천리마'가 아니었던들 '백락'인들 무슨 재주가 있었을지 하는 옛말을 새삼 상기시키는 부분이기도 하다.

2009년 중앙민족대학 교원의 대표로 습근평 주석의 접견을 받고 있는 김병호 교수.(오른쪽 첫 사람)

민족이론과 민족정책 연구는 중앙민족대학에서 역사가 아주 오래되었다. 일찍 공화국 창건 초기인 1951년, 정부에서는 대학에 민족이론과 민족정책 과목을 설치하였다. 그때 이 과목은 당연히 민족간부 양성을 주목적으로 하는 소수민족대학인 중앙민족대학에 먼저 개설되었던 것이다. 그때부터 중앙민족대학은 중국의 민족이론과 민족정책 학과를 견인했다고 해도 과언이 아니다.

그러고 보면 중앙민족대학에서 1987년 대륙의 대학에서 처음으로 민족이론과 정책 학과를 개설한 것은 놀랍지 않다. 이때 삼십대의 젊은이였지만 벌써 10여 년 동안 민족이론과 정책 교학, 연구에 정진하여온 김병호는 학과 설립에서 주요 참여자로 활약하며 주요 과목을 직접 설정하고 강의한다. 중앙민족대학의 민족이론 교학과 학과건설의 발전 나아가 중국 민족이론 학과의 발전에 두드러지는 기여를 한 것이다.

얼마 후 그는 수년간의 심혈을 기울인 저서 『민족이론 통론』을 내놓는다. 총 46만 자의 이 책은 민족 실체론, 발전론, 문제론, 관계론, 민족정책론 등으로 나누어 민족이론과 민족정책을 체계적으로 서술하고 있으며 중국 민족이론 분야의 첫 교과서가 되었다. 『민족이론 통론』은 세상에 나오자마자 대뜸 일장 파문을 일으켰다. 학계는 이 통론을 민족이론과 정책 학과가 정식으로 설립된 상징물로 간주, 중국 민족이론과 정책 학과의 이정표라고 높이 평가하였다.

2002년, 김병호는 또 1921~1999년에 걸친 중국공산당의 민족정책 발전과정을 자세하게 서술한 또 다른 통론 『중국공산당의 민족강령 및 민족정책 통론』을 공저로 내놓는다. 이 책은 현재 중국공산당의 민족정책을 연구하는 데 필수서적으로 인정받고 있다. 중국 국가민족사무위원회는 이 책을 특별히 강택민(江澤民) 전 국가주석 등 중국공산당 중앙위원회 정치국 상무위원들에게 증정하였다.

『민족이론 통론』, 『중국공산당의 민족강령 및 민족정책 통론』, 『중국 민족이론 연구』 등 저서들은 중국 학술계의 무인지대를 개척하고 있었다.

김병호는 미구에 중국 국무원으로부터 국가특수공헌 기여자 및 전문가의 칭호를 받고 정부의 특별 장려금을 평생 수령했다. 2003년 7월에는 또 북경시 대학교 명교수로 선정되었으며 8월에는 '전국대학교 명교수 100명'의 한 사람으로 선정되었다. '전국대학교 명교수 100명'은 중국 교육부가 공화국 창립 후 처음 선정한 것으로, 현직으로 강단에 서고 있는 정교수 6만여 명 등 무려 70만여 명의 교원들을 상대한 것이다. 그 특점은 저작활동과 논문발표 등 연구 실적이 많은 것이다. 궁극적으로 100명의 명교수 가운데서 소수민족 명교수는 단 3명뿐이라고 알려진다.

김병호는 이로써 조선족의 우수성을 대내외에 널리 알린 것이다.

국가의 민족정책과 현실의 '착란(錯位) 현상'

"일부 경우에 민족정책과 현실은 서로 맞지 않습니다. 그 현상을 이론적으로 해석하기 힘듭니다."

김병호는 그동안의 연구에서 봉착했던 어려움을 이렇게 말하고 있었다.

공산당의 민족 이론이나 정책으로 볼 때 중국 대륙의 각 민족은 일률적으로 평등하다. 사실 정부에서도 이론적으로나 정책적인 차원에서 모두 평등함을 실시하고자 하고 있었다. 그러나 각 민족이 민족권리를 향유하는 데는 아무래도 일정한 차별이 있었다. 각 민족의 발전수준과 지역차이, 민족적인 차이 때문이다.

"우리 조선족을 보세요. 자기 출판사와 방송사를 갖고 있지 않습니까? 그리고 신문, 잡지만 해도 여러 개나 되지요."

그러나 대륙에서 인구가 100만 명 이상 되는 10여 개 소수민족 가운데서 이런 수준에 도달하지 못한 민족은 결코 한둘이 아니다. 그렇다고 정부에서 대등한 대우를 하지 않은 것도 아니다.

"민족평등은 대륙의 부동한 지역에서 결국 실현의 차이를 만들고 있는 거지요."

시간은 그런 차이를 메우는 제일 효과적인 '약'이었다. 화제는 이때 김병호의 어린 시절로 이어졌다.

김병호가 살던 마을은 흑룡강성(黑龍江省) 연수현(延壽縣)의 한 시골 마을이었다. 동쪽 동네는 조선족들이 옹기종기 모여 살았고 서쪽 동네는 한족들이 군락을 지어 모여 살았다고 한다. 정말이지 누군가 일부러 두 마을의 가운데에 '군사 분계선'을 쭉 그어놓은 것 같았다.

조선족 아이들은 십리 밖의 향 소재지에 있는 조선족소학교에 다녔다. 불과 30가구의 조선족 동네였지만 소학교에 다니는 아이들은 20여 명이나 되었다. 그러나 200여 가구 되는 한족동네에서는 향 소재지로 통학하는 아이들은 고작 둘뿐이었고 또 형제였다. 조선족 아이들은 학교를 다니는 길에서 늘 그 한족 형제를 조롱하였다. 눈물 콧물을 쥐어짜며 엉엉 우는 그들에게서 무언가의 우월감과 쾌감을 느꼈던 같다고 김병호가 회억했다. 물론 그런 즐거움은 번마다 오래가지 못했다. 방과 후이면 한족 형제가 으레 마을에서 자기 또래들을 한 무리씩 불러 조선족 아이들을 두드려 패겠다고 쫓아다녔기 때문이다.

그때 두 민족의 상호 내왕과 교류가 너무 적었고 또 서로 편견이 가시지 않은 상태에서 벌어진 황당한 일이라고 김병호가 콕 집어 말하고 있었다.

한족은 이역의 과경민족인 조선족을 차별하였고, 어른들의 불만은 알게 모르게 조선족 아이들의 어린 가슴에 상처로 자라고 있었다. 또 조선족 아이들은 오히려 늘 꾀죄죄한 옷차림에 또 소학교를 겨우 한두 해 다니다가 책 대신 호미를 드는 한족 애들을 몹시 얕보았으며, 마음의 한구석에 맺힌 응어리는 결국 엉뚱한 배출구를 찾아 터지고 있었다.

“교원으로 있으면서 귀향했을 때는 그런 현상을 눈 씻고 볼 수 없던데요.”

김병호의 눈앞에는 오히려 믿기 어려운 장면이 연출되고 있었다. 서로 다른 두 민족 어린이들이 마을에서 아기자기 어울려 다니고 있었던 것. 지난날 마을에서 서로 만나면 얼굴을 붉히던 이야기는 옛말이 되고 있었다.

시간은 두 민족, 두 마을의 어린이들에게 그어졌던 ‘분계선’을 고무지우개처럼 말끔히 지우고 있었다.

어릴 때의 아픈 기억 때문일지 모른다. 산재지역 민족문제는 김병호에게 예나 제나 다름없이 큰 관심사가 되고 있었다.

1980년대 말, 김병호는 중국 동북지역에 산재지역의 민족문제를 조사하러 내려갔다. 김병호는 한 달 동안의 조사과정에서 산재지역의 조선족들에게 인구유동이 있다는 것을 알게 되며 나중에 거기에 숨은 많은 문제들을 속속 발견하게 된다. 개혁과 개방 정책을 실시한 후 조선족들은 삶의 터인 고향마을을 떠나 관내로 대거 진출하고 있었다. 공업화 시대에 농경사회에서 도시화로 이전하는 자연스러운 흐름이었지만 그 ‘진통’은 벌써 서서히 나타나고 있었다. 부모들은 자식들을 친척이나 조부모들에게 맡기고 있었고, 따라서 어린이들의 교육도 문제로 나타나고 있었다.

“우리 조선족은 어린이들까지 조선말을 잊지 않을 수 있었던 원인이 바로 조선족동네와 같은 공동체 생활이 있었기 때문에 가능하지 않았겠습니까?”

국가 우수교원으로 선정된 김병호 교수

30년 전의 예언, 환발해만에 형성되는 새로운 거주지

조선족 마을에서 조선족의 비중이 줄어들고, 그 공백을 다른 지역의 한족들이 와서 재빨리 메우고 있었다. 조선족들의 정체성을 보존하고, 민족문화를 보존하는 기둥 역할을 하던 마을 공동체는 걷잡을 수 없이 무너지고 있다.

김병호는 조사를 마치고 여관에 돌아오면 일과처럼 자료들을 정리하였다. 그때는 아직 컴퓨터가 없다보니 인구변화 등 통계수치를 일일이 필산(筆算)으로 계산하여야 하였다. 그가 중국 최초로 다룬 조선족 인구유동과 사회문제는 이렇게 허술한 여관방에서 논문으로 작성되고 있었다.

조선족의 인구유동은 나중에 중국에서 조선족의 언어 유실과 풍속 소실이라는는 결과를 초래할 수 있다는 학자의 우려는 행간의 여기저기서 드러나고 있었다. 논문은 중국은 물론 국외에서도 상당한 관심을 불러일으켰다. 뒤미처 한국과 일본에서 번역판으로 발표되었다.

“그때 조선족의 새로운 거주지가 환발해만(環渤海灣)에 형성될 것이라고 처음으로 주장했지요.”

이 견해는 오늘날 더는 예측이 아닌 현실 상황이 되었다. 발해 주변 지역의 하북성(河北省)과 산동성(山東省)의 많은 대도시에서 조선족은 개체가 아닌 군체가 되고 있으며 ‘코리아타운’을 형성하고 있는 것이 현주소이다.

김병호는 지난 30년 동안의 교수생활에서 많은 제자를 배출하였다. 거기에는 한국인과 일본인을 포함한다. 앞으로 중국의 민족이론민족정책과 관련하여 더욱 많은 성과를 이루고 또 제자를 계속 양성하고자 한다고 김병호가 그의 소원을 말하고 있었다.

와중에 김병호는 자신이 '조선족학자'라는 특수한 신분을 염두에 두고 있었다.

"조선족 문제에 대한 민족정책은 민족이론과 정책 연구의 일부분이죠. 이 부분의 연구에 많은 정력을 들여서 조선족발전에 이로운 민족정책의 대안을 모색하고자 합니다."

박사 장순애의 비밀의 정원

"옛날 부잣집에서 여성을 위해 한곳에 산과 들을 가둬넣은 게 바로 정원이죠." 그녀는 정원의 시원을 이렇게 해석하고 있었다.

정원은 정자와 누대, 집의 전후좌우가 건물이나 담에 에둘린 장소를 말하는데, 중국 대륙에서 천 년을 이어 전승되고 있는 독특한 건물 양식이다. 선민들이 살고 있던 정원은 야속(野俗)의 예술을 한 점의 생생한 그림으로 나타내고 있다.

"송나라 때 전족이 생기면서 정원이 만들어졌다고 해요. 여성은 전족을 하니까 외출이 불편하겠죠. 그러니까 이 여성을 위해 부잣집에서 뜰에 가짜 산이랑 못이랑 만든 거예요. 돌계단은 안방까지 통해 있었죠."

중국의 전통적인 천인합일(天人合一)이나 음양오행, 풍수설의 논리를 떠나 여인의 전족에서 정원의 시원을 찾은 독특한 주장이었다.

THE KOREAN SOCIETY OF FASHION BUSINESS
2014 International Conference
「International Conference on Digital Fashion」
Date : 01 Nov. (Sat.) 2014
Time : 09:30 ~ 17:30
Place : Seoul National University Global Education Center Engineers Multi-Purpose Auditorium B181
Organizer
The Korean Society of Fashion Business
Host
Digital Clothing Center, Seoul National University
Chonnam National University
Sponsor
GNCO CO.,LTD

장순애

상해 동화대학(東華大學) 장순애 교수의 이 특강은 금세 정원의 비사(秘史)로 현장의 청중들을 매료시켰다. 나중에 청중들은 그 무슨 팬처럼 강단에 몰려와 장순애에게 문의를 하고 사인을 받는 등 한바탕 법석을 떨었다.

사실 그녀가 한국으로 출장을 갈 때마다 이와 유사한 진풍경이 자주 펼쳐진다. 복장 학과를 설치한 대학교는 그들끼리 특강 시간표를 작성하고 그녀를 기다린단다. 복식문화사(服飾文化史)에 대한 그녀의 독특한 견해는 그 자체가 남다른 한 부의 '교과서'가 되고 있었다.

아이러니하게도 그녀가 어릴 때 동경하던 '비밀의 정원'에는 복식이 아닌 약초의 향기가 은은히 풍기고 있었다.

"그때 엄마가 많이 앓았거든요, 그래서 병을 치료해주는 의사가 되고 싶었어요."

장순애는 6살의 풋풋한 나이에 벌써 책가방을 멨다. 흑룡강성(黑龍江省) 탕원현(湯原縣)의 시골마을에서 인기 있는 '신동(神童)'이었다. 일화라고 할까, 학교에서는 입학을 위해 혼자 찾아온 그녀에게 처음에는 나이가 너무 어리다고 퇴짜를 놓았다. 나중에 어문교과서를 얼음에 박 밀듯 줄줄 내리읽는 그녀에게 손을 들어주었던 것이다. 그러고 보면 홀어머니의 외동딸 사랑은 각별했던 모양이다. 한창 장난에 빠질 나이의 딸을 불러 짬짬이 글을 가르쳐줬던 것이다.

부지중 철부지의 어린 소녀가 글을 낭랑하게 읽는 화상(畵像)을 눈앞에 떠올렸다. 옛날이나 지금이나 시골에서는 별로 흔하지 않은 정경이었다. 정말이지 장순애가 엄마를 위해 의사가 되려고 했다는 생각을 어느 정도 이해할 수 있을 것 같았다.

그러나 소녀는 결국 의사의 꿈을 접게 된다. 이 '비밀의 정원'은 그녀와 인연이 없었던가 보다. 시름시름 앓던 어머니는 어린 소녀를 두고 끝끝내 아버지를 따라 저 세상으로 떠났던 것이다.

소녀의 눈물은 일기장의 한 줄 또 한 줄의 글에 얼룩졌다. 글눈이 일찍 뜬 소녀는 남보다 감수성과 사려가 깊었고, 또 들꽃처럼 무더기로 피는 생각은 글의 향기로 남고 있었다. 사실상 소녀는 마음속에 문학의 정원을 내밀하게 가꾸고 있었다.

그때 그녀는 꽃을 찾는 나비처럼 밤낮으로 책을 탐식하고 있었다. 시골에서 만날 수 있는 책은 조선 글이 있다면 언제인가는 어김없이 그녀의 고사리 손에 들렸다.

소녀는 글은 물론이요, 학습능력과 성적이 월등했다. 층계를 오르듯 한 계단씩 밟는 학급의 진도는 더는 성에 차지 않았다. 드디어 장순애는 고중 때 온 학교를 들썽하게 한 '역사'를 만든다. 고중 1학년에서 고중 3학년으로 월반하고 잇따라 대학에 무난히 입학한 것.

"소설가가 되고 싶었어요. 그래서 지망을 조선어학부 하나만 신청했어요."

장순애는 소녀의 당찬 행동을 그렇게 담담하게 말하고 있었다.

16살의 소녀는 그렇게 연변대학의 배지를 가슴에 달았다. 학교 전체를 아울러 81학번에서 제일 어린 학생이었다. 일부 학우는 그녀보다 여섯 살이나 더 많았다. 대학입시제도가 금방 실행된 때라고 하지만 희한한 경우였다.

옷모델과 함께 있는 장순애

일기장에 적었던 소녀의 문학을 향한 꿈은 마침내 뿌리를 내리고 가지를 뻗고 있었다. 장순애는 늘 학교 도서관에서 책의 수풀에 묻혀 그녀만의 행복한 시간을 즐겼다. 종종 수필을 써서 학부의 문예지에 게재하고 자기의 감수성을 학우들과 공유하기도 했다. 졸업할 때 장순애는 그녀의 소원대로 신문사에 가기로 예정이 되었다.

그런데 문학의 정원은 기어이 그녀에게 문을 꽁꽁 닫아 버렸다.

"입사를 이틀 앞두고 졸지에 벼락이 떨어졌지 뭐예요. 신문사의 하나밖에 없는 정원(定員)을 다른 사람이 갖고 간 거예요."

신문사 입사를 준비하고 있던 장순애는 더는 선택의 시간이 없었다. 그녀는 부득불 고향 탕원의 중학교에 교원으로 배치되었다. 훗날 이런

저런 기회를 타서 전근을 시도했지만, 학교에서는 겨우 붙잡은 이 '봉황'을 쉽사리 놓아주려 하지 않았다. 장순애는 흑룡강 오지의 시골학교에서 본의 아니게 장장 10년 세월을 보냈다.

도대체 그녀가 들어가서 화초를 가꿀 '비밀의 정원'은 어디에 있을까….

1995년 여름, 장순애는 모교인 연변대학의 연구생시험에 도전한다. 이 때도 그녀가 신청한 '고전문학' 학과에는 예정 정원이 1명이었으며 이미 후보자를 내정한 상태였다. 그런데 엉뚱하게도 시험장에 "불청객"처럼 문득 얼굴을 내민 그녀가 수석을 차지했던 것이다.

어쩌면 문학의 정원은 다시 그녀에게 빗장을 빠끔히 열고 있는 듯했다.

이변은 졸업을 약 1년 앞두고 또 한 번 나타났다. 중국과 한국, 조선 3국이 연변대학에서 복식(服飾)문화와 관련한 세미나를 열었다. 장순애의 지도교수 채미화가 단체장을 맡은 대학 여성문화단체에서 세미나를 주관했다. 세미나의 도우미를 맡았던 장순애는 그 인연으로 한국 한양대학의 복식문화 공부를 제의 받는다.

"채미화 교수님은 중국에서 여성박사 1위가 아니예요? 제가 박사가 되더라도 2위밖에 안되거든요."

지도교수를 둘러싼 둘도 없는 광환은 제자에게 하나의 목표를 제시하고 있었다. 사실 그때만 해도 연변대학은 물론 중국의 여타의 대학에도 복식학은 생소한 학과였다. 다들 의류를 패션이 아닌 맞춤복 정도로 생각하고 있었다. 그래서 주변의 많은 사람들은 장순애의 한국행에 반대를 했다. 더구나 장순애는 정판룡 부총장이 'KBS 동포상'을 받아 개설한 장학금을 처음으로 받는 등 성적을 인정받아 석사를 졸업한 후 바로 박사과정을 밟을 수 있었다. 한국에 가서 새로운 전공을 선택하여 석사부터 다시 시작한다는 게 무모한 도전으로 비치지 않을 수 없었다.

그러나 전국적으로 의류학과를 전공하는 조선족이 없다는 사실은 커다란 유혹으로 다가왔다. 게다가 복식문화는 여성으로서 유전적인 친근감이 있었다.

장순애는 석사공부를 반년 앞당겨 끝내고 한국행을 단행한다. 그녀가 마냥 바라던 '비밀의 정원'은 마침내 바다 건너에서 나타나고 있었다. 하지만 그 정원의 문은 생각처럼 쉽게 열리지 않았다.

"일단은 강의를 알아듣지 못하겠는 거예요. 강의에 외래어를 많이 쓰고 있었는데요. 듣고 나면 가사는 날려가고 곡만 귀에 남는 것 같았어요. 그리고 미싱을 만져보지도 못한 저로서는 공업용 미싱으로 옷을 만든다는 게 쉬운 일이 아니었죠."

장순애는 공부를 따라가지 못한다는 게 스스로 용납되지 않았다. 어릴 때부터 거의 과목마다 1등을 했고 공부를 잘하기로 소문 났던 그녀가 아니던가. 연속 56일 동안 변비가 왔고 하얀 피부가 숯으로 그린 듯 새까매졌다.

"낮에는 강의를 듣고 밤에는 스스로 디자인한 옷을 만들어야 했어요. 일주일에 한 벌씩 각종 스타일의 옷을 만들어야 했는데요, 공부하는 동안은 정말로 해를 몇 번 못 본 것 같아요."

와중에도 장순애는 학부의 과목까지 청강했다. 복식문화사를 투철하게 공부하기 위해서였다. 훗날 동화대학 서류보관실 담당자는 그녀의 인사서류를 보고나서 해외파 박사 가운데서 이처럼 성적이 좋은 사람은 그녀가 처음이라며 혀를 차더란다.

각설하고, 복식학 지도교수는 장순애를 거의 세미나마다 모두 참석시켰다. 소설가를 지망했던 그녀에게는 문장력이 있었고, 또 문학학과를 전공했던 그녀는 사물을 분석하고 주제를 포착하는 시각이 남달랐다. 그녀는 그림을 전문으로 배운 후 복식문화를 연구하는 사람들과는 다른 차원의 배경을 갖고 있었다. 뒷이야기이지만, 그게 바로 복식학 지도교수가 장순애에게 낙점을 찍고 제자로 받아들인 원인이 아닐지 한다.

장순애가 박사과정을 마칠 무렵 중국에서 청화대학을 비롯하여 여러 대학에서 일제히 요청이 들어왔다. 필경 복식학 박사의 탄생은 중국 대학가의 흔치 않는 뉴스였으며 더구나 한국에서 의류학 박사학위를 취득한 첫 중국인으로서 여러 경로를 통해 파다히 알려지고 있었던 것이다.

눈앞에 펼쳐진 정원은 각기 화려한 풍경으로 그에게 유혹을 던지고 있었다. 세계 굴지의 대학 청화대학, 복장 전문대학인 북경복장대학 그리고 교수 직함과 거액의 안치비용을 제공하며 남편의 직장과 자식의 학교 문제를 전부 해결하겠다는 대련의 대학….

종국적으로 장순애가 선택한 '정원'은 상해 동화대학이었다. 그녀는 인재영입으로 동화대학에 마침내 깃을 내리게 된다.

동화(東華)대학은 중국방직대학이 전신이며 그 전문성으로는 중국 복장부문의 대학에서 첫손에 꼽힌다. 중국 개혁과 개방의 전연에 위치한 학교는 학술적 분위기는 물론이요, 중국 여러 소수민족의 복식을 연구하는

데서 북방에 비해 지리와 인문적 이점을 갖고 있었다.

장순애가 그동안 마음에 품고 키워온 꿈을 한껏 펼 수 있는 세계였다.

실제로 장순애는 동화대학에서 나름대로 화려한 탑을 쌓아올렸다. 그동안 그녀가 담당, 추진한 국가, 기관, 회사의 프로젝트만 해도 20여 건 된다. 지난해 또 국가교육부의 프로젝트에 선정되어 묘족 복식에 대한 연구가 현재 진행중이다. 중국 56개 민족의 복식문화는 그녀의 연구방향이다. 그녀는 동화대학교에서 처음으로 상해 '포강(浦江) 인재계획' 프로젝트에 선정되어 얼마 전까지 신강을 다녀오면서 5년 동안 실크로드 연선 소수민족 복식의 세상에 잠겨 있었단다.

그녀의 톡톡 튀는 발상은 인터뷰 도중에 시도 때도 없이 자주 나타났다. 과연 국가급 프로젝트가 그녀를 선정하는 이유가 있겠구나 하는 생각이 갈마드는 대목이었다.

"광주가 전국의 의류 집산지인데요. 그럴 만한 원인이 따로 있는 거지요."

명나라 후기부터 광주에는 수를 놓는 남자들이 적지 않았다고 한다. 수놓이는 여자들에게는 소일거리나 가사 활동이지만 남자들에게는 전혀 다른 의미를 갖는다. 남자들의 수놓이는 사업으로 발전하게 되며 나중에 광주를 의류집산지로 만들게 되었다는 것이다.

장순애는 문화와 패션을 접목하고 그녀만의 독특한 시각으로 재미있는 이야기를 만들고 있었다. 이런 이야기는 또 그녀가 나서 자란 정든 그 '정원'에 복선을 묻고 있었다.

기실 그녀의 석 · 박사 논문은 모두 중국 조선족복식이 주제였다. 석사

논문은 연변 조선족여성의 복식이었고 박사논문은 흑룡강성 조선족복식이었다. 월경(越境)민족으로 중국이라는 이 다른 환경에서 문화의 변동으로부터 오는 복식의 변화를 파헤치고 있는 연구들이다.

장순애가 현재 박차를 가하고 있는 작업도 중국 조선족 복식문화사이다.

"어차피 의류학과의 첫 조선족 박사로서 의무와 사명으로 생각해요."

문학사를 전공했던 그녀에게 복식학은 또 다른 하나의 문학사였다. 그래서 테마를 잡고 논문을 쓰는 것은 그녀에게 쉬운 일상처럼 되어 있었다. 지금까지 그는 복식학과 관련한 논문 50여 편을 국내외의 각종 전문간행물에 실었으며 50여 차례의 국내외 학술 특강을 진행하였다.

"의류는 여러 분야를 넘나들면서 해야 하는 복합적인 학문이에요. 시장조사에서부터 소비자 심리연구, 구매행위 분석뿐만 아니라 디자인을 하고 원단을 선택하고 생산을 하고 판매까지 이루어져서 소비자들에게 입혀지기까지 미묘하고 복잡한 과정을 거칩니다."

장순애는 의류학은 이론만 연구하는 학문을 할 수 없다고 하면서 이론과 실천을 결합하여 살아있는 패션이 되어야 한다고 피력했다. 그동안 장순애는 브랜드 업체의 의뢰를 받아 많은 시장 조사와 연구를 진행했으며 얼마 전에는 한국 유명의류업체의 의뢰를 받아 직접 디자인을 하기도 했다.

장순애는 '비밀의 정원'에 그녀만의 '화초'를 심고 길러 향기를 풍기고 싶다고 말한다.

"문화를 말한다면 복식은 가장 중요한 것의 하나죠. 의식주(衣食住)라고 하지 않아요? 인간의 삶에 이처럼 중요한 복식에 저의 꿈이 있다는 게 행복해요."

북경에서 골든 마이크를 잡은 '방송의 왕'

북경에 살고 있는 조선족은 인제 십만으로 헤아린다. 그러나 사방 100여 km의 북경 땅에 모래알처럼 널려 있다 보니 서로 잘 모르고 있는 경우가 태반이다. 그렇다고 그의 이름을 들어보지 못했다고 하면 북경사람이 아닌 걸로 오인받기 십상이다. 북경의 조선족 모임마다 십중팔구 빠지지 않는 인물이고 또 표적처럼 유난히 눈에 뜨이는 뚱뚱한 몸집 때문일까….

한때 화요일 저녁 6시 반이면 만사 제쳐놓고 수신기 다이얼을 돌리는 조선족 노인들이 있었다.

"여보시우, 방송을 좀 더 길게 해줄 수 없소? 난 다른 건 별로 듣지 않는다오."

엉뚱한 주문은 자주 날아왔다. 화제의 프로그램은 중국 중앙인민방송국 조선말방송의 "우리 말 속담이야기". 훗날 책과 CD로 출간된 이 이야기는 우리 말 속담에 포함된 설화로서 "고양이의 목에 방울을 달기", "구관이 명관" 등 조선민족의 생활의 예지와 경험이 잘 표현되어 있어 듣는 사람의 마음을 감동시킨다.

『우리 말 속담이야기』는 박청죽 아나운서가 수많은 우리 말 속담가운데서 추려낸 167편의 이야기이다. 현재 이 이야기책과 CD, 카세트는 중국 조선족지역에 널리 유행되었을 뿐만 아니라 조선과 한국에도 적지 않게 '출국'을 했다.

사실 30여 년간 아나운서로 있던 박청죽은 북경뿐만 아니라 중국 방방곡곡의 조선족들에게 잘 알려진 인물이다. 그를 모른다면 조선족치고 수신기 다이얼을 돌려본 사람이 아니라고 단언해도 과언이 아닐 듯싶다.

솔직히 믿기 어려운 일은 한두 개가 아니다. 박청죽은 실은 아나운서 시험에서 미역국을 먹었던 '재수생'이다. '예쁜 백조'에게는 '미운 오리'의 그림자가 비껴 있었다.

1969년, 연변인민방송국에서 조선말 아나운서를 모집했다. 그때 연변 화룡(和龍)의 어느 한 시골에 내려가 있던 애송이 박청죽은 앞으로 뭘 해야 하느냐고 전도를 고민하고 있었다. 노래를 좋아하는 등 목청이 유달리 좋았던 그는 냉큼 아나운서 모집에 응했다. 그러나 발음위치도 모르는 그는 감기몸살을 하는 사람처럼 콧소리를 내는 등 우스꽝스러운 장면을 연출한다. 결국 그는 탈락의 고배를 마셨던 것이다.

"세상일이 어디 생각처럼 쉽습니까? 그때부터 발성 연습을 했어요."

박청죽은 신문이나 잡지를 꼭꼭 챙기고 다녔다. 둑을 쌓거나 기음을 맨 뒤이면 그는 혼자 남아서 신문을 읽었다. 문예지를 읽을 때면 혼자서 여자나 어린애 목소리를 흉내내곤 했다. 무아지경에 빠진 그는 촌민들이 뒤에 서서 구경하는 줄도 몰랐다. 그러다가 누군가 키들키들 웃거나 헛기침을 하면 깜짝 놀라 현실세계로 돌아왔다.

그때 박청죽에게는 수신기가 없었다. 아니, 수신기가 있을 리 만무했다. 그때 온 나라의 형편이 그러한지라 수신기를 갖고 있는 사람은 가뭄에 콩 나듯했다. 나무 가장귀에 걸어놓은 유선방송은 잡음으로 시끌벅적했지만 시골에서는 대외로 향한 둘도 없는 '창문'이였다. 박청죽은 유선방송을 들으면서 아나운서의 발음을 따라 소리를 내곤 했다.

이듬해 아나운서 모집을 나왔던 시험관들은 그를 알아보고 웃음부터 짓더라고 한다.

"지난해 시험을 쳤던 동무로군. 그래 이번에는 자신이 있소?"

나중에 시험관들은 깜짝 놀란다. 거짓말처럼 콧소리가 없어지고 발음 위치도 변해 있었다. 어느새 아나운서의 기틀이 잡혀 있었던 것이다.

신문 읽기에서 마침내 자기가 설 자리를 찾은 탓일까. 아무튼 박청죽은 연변인민방송국에 전근된 후에도 신문 읽기를 게을리 하지 않았다. 그는 또 문학수준을 높이고자 신문이나 잡지에서 재미있고 생동한 어휘를 수집했다. 수년간 수집한 어휘들은 어느새 수첩 6권 분량이나 되었다. 그런데 이사를 하면서 2권을 분실했다고 한다.

"며칠 동안 밥맛도 없는 겁니다. 소중하게 모은 건데요…."

오랜 세월이 지났지만 그때의 아쉬움은 여전한 듯했다. 그런 집착은 나중에 방송국에서 뛰어난 능력으로 나타났다.

중국방송 골든 마이크상 시상 현장에 있는 박청죽

어느 해인가 방송국에 주은래(周恩來) 총리의 정부사업보고가 팩스로 내려왔다. 7만 자 정도의 분량이었다. 글자마다 동전잎보다 더 커서 단번에 여러 글자를 보아내기 힘들었다. 그러나 빠듯한 방송개시 시간 때문에 미처 글을 정리할 새 없이 스튜디오에 가져가야 했다. 눈썹에 불이 달렸지만 박청죽은 놀라울 정도로 여유로운 모습을 보였다. 신문을 등신(等身)의 키 높이로 쌓을 만큼이나 읽어온 그로서는 배짱이 두둑했던 것이다. 박청죽은 얼음에 박 밀듯 원고를 유창하게 읽어 내려갔다. 스튜디오 밖에 서있던 사람들은 마침내 놀란 가슴을 쓸어내릴 수 있었다.

"미리 솜씨를 알았더라면 이렇게 속을 태웠겠소? 허허."

"이거 우리 방송국에 기둥감이 생겼구먼."

그 후 북경 중앙인민방송국에서 연변으로 아나운서 모집을 나왔다. 그러나 연변인민방송국에서는 박청죽을 보물단지처럼 끌어안고 놓으려고 하지 않았다. 한 번, 두 번…수년 후 세 번째로 모집을 나왔던 중앙인민방송국에서는 비상수단으로 그때 연변조선족자치주 당위원회 서기로 있던 조남기(趙南起)를 찾았다. 참고로 조남기는 훗날 중국인민해방군 후근부 부장, 전국정치협상위원회 전국위원회 부주석 등을 역임한 조선족의 자랑스러운 인물이다.

"중앙에서 요구하면 지방에서는 암만 필요한 인재라도 보내야 합니다."

조남기는 그 자리에서 방송국 책임자, 주 정부 선전부장 등을 불러 지시를 내렸다. 그때의 인연은 장장 몇십 년을 계속 이어졌다. 조남기는 북경에 전근된 후 기회가 있으면 종종 박청죽을 찾아주었다.

중앙인민방송국에 전근된 후 박청죽은 '1만 자 고비'를 여러 번이나 넘는 등 조선말 방송사에서 하나의 기적을 낳는다. '1만 자 고비'란 읽는 도중에 한 번도 녹음기를 멈춰 세우지 않으며 1만 자를 한 글자도 틀리지 않게 읽는 것을 말한다. 1만 자를 읽는 데는 약 32분 정도 소요되는데, 아나운서의 출중한 기본기는 물론 웬만한 인내력과 주의력 없이는 엄두조차 낼 수 없는 일이다.

그 기적 뒤에 숨은 노고를 구구히 이야기하면 진부하지 않나 싶다. 다만 이 목표를 이루더라도 특별한 대우가 없었고, 누군가 또 강요한 적도 없었다는 것만은 짚고 넘어가야 할 것 같다.

최고, 최고만을 고집하는 박청죽 씨의 욕심이 이런 기적을 낳을 수 있었다.

"한 분야에만 그치지 않으려고 합니다. 다른 분야도 개척하고 싶습니다.”

박청죽은 인터뷰 도중에 여러 번 이렇게 말하고 있었다.

사실상 뉴스 아나운서가 여러 영역을 섭렵하는 경우는 그리 많지 않다. 그러나 박청죽은 뉴스보도는 물론 ‘경제생활’, ‘민간전설’ 등 프로그램에도 출연하고 사회자로 나선다. 그의 말을 따른다면 ‘욕심’이 너무 많은 것 같다.

30여 년에 걸친 박청죽의 방송실천은 마침내 그가 펴낸 저서 『방송통론』으로 가시화되었다. 2002년 4월, 『방송통론』 출판기념식이 북경에서 있었다. 북경시 조선족 각계 유명인사와 저명한 중국인 아나운서가 대거 참석하는 등 기념식은 성황을 이루었다. 『방송통론』은 도합 34만여 자의 편폭으로서 일찍 북한 중앙방송위원회, 김일성종합대학, 방송영화대학, 김형직사범대학 등 기구와 대학에서 좋은 평가를 받았다. 책은 저자의 조선말방송 실천으로부터 호흡과 발성, 심리형상, 발음기교 등 측면으로 조선말 방송언어의 규율과 특점을 논술, 조선말 방송언어의 발전과 이론 연구를 추진하는 데 의미가 있다는 평을 받고 있다.

『방송통론』은 출간되자마자 자그마한 센세이션을 일으켰다. 중국 최고 권위의 관영 신문인 “인민일보”(해외판)에서 『방송통론』 출간 보도를 실었다. “인민일보”(해외판)에서 개인이 출간한 작품 관련 보도를 실은 것은 50년 만에 처음이라고 한다.

북한 김일성종합대학에서 언어를 배우는 유학생들이 『방송통론』에 깊은 흥미를 보였다. 중국, 러시아, 몽골, 베트남, 라오스 등 나라의 학생들은 경쟁이나 하듯 『방송통론』을 겨끔내기로 사갔다. 중국 조선문 교수의

주자인 연변대학에서는 교재용으로 단번에 4백 권을 가져갔다….

진짜 세월이 유수라더니 말 그른 데 없다. 강둑에서 또랑또랑 신문을 읽던 애송이는 인제 흘러간 두만강과 더불어 아득히 멀어졌다. 호미 대신 마이크를 잡은 박청죽, 그는 진짜 '신데렐라' 같은 '천일야화'를 굴비처럼 줄레줄레 엮어내고 있었다.

2007년, 박청죽은 '중국 방송사회자 골든 마이크 대상'의 시상대에 올랐다. '골든 마이크 대상'은 중국방송협회에서 우수한 방송 사회자를 표창하기 위해 특별히 설립한 국가급 대상으로 방송 사회자의 최고의 영예이다. 해마다 이 대상을 받는 작품과 인물은 40명에 불과하다. 뒤미처 2009년, 박청죽은 중앙방송국 10명 우수방송원의 일원으로 선정된다.

두만강 기슭에서 낭독훈련을 하던 방송 '재수생' 박청죽은 어느덧 조선말방송계에서 오르기 힘든 하나의 '산봉우리'가 되어 있었다.

실제로 박청죽은 중국조선말방송사회자협회 회장 겸 비서장을 역임하는 등 중국조선말방송에서는 단연 권위자요, 간판으로 나서고 있었다. 그가 직접 육성한 많은 제자들은 중국내 여러 조선말방송국에서 중견으로 활약하고 있다.

박청죽은 아나운서에 입문하게 된 것을 당연지사처럼 받아들이고 있었다. 비록 탈락의 고배를 마신 경력이 있지만, 오히려 그를 아나운서의 길에 들어서도록 채찍질을 했다고 여기고 있었다. 방송은 박청죽에게 숙명 그 자체가 되고 있는 듯하다.

"어머님은 목소리가 참 좋았는데요, 정말 부드럽고 깨끗했지요."

그래서 두만강의 맑은 물소리 같다고 동네방네 소문이 났었다고 한다.

어머니의 목소리를 유전으로 이어 받았을까? 지금 박청죽의 다섯 형제 가운데서 셋이 방송국에서 일하고 있단다. 막내는 흑룡강(黑龍江)조선말방송국 방송부 주임으로 근무하고 있고, 넷째는 연길(延吉)방송국 방송부에서 주임으로 일하고 있다. 거기에는 둘째동서와 막내동서도 가세하여 일가족 가운데 스튜디오와 인연을 맺은 사람은 다섯이나 된다.

기왕 북경 조선족모임 말이 나왔으니 망정이지 모임 때면 약방의 감초처럼 거의 빠지지 않는 종목이 하나 있다. 바로 박청죽의 18번 노래 '청장고원'이다.

> "누가 먼 옛날의 외침을 불렀던가,
> 누가 천년의 숙원을 남겼던가…."

'청장고원'은 '세계의 지붕'이라는 별칭에 걸맞게 노래 가락이 높고 길다. 웬만해서는 직업가수도 부르기 꺼리는 노래이다. 그래서 박청죽의 목청을 뽐내는 이 노래 가락을 들어본 사람이라면 아나운서라는 게 실로 남 다하는 일이 아니구나 하는 생각을 해보게 된다.

중국 '중앙국가기관의 걸출한 청년'
이명성

그는 '명성'이라는 이름처럼 경제계의 스타가 되고 있었다. 중앙방송 재정옵서버, 중국사회과학원 특약연구원, 국제관계대학 객좌교수 등 묵직한 직무는 기실 겸임이었다. 또 이 때문에 '명성'을 떨친 게 아니었다.

이명성(李明星)이라는 이 인물이 공식적으로 '명성'이라는 이름을 달게 된 것은 기실 중국 중앙국가기관의 모범으로 되면서부터 시작된다. 그때부터 그의 이름은 소문을 타고 세간에 널리 알려지고 있었다. 이명성은 또 '귀국유학생 모범 개인', '전국 민족단결진보 모범' 등 화려한 타이틀도 달고 있었다.

이름은 한 개인의 표식이고 대명사이며 가상의 인격이라고 한다. 그러나 누구라도 이쯤이면 고개를 끄덕일 법하다.

"이 사람은 이름의 덕을 제대로 보는 인물이구먼."

조선족모임에서 강연하고 있는 이명성

정말로 이름이 운명을 바꾼 것일까…. 중국 중앙국가기관은 82개 부문에 10만 여명의 청년들을 갖고 있는 엄청난 집단이다. '중앙국가기관의 걸출한 청년'은 2~3년에 한 번씩 최종 10명의 걸출한 청년을 선정하여 부여하는 칭호이다. 1000:1의 높은 경쟁률을 뚫고 나와야 한다는 얘기가 된다.

2000년, 바로 20세기가 저무는 그 해 중국 국가경제무역위원회의 고급 경제사인 이명성(李明星)은 이 명단에 최종 선정되었던 것이다. 국가경제무역위원회에서 유일한 한 명이었고 또 소수민족가운데서도 유일한 한 명이였다.

사실상 30대의 젊은 나이에 벌써 중국 국가경제무역위원회 부처장, 처장을 역임했고, 또 중국 국무원 국유자산감독관리위원회 연구중심 국제부 부장으로 있었던 이명성은 이미 전에 벌써 중국의 경제계 '스타'로 떠오르고 있었다.

더구나 중앙정부에 진출한 조선족이 별로 많지 않은 실정에서 그는 조선족들에게 자부심을 심어주고 있었고 하나의 귀감이 되고 있었다.

그렇다고 이명성은 처음부터 '스타'가 될 징후를 보인 건 아니었다. 30대 초반까지 그는 대륙이 아닌 반도와 섬에서 뛰어다니고 있었다. 이명성은 1984년 길림대학을 졸업하고 일본에서 석·박사 과정을 밟으며 영국 런던대학에서 방문연구를 진행했다. 수년 동안 바다 저쪽에서 전전하면서 중국 대륙과는 점점 멀어지고 있는 듯하였다.

"실은 꿈을 중국에 묻고 있었지요. 중국은 세계 경제성장의 중심무대 아닙니까?"

이명성이 하는 말이다.

개혁과 개방 정책 후 높은 성장세를 긋고 있는 중국, 거기에서 자기의 능력과 견식을 높이고 또 사회경제에 기여하는 등 자기의 생활을 충실히 할 수 있다는 것이다.

이명성의 목소리가 바다 건너 저쪽에 닿았을지 모른다. 운명의 연출은 드디어 대륙에서 바다를 건너 그에게 손을 내밀고 있었다.

지난 세기 90년대 중국 국가경제무역위원회의 한 고위급 대표단이 영국을 방문, 고찰하였다. 이명성은 대표단의 통역을 맡았으며, 대표단의 단원, 단장과 허심탄회하게 이야기를 나눌 수 있었다. 이명성의 개발경제학과 사회경제체제의 전환 연구는 대표단의 주목을 받았다. 대표단은 대뜸 그의 이력서를 요구했다. 이런 걸 두고 "구슬은 모래 속에 묻혀도 그 진가를 알리는 법"이라고 했던가.

실제로 이명성의 이력은 그가 대표단에 짧은 기간 전시한 능력 그 이상으로 화려했다. 이명성은 일찍 일본에서 석·박사 과정을 밟던 1992년에 일본 간세이(關西)대학에서 '용상(龍象)' 상을 수상하였다. '용상' 상은 영물(靈物) 용의 이름처럼 뜨르르했다. 일본 관서대학 대학원에서 경제학 연구 실적이 제일 우수한 대학원생에게 수여하는 연도별 최고상이다. 그때 개발경제학의 원리 등으로 중국 개혁과 개방 정책, 경제발전이 내재한 연계를 전면적으로 분석한 이명성의 수상논문은 일본 경제계의 광범위한 주목과 반향을 일으켰다.

이때 이명성은 대표단 관원으로 있던 해당 지도자의 특별초청을 받는다. 그야말로 '천리마가 백락을 만난 셈'이었다. 결국 그토록 기대하던 국가경제무역위원회에서 근무할 수 있었다. 이명성은 전문가 출신의 간부로 중앙정부에 진출한 것이다.

"국가경제무역위원회는 경제운행을 주관하는 중국 정부의 핵심경제기구입니다. 경제를 연구하는 저로서는 더 바랄 데 없는 선택이지요."

국가경제무역위원회에서 근무하면 직접 중국경제의 발전에 참여할 수 있을 뿐만 아니라 중국경제운행을 직관적으로 관찰할 수 있는 최적의 '관망대'에 서게 되는 것이다.

미구에 이명성은 국가사회과학 중대한 위탁프로젝트, 국가자연과학기금 중점 프로젝트 등에서 주요한 집필자로 활약한다. 중국 계획경제체제가 시장경제체제로 전환하는 경로와 방식을 진지하게 총화하고 경제 글로벌화를 배경으로 하고 있는 중국 향후 발전전략을 이성적으로 전망한 그의 저서와 논문은 선후로 중국, 미국, 일본, 한국 등 나라에서 출판 발행되며 적극적인 반향을 일으켰다. 와중에 25만 자에 달하는 "중국의 경제전략"은 체계적인 논리구조와 풍부한 실증 데이터로 경제전환과 경제발전에서 이룩한 중국의 성공적인 경험을 통화하고, 21세기 중국 경제발전의 전략적 구상 및 그 전망을 제시하여 내외 전문가들의 주목을 받았다.

이명성은 또 과제 책임자로 여러 번 유엔 미국 스탠포드 연구원, 영국 경제학자그룹, 일본 사사카와 평화재단, 프랑스 레온증권그룹, 한국산업연구원 등 유명한 국제기구들과 함께 '중국투자포럼', '정부와 다국가회사 원탁회의' 등 정부 간 대외교류와 국제협력 사업에 직접 참여하여 대체할 수 없는 중요한 역할을 발휘했다.

이런 실천은 그를 이내 '명성'처럼 뭇사람들의 시선에 떠오르게 하였다. 이명성은 2000년부터 '재정경제 옵서버'의 신분으로 중국 최대방송사인 중앙 TV방송에서 전국인민대표대회, 중국인민정치협상회의, 중국공산당 대표대회의의 내용 해석, 국가경제산업정책의 해석 등을 진행했다. '재정경제 옵서버'는 2004년부터 '재정경제 논설원'으로 이름을 바꾸어 부르는데 논설원 본인의 정책수준, 현실관찰의 민감성 등에 비추어 해당 심사를 거친 후 비로소 취임할 수 있다. 그만큼 까다로운 선택이 뒤따르는 직무로 현재 고정된 재정경제 논설원은 4명뿐이라고 한다.

이명성은 중국공산당 제16차와 제17차 대표대회 대표로 선거되며 또 중국공산당 중앙위원회 조직부 등 부문에서 수여하는 '귀국인원 모범 개인' 칭호를 획득, '유학귀국인원 성과 상'을 수상한다.

"제가 소수민족인 조선족이잖아요? 당연히 남보다 어깨가 무겁습니다."

이명성은 중앙 국가기관 청년연합회 위원, 중앙 국가기관 선전강연단 홍보강사의 신분으로 서부개발 지원행사에 참여하여 소수민족지역인 녕하(寧河), 청해(青海), 신강(新疆) 등 서부지역에 가서 현지 정부관원들과 기업가, 학술계 인사들과 광범위하게 교류를 진행하였으며 서부개발과 현지 경제발전에 복수의 계책을 내놓았다. 그는 또 중국민족경제대외협력촉진회 부회장의 신분으로 민족지역경제에 대한 조사연구를 적극적으로 추진하였다.

얼마 전부터 이명성은 중국기업연합회 부이사장 직무를 맡으면서 예전에 국제부 부장으로 있을 때부터 담당하고 있던 중국 기업의 대외협력을 책임지고 있다. 중국기업연합회는 중국에서 제일 큰 기업가 단체이다. 연합회는 해마다 정기적으로 한국 전경련, 일본경제단체련합회 등 주요국가와 지역의 경제기업체와 교류와 협력을 진행하고 쌍무 및 다각 경제협력을 진행한다.

"우리 연합회에는 아직 조선족 기업인이 없어요."

이명성은 인터뷰를 받을 때 이렇게 아쉬움을 털어내고 있었다.

중국기업연합회 성원들은 모두 자산이 인민폐로 최소 수억대에 달하는 대기업들이다. 그러나 취재를 받을 그 당시만 해도 연합회에는 단 한 명의 조선족 기업인도 없었다. 기실 북경에만 해도 조선족 업체들이 수백 개에 달한다. 언제면 그 가운데서 중국 대륙을 뒤흔드는 거목의 조선족 기업이 나타날까.

"조선족 기업은 국제협력 분야에서 성실성과 신용 구축에 더 신경을 쓰고 이미지를 향상해야 한다고 말하고 싶습니다."

이명성은 한국기업의 중국 시장개척과 중한 경제협력 등과 같은 분야에서 조선족 기업의 역할을 더욱 커질 것이며 이에 따라 기회가 보다 더 많을 것이라고 전망했다.

지리와 문화적으로 근접한 중국과 한국에는 그야말로 발전 잠재력이 크다. 이명성은 상호 무역이 날이 가며 활발해짐에 따라 두 나라는 경제협력 강화와 산업구조의 조정을 필요로 한다고 강조한다.

정말 직업병이 아닐지 싶었다. 이명성은 거의 말마디마다 '개발경제'요, '경제전환'이요 등등 경제술어를 들먹이고 있었다. 그런데 명함에 적힌 그의 메일 주소 이름은 그런 술어가 아닌 아라비아숫자 '500'이였다.

"세계 최강 500대 기업이 있잖습니까? 그래서 500이라는 이름이 좋아요."

정말이지 메일 주소도 그의 이름처럼 또 하나의 '스타'의 탄생을 알리고 있는 것 같았다.

청년 경제학자 이천국의 그림 이야기

이름 그대로 하늘나라 천국의 이야기를 듣는 것 같았다. 이 이야기에 따르면 그림세계에서 일곱 '여의주'를 얻을 경우 곧바로 하늘나라의 '신기한 용(神龍)'을 불러올 수 있다는 것이다. 그러나 이천국(李天國)은 아직까지 이 용을 찾지 못했다고 말한다. 아니, 날아온 용은 그의 눈에 아직 '신기한 용'으로 보이지 않고 있을지도 모른다.

기실 이 일곱 여의주의 이야기는 그의 소년시절부터 시작된다.

"제가 소학교를 다닐 때 애니메이션 '칠룡주(七龍珠)'가 한창 인기를 끌고 있었지요."

이천국은 그때 그 일을 회억하는 듯 잠깐 뜸을 들이고 있었다.

중국에서 칠룡주로 알려진 '드래곤볼'은 유명한 일본 만화이다. 이 그림의 세계에서는 '칠룡주'라고 부르는 7알의 여의주가 등장하는데, 여의

주들은 각자 표기를 달고 세계 각 지역에 흩어져 있었다. 이 7알의 여의주를 한데 모으면 신기한 용을 불러낼 수 있으며 소원을 이룰 수 있다는 것이다.

어린 이천국의 방에는 '칠룡주'에 나오는 손오공(孫悟空)과 도시 사냥꾼(城市獵人) 등 인물의 캐릭터 그림이 다닥다닥 붙었다. 벽에서 당금 날아내릴 듯한 용이 허공을 이리저리 휘저었고, 용의 신통력을 이루는 여의주가 금세 어디선가 불쑥 떨어질 듯 했다.

도대체 소년이 찾는 신기한 용의 여의주는 어디에 있을까….

약 10년 후 소년에게는 전혀 다른 그림의 세계가 펼쳐진다. 이천국은 대학입시 지망 기입란에 '국제무역'을 써넣었던 것이다. 왜서 어릴 때부터 그토록 즐기는 그림을 선택하지 않았는가 하는 기자의 물음에 약간은 엉뚱한 대답이 돌아왔다.

"반급에서 거의 다 영어랑 선택하던데요. 그래서 경제학에 더구나 호기심이 동한 것 같습니다."

실제 경제학은 소년에게 아주 낯선 세계였다. 이 미지의 세계는 '손오공'이 찾는 '여의주'처럼 소년의 상상을 한껏 불러일으키고 있었다. 나중에 소년이 화판에 경제학의 세계를 그리게 되는 순간이었다.

정말이지 경제학을 운운할라치면 그냥 따분하고 지루한 세계가 머리에 떠오른다. 더구나 경제학 연구를 위한 미적분 등 수학공부는 문과 전공생에게 또 다른 혼돈의 세계를 펼쳐 보이고 있었다.

이천국은 늘 경제와 수학 용어의 메마른 세계에서 빠져나와 도서관에서 그만의 세계를 따로 찾았다. GM(General Motors)와 마츠시타(松下) 등 세계 굴지의 회사 창시자의 전기(傳記) 기록은 그에게 어렵게만 느껴지던 경제학의 다양한 개념과 용어를 옛 그림이야기처럼 재미있는 세계로 이끌었다.

소년의 그림의 세계는 더는 단일한 색상의 그림이 아니었고, 또 단일한 내용의 그림이 아니었다.

아이러니하게도 이천국의 첫 수상작품은 경제학 논문이 아닌 한 점의 그림이었다. 1999년, 연변대학에서 있던 서예와 그림 콩쿠르에서 이천국의 그림 작품은 내 노라 하는 학교의 '미술대가'들을 물리치고 단연 우승상을 거머쥐다.

물론 이천국의 그림 세계에는 이때부터 경제학이 주종이 되고 있었다. 대학교 시절 그는 경제학부의 '경제논문 경연', '학술활동축제'에서 논문 1등상 등을 수상하며 '상공경제학원 학생 학술세미나'에서도 자연스럽게 우승의 트로피를 들어올렸다.

2005년, 이천국은 우수졸업논문으로 그의 석사경력에 화려한 종지부를 찍는다.

일화가 하나 있다. 이천국은 대학공부를 할 때 그에게 '화판'의 밑그림을 그려준 은사 임금숙을 만난다.

"그때 임금숙 선생님은 과목 '세계경제'를 가르쳤어요."

이 무렵 이천국은 그의 고향 용정시 실업자들의 취업해결과 관련한 논문을 작성하고 있었다. 그는 임금숙 교원에게 이 논문의 수정 의견을 부탁했다. 며칠 뒤 논문은 여백에 빨간 볼펜으로 적은 글씨들과 함께 되돌아왔다. 필요한 수정사항과 보충자료 목록이 자세히 적혀 있었다.

세미나에서 논문을 발표하고 있는 이천국

나중에 이천국은 석사 과정을 밟을 때 임금숙을 지도교수로 모신다.

"대학 시절에 현동일, 이종림, 김화림과 같은 교수님들로부터 정말 많은 가르침과 도움을 받았습니다."

이때 이천국은 경제학자로서의 큰 그림을 그리는 요령과 구도를 잡는 법, 붓을 사용하는 방법을 익히는 데 잊을 수 없는 기억을 가졌다고 말한다. 이천국은 이런 은사들의 모습을 한 장의 그림 모델로 삼아 그리고 싶었다.

"제가 간행물에 처음 게재한 작품은 학생의 시각에서 대학교의 교학 방식을 논한 글이었습니다."

미구에 "우리는 이런 과당을 즐긴다."라는 제하로 ≪연변대학보(延邊大學

報)≫에 실린 경제학부 학생의 이 글은 캠퍼스에 결코 작지 않은 파문을 일으켰다. 수업에 대한 제자의 희망과 감수, 평가, 정감은 글줄에 올올이 녹아 사람들의 심금을 울렸다.

그야말로 그림이라면 색다른 그림이었고, 여의주라면 모델이 다른 구슬이었다.

이천국은 석사과정을 마친 후 연변대학에 교원으로 남는다. 그는 경제관리학원에서 국제경제학, 국제금융, 국제무역실무 등 학과의 강의를 맡았다. 그런데 학생들에게 강의를 할수록 거시적 경제는 그에게 점점 낯선 학문으로 다가왔다. 경제학자로 아니 경제전문가의 안목으로 거시적 경제를 보고 판단하는 데는 아직도 뭔가의 부족함을 절실히 체감하고 있었던 것이다.

솔직히 만화 '칠룡주'의 주인공 손오공이라면 아직 여의주를 모을 그런 여건을 채 갖추지 못했다는 느낌이 들고 있었다.

이천국은 2008년 단연 대학 강단을 떠나 한국 서울대학에서 경제학 박사과정을 밟는다. 이때 그에게는 또 김영식, 이근, 윤택 등 은사가 나타나 '여의주'를 찾을 기량을 닦아준다. "신기한 용"의 출현을 찾는 이천국의 여정은 또 새로운 단계에 올라서는 것이다.

드디어 이천국의 그림세계에는 이목을 끄는 작품이 연신 나타난다. 이천국은 미국 굴지의 은행인 씨티은행(花旗銀行)과 한국 금융연구원 등의 금융인재를 발굴하기 위한 프로젝트에서 우수 논문상을 수상하며 또 중국 길림성 사회과학 우수성과 3등상(공저)을 수상한다.

이러한 남다른 화려한 경력은 박사과정을 마친 이천국을 중국사회과학원의 아시아-태평양 및 글로벌전략연구원 연구원으로 만든다.

중국사회과학원(CACC)은 중국 국무원 직속의 싱크탱크로, 중국 최대 규모의 연구기관이다. 2008년 12월, 카네기 국제평화재단이 세계 최고의 싱크탱크 순위를 발표하는데, 미국 이외의 몇몇에 불과한 싱크탱크의 명단에 바로 중국사회과학원이 들어있다.

솔직히 예전의 연구 성과들이 단지 국내외의 훌륭한 학술지에 게재되고, 또 많은 사람들이 그 논문을 읽고 연구에 활용하던 것과는 전혀 다른 차원의 세계가 펼쳐지고 있었다. 학자의 연구 활동으로써 정부의 시책에 직간접으로 영향을 줄 수 있는 지근거리에 다가선 것이다.

이때부터 30대의 이 젊은 경제학자는 물을 만난 고기처럼 내외의 경제학 연구 분야에서 일약 활약상을 펼친다.

대개 논문이라면 삼단논법 식의 단순한 서술의 쉬운 과정으로 생각하는 경우가 있다. 전제가 되는 명제를 찾아 이로부터 새로운 결론을 내리면 된다는 것이다. 사실상 논문은 명제를 정한 후 데이터 수집과 정리, 자료의 분석, 시사점 도출, 심사, 수정 등 많고 복잡한 과정을 거친다. 이 가운데서 어느 하나의 절차에 실수가 있어도 정확한 결론의 도출에 크고 작은 차질을 빚게 된다.

"자료의 분석 과정에서 뭔가 잘못된 점이 발견되는 경우가 종종 있어요."

이천국은 이때만은 엄청 싫은 이야기를 하는 듯 표정을 달리하고 있었다.

실제 이천국은 논문 데이터를 수집, 정리하면서 엉뚱한 결과가 나와

애꿎은 머리칼을 잡아 뜯은 적이 한두 번이 아니었다고 한다. 그렇게 되면 또 아라비아 숫자와 부호들의 세계에서 실마리를 찾아 불철주야의 나날을 반복하게 되었다.

"학술연구에서 가장 즐거운 일은 연구 성과가 인정을 받는 순간이라고 말할 수 있지요."

중국사회과학원에 입적한 3년 동안 이천국은 해마다 여러 편의 학술논문을 내놓는다. 와중에는 정부 해당 부문에서 특별 주문한 유수의 논문도 들어있다. 이런 논문은 학자의 수준에 대한 정부 측의 또 다른 평가를 대변하고 있다.

국제세미나 논문 발표자들과 함께 있는 이천국

이천국의 주요한 연구영역은 중국의 거시경제, 조선과 한국의 경제, 신흥 경제국의 경제로서 연구내용 자체가 그대로 열점으로 되고 있다. 국내의 『경제지리』, 『태평양학보』 등 학술간행물은 물론 ≪경제일보,≫ ≪상해증권보≫ 등 전문지에 그의 글이 자주 실리는 원인이기도 하다. 이천국이 한때 부주필로 있던 ≪대두만강지역지역개발≫, 또 그가 참여하여 편찬한 「신흥경제국 남서, 브릭스국가의 발전보고 2014」, 「인도양지역 남서, 인도양지역발전보고서 2014」는 한 경제학자의 경력에 강렬한 색채를 비추고 있었다.

학술지와 세미나에서 이천국이라는 이름자가 자주 등장하자 국내외의 유명 언론매체에서 취재차로 그를 찾는 일도 잇따라 분주해지고 있다. 중국과 한국, 일본의 자유무역협정이요, 브릭스국가의 경제취약성이요, '1벨트 1로드(一帶一路)'요 하는 등 세간을 뜨겁게 달구는 경제 이슈가 떠오를 때마다 이천국의 이름은 그들의 취재명단에서 단연 인기대상으로 부상하고 있다.

이천국의 독특한 견해는 매번 기자는 물론 독자들의 의문을 말끔히 해소했고 박식함과 논리성으로 그들을 완전히 매료시켰다.

그러나 이천국은 아직도 그가 어릴 때부터 찾고 있는 '칠룡주'를 채 모으지 못한 듯하다. 그는 지금도 이따금 북경의 셀프 서비스(自助) 화실을 찾아 나름대로 마음속에 품고 있었던 그림을 화판에 그린다고 한다.

정말로 그가 찾는 여의주는 서로 다른 색깔이고 또 서로 다른 모델이었을까….

"거시경제의 분야에서 지금까지 연구하여 쓴 논문들을 하나의 주선으로 정리하여 책을 만들고 싶습니다.”

인제 그림세계의 ‘신기한 용’이 구름장을 헤치고 참모습을 드러낼 듯하다. ‘칠룡주’를 찾는 이천국의 그림이야기는 바야흐로 ‘책’의 제1회를 마치고 있는 것이다. 그렇다면 이 그림이야기의 하편이 또 무엇으로 이어질지 궁금하다.

바다 저쪽 말레이시아의 조선족 '주지사'

일화로 시작하는 이야기

15년 전의 일이다. 그때 요녕성(遼寧省)의 심양(沈陽)에 잠깐 인물취재를 간 적 있다. 이옥성(李玉星)이라고 하면 다들 생경한 이름으로 들릴지 모르지만, 지난 세기 60년대 북경 인민대회당에서 복무원 조장으로 있었던 인물이다. 한때는 국가 지도자인 모택동(毛澤東), 주은래(周恩來), 주덕(朱德) 등의 거물을 이웃처럼 늘 일상에서 만났고 또 국가주석 유소기(劉少奇)의 부인과 함께 지방의 '5 · 7간부학교'에 '좌천'된 이왕지사가 있다. 이옥성은 바로 심양에서 살고 있었다. 그때 20대 중반의 둘째 딸이 신세기백화 심양 분점의 비서로 있었는데, 엄마를 취재한 기자를 위해 일부러 식당에 만찬을 마련했다. 하필이면 다른 일정이 있었고 결국 둘째 딸과는 지척에서 스쳐 지났다.

그런데 15년 후 이옥성의 이 둘째 딸과 다시 '만남'을 갖게 될 줄이야! 그녀는 말레이시아의 국왕과 나란히 서 있는 사진 속의 인물로 기자의 앞에 다시 나타났다. 장소도 더는 심양의 백화점이 아니었으며 만리 이역의 쿠알라룸푸르에 있는 황실이었다.

말레이시아 황실에서 국왕으로부터
나뚜 훈장을 수여받고 있는 주청령 씨

황실의 붉은 카페 위에 서서 국왕으로부터 훈장 '나뚜(拿督)'를 받는 이 사진은 한때 최대의 관영신문인 '인민일보'의 해외판 등 중국 유명 매체의 신문을 도배했다. '나뚜'는 예전에 말레이시아 주州의 최고 행정장관인 주지사를 일컫던 이름이다. 현재는 성공인사에게 말레이시아 황실이 수여하는 칭호로, 국가에 뛰어난 기여를 한 사람에게 책봉한다. '나뚜'는 세습이나 봉읍의 권력을 갖지 않지만 상징적인 종신영예의 신분이다.

훈장 '나뚜'를 받은 중국인은 오늘까지 단 2명에 불과하다. 영화스타 성룡(成龍)이 말레이시아를 크게 홍보하고 자선사업에 적극적으로 참여한 것으로 이 훈장을 받았다. 그녀는 훈장 '나뚜'를 수여받은 두 번째 중국인이요, 첫 중국인 여성이었다.

이때 비로소 주청령(朱青嶺)이라는 이 익숙한 이름을 다시 머리에 떠올리게 되었다. 청령(青嶺)은 '유배지'에 '좌천'되어 힘들게 보냈던 이옥성의 아픈 기억이 새겨진 이름이다. 맏딸은 좌천지에 있던 강서성(江西省)의 지명을 따서 청람(青嵐)이라고 이름을 지었고, 둘째 딸은 하늘가로 줄달음을 치고 있는 험산준령의 모습을 따서 청령(青嶺)이라고 이름을 지었던 것이다. 그때 힘든 인생 여로에서 청령의 저쪽처럼 뭔가의 희망이 보이고 있었을까….

실제로 이옥성은 그 무렵 '5·7간부학교'에서 '해방'되어 서안의 호텔에서 주임으로 근무하고 있었다.

회사의 이름으로 시작하는 이야기

해외라는 이 낯선 땅은 국문을 나선 중국기업에게 험난한 길을 예고

하고 있다. 투자업종에 오랫동안 종사하면서 주청령은 국문을 나섰다가 나중에 날개를 다쳐 돌아가는 기업들을 적지 않게 보아왔다. '불복수토(不伏水土)'로 인한 증상이었다. 그때마다 주청령은 중국기업과 해외의 현지를 이을 교량을 만들어야 할 필요를 절실히 느꼈다.

▲ 시상식에서 싱가폴 리센룽 총리와 함께

명량(明良)그룹은 그녀의 이런 생각을 행동에 옮기는 최적의 플랫폼이 되었다.

명량그룹은 옛 성구에서 각기 한 글자씩 따온 이름이다. 하나는 고서 『상서(尙書)』의 "밝은 덕, 미덕은 향기롭다"는 의미의 '명덕유형(明德惟馨)'이며, 다른 하나는 고서 『맹자孟子』의 "선천적으로 사물을 알고 행할 수 있는 마음의 작용"이라는 의미의 '양지양능(良知良能)'이다.

이에 따르면 명량그룹의 핵심은 '명덕유형'과 '양지양능'이라는 얘기이다.

전칭 싱가폴 명량투자자문그룹은 싱가폴 정부의 무역공업부가 투자한 국영기업이다. 이 기업은 중국인에게 제일 전문적인 투자와 이민 관련 서비스를 제공하고 있다. 말레이시아의 쿠알라룸푸르와 중국의 북경, 상해, 심수에 지사를 두고 있고 동남아와 중국 일부 대도시에 대표처를 설립하고 있다.

주청령은 명량그룹의 총재로 있으면서 해마다 중국인 1천 가구를 말레이시아에 이민하게 했고 또 기업 약 200개를 협조하여 말레이시아에 투자하거나 업무를 발전시켰다. 명량그룹은 어느덧 중국 엘리트 인사와 기업가가 말레이시아에 입주하는 최적의 통로가 되어 있었다. 이와 함께 명량그룹은 중국 투자자들에게 제때에 맞춘 투자정보, 전위적인 해외투자의 개념을 제공했고, 자산의 가치보존과 증대를 실현하여 최종적으로 다자상생의 국면을 열어놓았다.

'나뚜'상은 지난 13년 동안 명량그룹이 말레이시아의 경제발전과 외자영입, 해외교류 등에서 보인 탁월한 기여에 대한 말레이시아 정부의 평가였다. 이에 앞서 2014년 11월, 주청령은 또 싱가폴 리셴룽 총리로부터 '시화락(施華洛) 세기(世紀)의 수정(水晶) 고니'의 컵을 받아 안았다. 이 컵은 특별히 '장애자 노인들의 만년(晩年) 생활에 주목'하는 특출한 기여자를 장려하는 상이다.

그러고 보면 '명량'에 담긴 옛 성구는 주청령이 만든 아름다운 이야기와 만나고 있는 것이다.

옛 인물로 시작하는 이야기

이 이야기는 10년이 아니라 천 년을 거슬러 올라간다. 남송(南宋) 시기의 성리학자 주희(朱熹)와 만나기 때문이다. 성리학은 유가경전의 의리(義理) 연구를 취지로 삼은 학설이다. 주희의 학설은 명나라와 청나라 때 유학의 정종(正宗)으로 확립된다.

"따져 보면 우리 청령이는 주희의 35대 손녀가 되지요."

주청령의 부친 주일룡(朱一龍)은 하나하나 손가락을 꼽더니 이렇게 말했다.

약 천 년 전 주희의 손자 주잠(朱潛)은 일곱 현자(賢者)를 데리고 한반도에 천입했다. 현재 주희의 후손은 한국에 약 20만 명이나 된다. 주일룡의 선대(先代)의 고향은 실은 한국으로, 주일룡의 이름도 한국 울진군의 옛 고향 호적에 올라있다고 한다.

어쩌면 핏줄은 천 년 세월을 지나도 속이지 못하는 법인가 보다. 주청령은 언제인가 어린 자식을 데리고 중국 남부의 복건성(福建省)과 강서성(江西省) 등 선조의 옛 고향과 그들이 살던 지방에 가서 제사를 지냈다고 한다.

"누군가 청령이의 국적을 의심하던데요, 한 치도 틀림없는 중국 국적자입니다."

그동안 주청령은 남다른 애정으로 중국 기업의 안정적인 진출을 도왔다. 사실상 중국 상공은행과 건설은행 등 중국의 굴지의 국영기업이 싱가폴과 말레이시아에 진출한 그 뒤에는 명량그룹이라는 실체를 묵과할 수 없다. 이와 함께 또 티베트의 어린이들을 비롯하여 주위의 약자들을 돕는 자선사업을 게을리 하지 않았다. 이것은 결과적으로 명랑그룹이 사회적으로 보다 더 인정을 받는 계기가 되었다.

주청령은 중국말 표준어는 물론 광동 방언과 상해 방언에도 능통하다. 영어는 직업상 모국어처럼 입에 오르고 있는 언어이다. 그녀의 제일 큰 유감이라면 조선말을 잘하지 못하는 것이라고 한다. 간단한 인사말 몇 마디를 할 줄 아는 게 고작이다. 상대의 말을 알아듣고 그와 대화를 나누는 건 아무래도 버겁단다. 그나마 연변 출생인 이옥성과 길림(吉林) 출생인 주일룡이 모두 우리말에 능숙했기 때문에 가능한 일이었다.

솔직히 주청령은 어릴 때부터 우리말과 접촉할 기회라곤 거의 집 하나밖에 없었다.

"마음만 먹으면 남보다 더 잘 배워낼 수 있을 것 같아요. 인제 기회가 되면 꼭 조선말을 배우려고 합니다."

미녀 총재의 또 다른 이야기

주청령은 대학에서 영어 과정을 마친 후 곧바로 서비스업종에 몸을 담았다. 신세계백화점 심양점에서 영어에 능숙한 직원을 찾게 되었는데, 그녀는 면접에서 바로 합격해 심양점의 비서로 입사했던 것이다.

신세계백화는 홍콩 신세계그룹의 도매기업으로, 중국 최대의 백화점을 보유하고 있다.

그때 주청령의 앞에는 크고 높은 새로운 세계가 펼쳐지고 있었다. 그녀의 학구열과 집념은 이 세계에서 남다른 빛을 발한다. 미구에 그녀는 상해 신세계백화 본부의 비서로 발탁되며 또 상품부서의 경리 직무를 맡게 되었다.

그런데 이맘때 주청령은 사직서를 냈다고 한다.

"백화점이라고 물건을 파는 일만 있는 게 아니었습니다. 재무와 인사관리, 마케팅 등 배울 게 너무 많았어요."

주청령은 화동사범대학에서 상공관리 석사과정을 밟으며 나중에 자체로 자문회사를 설립한다. 이때 상업계의 많은 지명인사들을 만나면서 싱가폴의 명량회사에 입사하게 되는 것이다. 얼마 후 그녀는 회사에서 뛰어난 업무능력을 인정받아 회사의 총재로 임명되었다.

이 무렵 주청령은 회사의 근무와 싱가폴국립대학의 상공 석사과정을 병행한다.

"싱가폴에서 사업을 하려면 현지의 기업문화를 배우고 현지의 기업문화에 익숙해야 한다고 생각했지요."

결코 쉽지는 않았다. 하루 일을 끝내고 귀가할 때면 늘 새벽 한 시를 훌쩍 넘고 있었다. 그때부터 찬물에 머리를 감아 잠을 쫓으면서 세 시가 넘도록 교과서를 보고 필기를 했다고 한다. 두 번째 석사학위는 그렇게 하루 아닌 수백일이나 밤잠을 꼬박꼬박 설치면서 획득한 것이었다.

아닌 게 아니라 "'못난 오리'가 하루아침에 고니가 되는 법은 없다."는 속담을 되새기게 한다.

주청령은 그때 그 일을 회억하면서 자조 삼아 이렇게 말했다.

"제가 아빠의 학문 욕심을 물려받은 것 같아요."

부친 주일룡은 대련(大連)이공대학을 졸업하고 선후로 해방군전자공정학원, 심양포병학원에서 물리학을 가르쳤던 유명한 교수이다.

'부전여전(父傳女傳)'일까…. 기왕 말이 났으니 말이지 주청령은 부친을 따라 회화와 촬영, 독서는 물론 말 타기도 아주 즐긴다고 한다. 모친을 따라 춤을 추고 요리를 만드는 것도 그녀의 취미였다.

이역 땅에서 '주지사'로 있는 주청령의 참모습을 한 귀퉁이나마 살짝 엿볼 수 있는 대목이었다.